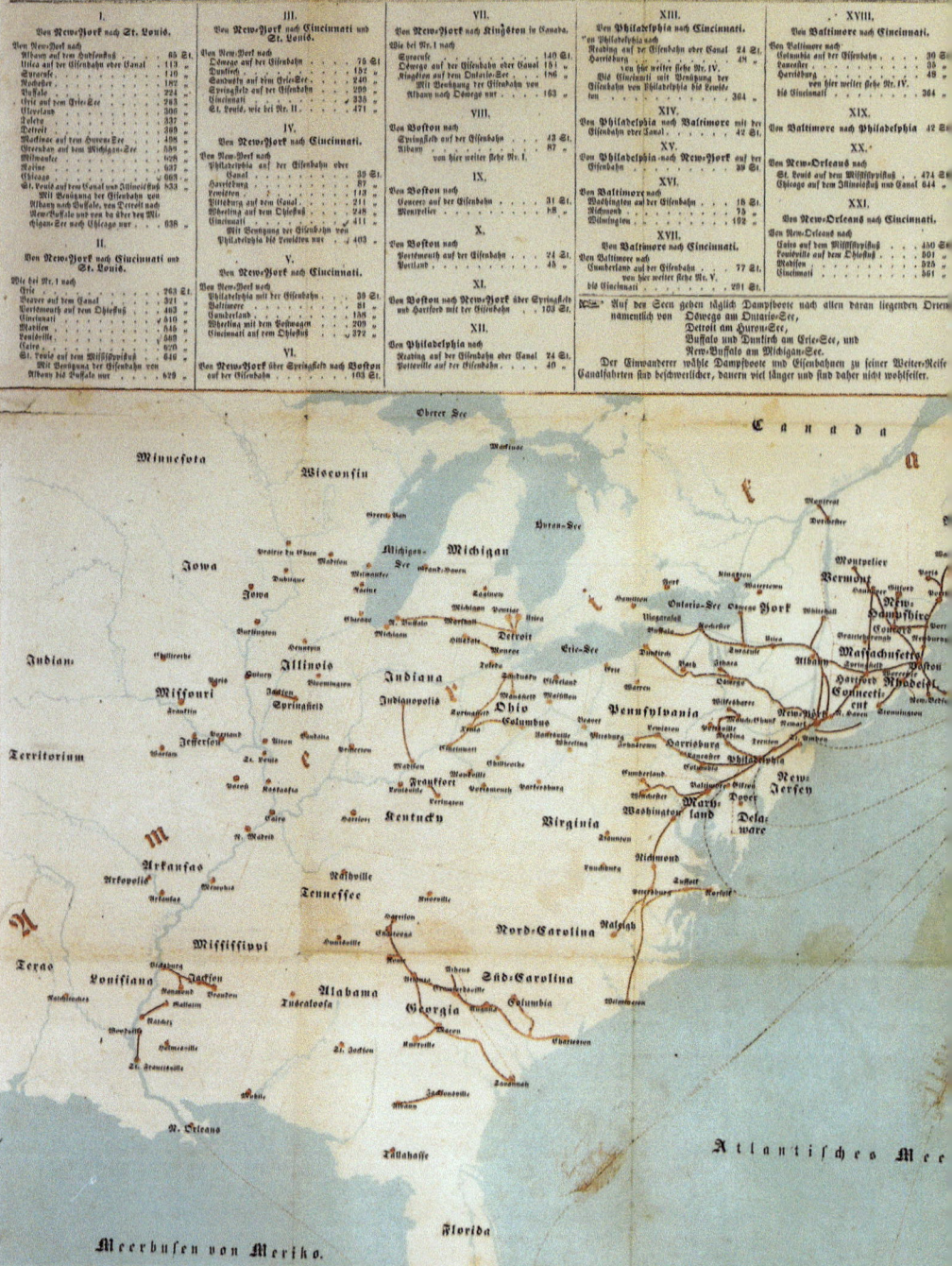

Die Büchners und Amerika
Briefe und Aufsätze von Georg Büchners Weggefährten und Geschwistern

Mit einführenden Essays von Agnes Schmidt,
Christine Heiß, Cordelia Scharpf und Thomas Lange

Herausgegeben von Agnes Schmidt

Luise Büchner-Gesellschaft, Darmstadt 2016

Impressum

1. Auflage 2016
© Luise Büchner-Gesellschaft e.V.
Umschlag: Ein Herbsttag auf dem Centralpark-Platz
in New York, 1881(© historic-maps.de)
Seite 2–3: Auswandererkarte und Wegweiser nach Nordamerika 1854
(© Carl von Ossietzky Universität, Oldenburg. Forschungsstelle Deutsche Auswanderer in den USA)
Gestaltung: Judith Maria Achenbach, Darmstadt
Druck und Bindung: Books on Demand GmbH, Norderstedt
ISBN 978-3-00-051961-1

11 Vorbemerkung der Herausgeberin

15 Essays

17   1. **Agnes Schmidt:** „Ich kann Alles hören, nur nicht, daß Sie nach Amerika gehen" – Amerikanische Beziehungen im Leben und Werk der Geschwister Büchner

49   2. **Christine Heiß:** Die Rezeption von Georg Büchners „Dantons Tod" durch die deutschamerikanische Arbeiterbewegung im 19. Jahrhundert

73   3. **Cordelia Scharpf:** Die deutschamerikanische Zeitschrift „Die Neue Zeit" (New York 1869–1872) mit Beiträgen von und über Luise und Ludwig Büchner

109   4. **Thomas Lange:** Alexander Büchner und die Neue Welt

123 Texte

125   1. Die Büchners in Alexander Schems Deutsch-amerikanischem Konversationslexikon (1869)

131   2. **Gustav Körner:** Karl Minnigerode – Prediger und politischer Ratgeber (1880)

139   3. **Harold B. Gill:** Christmas Trees, the Confederacy, and Colonial Williamsburg. Professor Minnigerode lights a tree (2005)

149   4. **August Becker:** Briefe aus Amerika (1853–1870) – [Auswahl]

167   5. „Persönliches" über August Becker (1862)

171   6. **Luise Büchner:** Weibliche Ärzte in Amerika (1872)

186   7. **Luise Büchner:** Paris in Amerika [Buchrezension] (um 1867)

202   8. **Ludwig Büchner:** Aus dem Lande der Freiheit (1872/73)

247   9. **Alexander Büchner:** Die Darmstädter Vierziger

250   10. **Alexander Büchner:** Die Literatur in den Vereinigten Staaten (1868)

261   11. **Alexander Büchner:** Der Eroberer von Kalifornien (1869)

280 Abbildungsverzeichnis

Vorbemerkung der Herausgeberin

Vorbemerkung der Herausgeberin

Die Idee zu diesem Buch entstand beim Lesen von Texten, die Georg Büchners jüngere Geschwister Luise, Ludwig und Alexander zum Thema Amerika geschrieben haben. Mit Ausnahme von Luise Büchners Portrait über Elisabeth Blackwell, die erste studierte Ärztin in den Vereinigten Staaten, wurden ihre Aufsätze zu weiteren Ärztinnen sowie ihre Rezension des Buches *Paris in Amerika* aus ihren nachgelassenen Schriften (1878) nach dem Ersterscheinen nicht wieder veröffentlicht. Ähnlich verhält es sich mit Ludwig Büchners Briefen, die er von seiner Vortragsreise in den Vereinigten Staaten 1872/73 an die Familienzeitschrift *Die Gartenlaube* zur Veröffentlichung schickte. Mit Amerika hat sich auch der jüngste Bruder der Geschwister, Alexander Büchner beschäftigt. Als Professor für ausländische Literatur in der französischen Stadt Caen hielt er Vorträge über die amerikanische Literatur und den amerikanischen Präsidentschaftskandidaten John C. Frémont. Beide Vorträge sind im Druck erschienen. Thomas Lange danke ich sehr herzlich dafür, dass er mich auf Alexanders Vorträge aufmerksam gemacht und sie für das vorliegende Buch übersetzt hat.

In einem Band mit Texten von Georg Büchners Geschwistern zu Amerika sollten Texte über seine zwei besten Freunde, August Becker und Karl Minnigerode, nicht fehlen, die nach Verfolgung in ihrer hessischen Heimat in die Vereinigten Staaten auswanderten. Von Minnigerode selbst sind leider keine autobiografischen Aufzeichnungen überliefert. Deshalb habe ich Gustav Körners biografische Skizze über ihn in die vorliegende Veröffentlichung aufgenommen, die in seinem großartigen Buch über deutsche Einwanderer in Amerika erschienen ist.[1] Der in Frankfurt am Main geborene Gustav Körner (1809–1896) flüchtete nach der Niederschlagung des Frankfurter Wa-

---

[1] Gustav Phillip Körner: *Das deutsche Element in den Vereinigten Staaten von Nordamerika 1818–1848*, Cincinnati 1880, S. 406–411.

chensturms (3. April 1833) über Darmstadt und Straßburg nach Le Havre, wo er das Auswandererschiff über den Atlantik bestieg. In Amerika arbeitete er zuerst als Farmer und später als Anwalt. Als Mitbegründer der Republikanischen Partei gehörte er zu den führenden Politikern in seiner neuen Heimat und war Lincolns Berater im amerikanischen Bürgerkrieg. Seine wohlwollende biographische Skizze über Minnigerode ist auch deshalb bemerkenswert, weil Körner, wie so viele deutsche Emigranten im amerikanischen Bürgerkrieg, auf der Seite der Nordstaaten kämpfte, während Minnigerode Beichtvater von Jefferson Davis, dem Präsidenten der abtrünnigen Südstaaten war. Dass Georg Büchners Freund aus der Darmstädter Schulzeit weitere Spuren in der amerikanischen Geschichte hinterließ, zeigt der Artikel von Harold B. Gill im *Journal Colonial Williamsburg* aus dem Jahre 2005, den ich mit freundlicher Genehmigung der Redaktion in den vorliegenden Band aufnehmen durfte.

August Beckers Briefe aus Amerika, die er sporadisch an seine Familie nach Gießen schickte, sind im Hessischen Staatsarchiv Darmstadt aufbewahrt. Sie wurden 1997 von Eberhard Kickartz für seine Dissertation transkribiert und veröffentlicht.[2] Ich danke ihm herzlich für die Genehmigung, eine Auswahl dieser Briefe hier abzudrucken zu dürfen. Zusätzlich habe ich in die vorliegende Veröffentlichung einen Zeitungsartikel aus der Probenummer der Hessischen Landeszeitung aufgenommen, die Ende 1862 in Darmstadt erschien, und der über Beckers Tätigkeit als Feldprediger im amerikanischen Bürgerkrieg berichtet. Der anonyme Artikel könnte von dem Darmstädter Verleger Leske stammen, der 1856 die Vereinigten Staaten bereiste.

Das vorliegende Buch enthält weiterhin vier Essays. Zwei davon sind Nachdrucke von bereits veröffentlichten Aufsätzen. Ich danke Christine Heiß für die Genehmigung zum Wieder-

---

2 Siehe Anmerkung 3 auf Seite 18

abdruck ihres Aufsatzes über die Rezeption von Georg Büchners Danton in der sozialistischen Presse Amerikas, der 1984 im vierten Band des Georg Büchner-Jahrbuchs zuerst erschien.[3] Der Neudruck ist eine leicht gekürzte Variante des Originalaufsatzes. Der Georg-Büchner-Gesellschaft danke ich herzlich für die Genehmigung des Wiederabdrucks.

Der Autorin und Biographin von Luise Büchner, Cordelia Scharpf, bin ich zu ganz besonderem Dank verpflichtet. Sie hat ihren Aufsatz über die deutsch-amerikanische Zeitschrift *Die Neue Zeit* für den vorliegenden Band überarbeitet.[4] Dem Vorstand der Luise-Otto-Peters-Gesellschaft in Leipzig sowie dem Verlag danke ich für die Genehmigung des Wiederabdrucks. Cordelia Scharpf danke ich auch für die wertvollen Ratschläge und inhaltlichen Korrekturen meines Aufsatzes. Ebenso danke ich Thomas Lange für die wunderbare Zusammenarbeit bei der Zusammenstellung der Texte und für seine Einführung zu Alexander Büchners Aufsätzen zum Thema Amerika.

Die Essays und die Originaltexte sind mit wenigen Ausnahmen in neuer Rechtschreibung wiedergegeben. Für das sorgfältige Korrekturlesen danke ich Bettina Bergstedt herzlich.

Agnes Schmidt
Darmstadt, 2016

---

3 Christine Heiß: *Die Rezeption von Dantons Tod durch die deutschamerikanische Arbeiterbewegung im 19. Jahrhundert.* In: *Georg Büchner-Jahrbuch*, Band 4. Hrsg. von Burghardt Dedner und Thomas Michael Mayer, Berlin u. a. 1984, S. 248–263.
4 Der Aufsatz über *Die Neue Zeit* erschien unter dem Titel: *Die deutsch-amerikanische Zeitschrift ‚Die Neue Zeit' (New York 1869–1872)* zum ersten Mal in: *18. Louise-Otto-Peters-Tag. Weibliche Lebensentwürfe im Werk von Louise Otto.* LOUISEum 31 (Berichte der 18. Louise-Otto-Peters-Tagung 2010). Hrsg. von Johanna Ludwig, Susanne Schötz u.a., Leipzig: Louise-Otto-Peters-Gesellschaft e.V., 2011, S. 74–102 und nochmal leicht überarbeitet in: *Louise-Otto-Peters-Jahrbuch IV. Forschungen zur Schriftstellerin, Journalistin, Publizistin und Frauenpolitikerin Louise Otto-Peters (1819–1895).* Hrsg. von Susanne Schötz u.a., Beucha 2015, S. 5–82.

Essays

Agnes Schmidt

„Ich kann Alles hören, nur nicht, daß Sie nach Amerika gehen" – Amerikanische Beziehungen im Leben und Werk der Geschwister Büchner

Georg Büchners Freunde: Karl Minnigerode und August Becker – Ihre Wege in die Neue Welt

Als Georg Büchner im Februar 1837 im Alter von nur 23 Jahren starb, konnte er nicht ahnen, dass zwei seiner engsten Freunde, Karl Minnigerode (+1894 in Alexandria/Virginia, USA) und August Becker (+1871 in Cincinnati/Ohio, USA), Mitglieder der von ihm gegründeten *Gesellschaft der Menschenrechte* in Gießen, einen großen Teil ihres Lebens in Amerika verbringen würden. Die „Neue Welt" galt zwar bereits zu seinen Lebzeiten als sicherer Zufluchtsort für verfolgte Oppositionelle, die meisten von ihnen blieben jedoch in Europa, da sie die Hoffnung hatten, bald in die Heimat zurückkehren zu können. In diesem Sinne äußerte sich auch Karl Gutzkow in einem Brief an den jungen Autor des Revolutionsdramas *Dantons Tod*, als ihn die Nachricht über Büchners Flucht Anfang März 1835 erreichte:

> „Nun scheint es aber, als hätten Sie große Eile. Wo wollen Sie hin? brennt es Ihnen wirklich an den Sohlen? Ich kann Alles hören, nur nicht, daß Sie nach Amerika gehen. Sie müssen sich in der Nähe halten, (Schweiz, Frankr.) wo Sie Ihre herrlichen Gaben in die deutsche Literatur hineinflechten können."[1]

---

1 Karl Gutzkow an Georg Büchner am 3. März 1835.
Digitalisat: www.buechnerportal.de >Werke>Briefe.

Es ist nicht überliefert, wie Georg Büchner über die Auswanderung nach Amerika dachte. Vielleicht hatte er eine ähnliche Auffassung wie sein Butzbacher Mentor Friedrich Ludwig Weidig, der ein entschiedener Gegner jeglicher Emigration war. Als August Becker Mitte 1833 dem Aufruf des Gießener Advokaten Paul Follen und seines Schwagers Friedrich Münch folgte und der von ihnen gegründeten Auswanderungsgesellschaft beitrat, war Weidig entsetzt: „*Sie wollen nach Amerika, [...] O, pfui!, sein Vaterland zu verlassen, ehe man noch Pulver dafür gerochen, die Mutter zu verlassen, die uns geboren und gesäugt hat*". In seiner Vehemenz verbrannte der Butzbacher Pfarrer sogar die „amerikanischen Papiere", die Becker zufällig bei sich trug. Dieser musste ihm versprechen, seine Auswanderungspläne aufzugeben.[2] Die Entscheidung, im Lande zu bleiben, bezahlte er bekanntlich zwei Jahre später mit Verhaftung und einer mehrjährigen Haft im Darmstädter Arresthaus, als die Gruppe um Georg Büchner aufflog.

Als Becker und andere politische Gefangene infolge der Amnestieanordnung des Großherzogs Ludwig II. im Januar 1839 freikamen, verließ er Deutschland, aber noch nicht Richtung Amerika. Zunächst verbrachte er die 1840er Jahre in der Schweiz und in Frankreich. Kurz vor der Märzrevolution 1848 kehrte er nach Gießen zurück, um an dem abermaligen Versuch teilzunehmen, in einem einheitlichen Deutschland eine demokratische Staatsordnung zu etablieren. Erst 1853, nach Einsetzen der Restaurationszeit, verließ der „rote Becker" endgültig Europa.[3]

Georg Büchners Mitverschwörer und Freund aus Kinder- und Jugendtagen, Karl Minnigerode, der als erstes Mitglied des

---

2 Rolf Haaser: *Auf nach Amerika! Die Erinnerungen des „roten Becker" in einer amerikanischen Zeitschrift.* In: *Spiegel der Forschung*, Wissenschaftsmagazin der Justus-Liebig-Universität Gießen, Nr. 2/2012, S. 44ff.
3 Zum Leben und Werk von August Becker siehe: Eberhard Kickartz: *Der Rote Becker: Das politisch-publizistische Wirken des Büchner-Freundes August Becker (1812–1871)*, (Quellen und Forschungen zur hessischen Geschichte; 110), Darmstadt/Marburg 1997.

Landboten-Kreises am 1. August 1834 verhaftet wurde, verließ seine hessische Heimat bereits 1839. Zwei Jahre zuvor gelang es der Familie mit Hilfe des Arresthausarztes Dr. Stegmayer, den schwerkranken Sohn gegen Kaution aus dem Darmstädter Gefängnis zur Pflege in das Haus seines Arztbruders zu verlegen.[4] Die Nachricht über Minnigerodes Freilassung hat Georg Büchner nicht mehr erfahren. Bis zu seinem frühen Tod im Februar 1837 machte er sich Sorgen um den eingekerkerten und misshandelten Freund und fühlte sich an dessen schwerem Schicksal schuldig. Nachdem das Verfahren gegen die meisten politischen Gefangenen durch die Amnestie im Januar 1839 eingestellt worden war, schickten die Eltern (möglicherweise auf höheren Befehl) den einigermaßen wiederhergestellten Minnigerode nach Amerika. Am 1. September bestieg er in Bremen das Segelschiff, das ihn in zehnwöchiger Überfahrt nach Philadelphia brachte. Dort begann sein zweites Leben, vorerst als Lehrer für klassische Sprachen und Literatur und später als Prediger der Episkopal-Kirche. Minnigerodes Vater, ein liberaler Jurist und Hofbeamter, der nach der Verhaftung des Sohnes vorzeitig pensioniert wurde, starb eine Woche nach der Einschiffung seines Sohnes. Mutter Marianne lebte bis zu ihrem Tod im Jahre 1860 in Darmstadt. Ob ihr Sohn Deutschland bzw. Darmstadt jemals wiedersah, ist nicht belegt.[5]

Georg Büchners Freund wurde in seiner alten Heimat nicht vergessen. In seiner Anklageschrift gegen die Justizbehörden schilderte Wilhelm Schulz 1843 nicht nur den grausamen Tod des Pfarrers Weidig im Darmstädter Gefängnis ausführlich, sondern erinnerte sich auch an die „Unglücklichen", die jahre-

---

4 Akte im Hessischen Staatsarchiv Darmstadt, Sign.: HStAD G 28 Darmstadt Nr. F 2248/23.
5 Erich Zimmermann berichtet über eine Europareise von Minnigerode, die 1855 stattgefunden haben soll. Vgl. Ders.: *Karl Minnigerode (1814–1894) – Ein Lebensbild. Revolutionär, Freund Büchners, Geistlicher in Richmond.* In: *Jahrbuch der Hessischen Kirchengeschichte*, Bd. 36/1985, S. 89.

lang im Untersuchungsgefängnis unter unmenschlichen Verhältnissen eingesperrt und gefoltert wurden. Zu ihnen gehörte

„Minnigerode, aus Darmstadt, ein zarter Jüngling von schwachem Körper und starkem Geiste. Mit rührender Ausdauer widerstand dieser der Seelenfolter, die ihm Geständnisse abpressen sollte, wodurch er die Freunde ins Unglück gestürzt hätte; er widerstand bis sein Geist in Zerrüttung fiel. Erst auf dem freien Boden von Nordamerika fand er seine völlige Genesung wieder."[6]

In einer ausführlichen Fußnote schilderte auch Ludwig Büchner Minnigerodes Verhaftung im Vorwort der *Nachgelassenen Schriften von Georg Büchner*, die er mit Hilfe seiner Schwester Luise 1850 herausgab.[7] In den 1860er Jahren ließ dann Luise Büchner den Freund ihres Bruders Georg in einer unvollendet gebliebenen Erzählung unter dem Namen *Wangerode* aufleben. Sie beschreibt ihn als „glühenden Verehrer" von Ludwig Brandeis, alias Georg Büchner, und deutet sogar eine romantische Verbindung zwischen *Wangerode* und *Ludwigs (Georgs)* Schwester *Gustchen* an, in deren Gestalt sich die Autorin selbst porträtierte.[8]

Die Darmstädter Frauenrechtlerin beschäftigte sich im Übrigen auch ausführlich mit den Studentenverfolgungen der 1830er Jahre in ihren Geschichtsvorlesungen, die sie seit 1860 für „Mädchen und Frauen" in ihrer Wohnung hielt. In der gedruckten Fassung dieser Vorlesungen verschweigt sie zwar Georgs Namen und seine Rolle in der „Landbotenverschwö-

---

6 [Wilhelm Schulz]: *Der Tod des Pfarrers Dr. Friedrich Ludwig Weidig*, Zürich/Winterthur 1843, S. 42.
7 *Nachgelassene Schriften von Georg Büchner*, Frankfurt am Main 1850, S. 17.
8 Luise Büchner: *Ein Dichter, Novellenfragment mit Georg Büchners Kato-Rede*. Hrsg. von Anton Büchner, (Darmstädter Schriften; Nr. 17), Darmstadt 1965.

rung", schildert jedoch ausführlich Minnigerodes und Weidigs Verhaftung und ihr Martyrium im Darmstädter Gefängnis.[9] August Becker kam nach seinem Exil in der Schweiz und in Frankreich mit der Familie seines unvergessenen Freundes in engen Kontakt, als er im März 1848 zusammen mit Ludwig (Louis) und Alexander Büchner, Studenten an der Universität in Gießen, die Zeitschrift *Der Jüngste Tag* herausgab. Gleich in der ersten Nummer plädierten die Herausgeber, wie schon zuvor Weidig und andere Oppositionelle, gegen jedwede Auswanderung:

„Deutschland ist reich und groß genug all' seine Kinder zu nähren und zu herbergen. Kein Auswandern mehr nach Amerika! Bleibt im Land und wehrt euch redlich!"[10]

Der *Jüngste Tag* und ihre Nachfolge-Zeitung *Wehr Dich!* wurden in der kurzen Zeit ihres Erscheinens (1848–1849) zum Sprachrohr des im April 1848 gegründeten *Republikanischen Vereins*. Becker und die Brüder von Georg Büchner unternahmen zahlreiche Agitationsreisen in die Dörfer im Umland und berichteten in ihrer Zeitung über die Lage der Landbevölkerung und die revolutionäre Stimmung unter den Bauern.[11] In dieser Zeit wurde Becker mehrmals verhaftet, bis es ihm Ende 1849 dank eines neuen Wahlgesetzes im Großherzogtum Hessen-Darmstadt gelang, als Vertreter des Wahlkreises Biedenkopf in das hessische Landesparlament einzuziehen. Einer seiner Kollegen übrigens war Georg Büchners Bruder Wilhelm, der im Landtag den Wahlkreis Zwingenberg vertrat. Zusammen mit ihm und zwei Brüdern von Friedrich Ludwig Weidig gehörte

---

9 Luise Büchner: *Deutsche Geschichte von 1815–1870: Zwanzig Vorträge, gehalten in dem Alice-Lyceum zu Darmstadt*, Leipzig 1875, S. 245ff. Digitalisat in: www.zeno.org >Büchner, Luise.
10 *Der Jüngste Tag. Eine freie Zeitung aus Hessenland*, Gießen, 6. März 1848.
11 Vgl. Alexander Büchner: *Das ‚tolle' Jahr. Vor, während und nach. Von einem, der nicht mehr toll ist.* Gießen, 1900 [2. Aufl. 1904], S. 180ff.

Becker in diesem kurzlebigen demokratisch gewählten Parlament[12] zu der Fraktion der Linken und griff in den zwei Jahren seiner Abgeordnetentätigkeit fleißig in die Debatten ein. Sein Biograph, Eberhard Kickartz, der die Protokolle der Landtagssitzungen gesichtet hat, berichtet:

Hessischer Landtag um 1900 auf dem Luisenplatz in Darmstadt

„Als der in der Landeshauptstadt gewählte Ministerialrat Franck im Herbst 1852 für eine staatliche Förderung der Auswanderung votierte, um die ‚überflüssige Bevölkerung an Orte [zu] bringen, wo sie sich besser durchbringen können als in der früheren Heimath', erklärte Becker: ‚Es gibt meiner Ansicht nach gar keine überflüssige Bevölkerung, wohl aber überflüssige Ausgaben', stimmte aber doch für den Antrag ‚als für einen Nothbehelf, da man die anderen Mittel, der Arbeitslosigkeit abzuhelfen', nicht durchsetzen könne."[13]

Als der Druck der einsetzenden Reaktion immer größer wurde und Becker fürchten musste, erneut verhaftet zu werden, verließ er wie viele andere „48er" endgültig seine Heimat in Richtung Amerika.[14]

Karl Minnigerode und August Becker lebten in den Vereinigten Staaten von Amerika nicht nur geographisch voneinander entfernt, sondern sie gehörten in den 1860er Jahren zu zwei

---

12 Bereits Ende Oktober 1850 wurde verfügt, für die Wahl des nächsten Landtags wieder das preußische Dreiklassenwahlrecht einzuführen.
13 Kickartz: *Der rote Becker*, S. 68f.
14 Beckers Briefe aus Amerika befinden sich im Hessischen Staatsarchiv in Darmstadt (O59 August Becker). Sie wurden von Eberhard Kickartz transkribiert und mit Kommentaren versehen. Vgl. Kickartz: *Der rote Becker...* S. 210ff. Eine Auswahl der Briefe siehe im Textteil in diesem Band.

einander feindlich gesinnten Lagern. Während Becker sich wie die meisten Revolutionsflüchtlinge aus Deutschland gegen die Sklaverei einsetzte und im Bürgerkrieg an der Seite der Unionsarmee kämpfte, wurde Minnigerode in seiner Eigenschaft als Rektor der St. Paul-Episkopalkirche in Richmond, der Hauptstadt der abtrünnigen Südstaaten, zum engsten Vertrauten von Jefferson Davis, dem Präsidenten der konföderierten Staaten. Angesichts dieser Tatsache ist es äußerst unwahrscheinlich, dass Georg Büchners ehemalige Freunde in ihrer neuen Heimat persönlichen Kontakt miteinander pflegten.

Massenauswanderung nach Nordamerika

Nach dem Scheitern der Revolutionen von 1848/49 in den deutschen Staaten

> „lastete eine tiefe Muth- und Hoffnungslosigkeit auf der ganzen Nation. […] Die Mißliebigen wurden zu keinem Amte mehr zugelassen, von den Staatsprüfungen zurückgewiesen, nicht befördert, und sonst noch auf jede Weise bedrückt. So sahen sich auch noch in den folgenden Jahren viele strebsame, junge Männer genöthigt, den Staatsdienst zu quittiren, oder das Vaterland zu verlassen, um ihre Kenntnisse im Auslande zu verwerthen."[15]

Während dieser von Luise Büchner so anschaulich beschriebenen Reaktionsära erfasste Deutschland eine bis dahin nicht gekannte Auswanderungswelle: Mehr als eine Million Menschen verließen ihre Heimat Richtung Nordamerika, darunter etwa 4000 politisch Verfolgte aus den deutschsprachigen Ländern. Zu ihnen gehörten viele „Heldinnen und Helden" der

---

15 Luise Büchner: *Deutsche Geschichte von 1815–1870*, S. 569.

Badischen Revolution wie z. B. Amalie und Gustav Struve, Mathilde und Fritz Anneke, Friedrich Hecker, Karl Heinzen und Karl Schurz (über London) und auch unbekanntere wie Carl Dänzer, der Gründer der Zeitschrift *Westliche Post* in St. Louis und deren langjähriger Chefredakteur Emil Preetorius, ein ehemaliger Studiengenosse von Ludwig und Alexander Büchner an der Gießener Universität. Zu den 48er-Auswanderern gehörten der Sprecher der Gießener Freien Gemeinde Carl Lüdeking und der begeisterte Anhänger der Turnerbewegung, Carl Heinrich Schnauffer. Letzterer gründete 1851 die Tageszeitung *Baltimore Wecker,* deren Redaktion August Becker in den ersten Jahren seiner Emigration leitete.[16]

Wartehalle des Norddeutschen Lloyd in Bremerhaven

Die „Forty-Eighters", wie die Revolutionsflüchtlinge in Amerika genannt wurden, bildeten allerdings nur eine kleine Gruppe unter den Auswanderern. Der Großteil der Immigranten in der „Neuen Welt" setzte sich aus Handwerkern und Bauern zusammen, die sich infolge von Armut und Hoffnungslosigkeit auf den beschwerlichen Weg nach Übersee begaben. Der Darmstädter Verleger Gustav Lange war entsetzt, als er auf einer Reise nach London die überfüllten Schiffe auf dem Rhein sah, die zu den

---

16 Vgl. Eitel Wolf Dobert: *Deutsche Demokraten in Amerika. Die Achtundvierziger und ihre Schriften*, Göttingen 1958.

Seehäfen unterwegs waren. Im Vorwort des von ihm herausgegebenen Buches *Briefe aus Amerika für deutsche Auswanderer* (1852) fragte er sich, warum solche Massen aus Deutschland fortdrängen und einer ungewissen Zukunft entgegen fahren würden.[17] Die Antwort hätte er leicht in der von Büchner und Weidig verfassten Flugschrift *Hessischer Landbote* finden können: An den Lebensumständen der Bauern und Handwerker hatte sich nämlich seit der „Landbotenzeit" nicht viel geändert, sie waren sogar noch schlimmer geworden. Nicht nur die fürstlichen Privilegien und die Steuerlast saßen schwer im Nacken der einfachen Leute, sondern auch die Arbeitslosigkeit infolge industriell hergestellter Waren, die die Heimarbeit nach und nach verdrängte. Wie verzweifelt die Lage der Bevölkerung auch in Darmstadt war, zeigt die Zahl der Personen, die Ende der 1840er Jahre Armenunterstützung bezogen: Sie betrug bei einer Einwohnerzahl von ca. 26.000 rund 3000 Personen. 1847/48 gingen bei dem Stadtvorstand mehrere Anträge von Metzgern, Schuhmachern und anderen Handwerkerfamilien ein, die *„wegen Mangel an gehöriger Concurrenz [Kunden] ihrer Geschäfte"* mit ihren Familien nach Nordamerika auswandern wollten. Die Antragsteller baten um die Finanzierung der Überfahrt nach Beispiel anderer Kommunen: In Groß-Zimmern z. B. übernahm die Gemeinde die Kosten der Überfahrt für etwa 600 Einwohner, um die Armenkasse dauerhaft zu entlasten.[18]

Für die Generation von Georg Büchners Geschwistern war das Thema Auswanderung ein ständiger Begleiter, allein schon deswegen, weil es in ihrem Umkreis kaum eine Familie gab, die nicht davon betroffen gewesen wäre. Die Dittmars, die

---

17 [Carl Köhler]: *Briefe aus Amerika für deutsche Auswanderer von einem nicht genannten Autor*, Darmstadt 1852, Vorwort.
18 Vgl. *„Besorgt man einen Aufstand der Bürger?" Die Revolution von 1848/49 in Darmstadt und im Odenwald, Dokumente 1847–1849*. Auswahl, Einführung, didaktische Hinweise von Thomas Lange, Darmstadt 1998. Dok. 2: Armut und Auswanderung.

Anteilschein des Vereins zum Schutze deutscher Einwanderer in Texas
Steindruck von F. Klimsch um 1844

Bachofens, die Leskes, um nur einige der Darmstädter Familien zu nennen, sie alle hatten Familienangehörige, die in den 1840er und 50er Jahren ihre Heimatstadt verließen, um in Nord- oder Südamerika ein neues Leben anzufangen. Auch die Büchners selbst waren von Auswanderung naher Familienangehöriger betroffen: Noch zu Lebzeiten von Luise Reuß (Großmutter von Georg Büchner und seinen Geschwistern) wanderte 1846 ihr jüngster Sohn Carl nach Amerika aus, ihm folgten mehrere Cousins aus der väterlichen Verwandtschaft.[19] Da die Post von und nach Übersee bereits Mitte des 19. Jahrhunderts gut funktionierte, waren in der Regel die Angehörigen über das weitere Schicksal ihrer Verwandten gut informiert. Hinzu kamen zahlreiche Berichte und Reportagen über das Leben von Deutschen in der Neuen Welt, die sowohl als selbständige Publikationen als auch in der Presse erschienen. Manche Blätter wie das *Morgenblatt für gebildete Leser* oder *Die Gartenglaube* schickten sogar eigene Korrespondenten und Korrespondentinnen in die Neue Welt.[20]

Großes Aufsehen dürfte in der hessischen Residenzstadt im Frühjahr 1847 die gemeinsame Auswanderung einer Gruppe junger Männer aus Darmstadt und Umgebung erregt haben. Die sogenannten *Darmstädter Vierziger* (der Name weist auf die Teilnehmerzahl der Gruppe hin) wurde von dem jungen Arzt Ferdinand von Herff angeführt, dessen Bericht über die abenteuerliche Fahrt zum Bestimmungsort in mehreren Folgen der *Allgemeinen Auswanderungs-Zeitung* im Herbst 1848 er-

---

19 Vgl. Jan-Christoph Hauschild: *Georg Büchner*, Stuttgart 1993, S. 27f; Siehe auch: *Beiträge zur Geschichte der Familie Welcker (aus Treysa und Alsfeld) und verwandter Familien*. Hrsg. v. Friedrich Hoffmann, IV. Heft, Frankfurt am Main 2002, S. 30ff. Für den Hinweis auf diese Veröffentlichung danke ich Peter Brunner.
20 Vgl. Stephan W. Görisch: *Information zwischen Werbung und Warnung: Die Rolle der Amerikaliteratur in der Auswanderung des 18. und 19. Jahrhunderts*, (Quellen und Forschungen zur hessischen Geschichte; 84) Darmstadt und Marburg 1991; *Was die Deutschen aus Amerika berichteten, 1828–1865*. Hrsg. v. Maria Wagner, (American-German Studies=Deutsch-Amerikanische Studien; 1.) Stuttgart 1985.

schien.[21] Unter der Absichtsbekundung, eine „communistische" Kolonie ohne Privateigentum in Amerika gründen zu wollen, schloss sich die Gruppe ausgerechnet dem Mainzer Adelsverein an, der im südlichen Texas große Ländereien aufgekauft hatte und Auswanderungswillige für die Besiedlung suchte. Nach der Ankunft gründete die Gruppe zusammen mit anderen Kolonisten eine Siedlung am Nordufer des Llano Rivers, die sie nach der liberalen und damals in demokratischen Kreisen gefeierten Schriftstellerin Bettina von Arnim *Bettina* nannten. Die *Bettina-Siedlung* hatte allerdings nur für einige Monate Bestand und die Auswanderer verstreuten sich bald in alle Winde.[22] Mehr als fünfzig Jahre später erinnerte sich Alexander Büchner in seiner Autobiographie an diese ersten Darmstädter „Communisten", zu denen auch sein „Busenfreund Gummi" gehörte. Er machte spöttische Bemerkungen über deren Versammlungen in Darmstadt und ihr späteres Schicksal in der Neuen Welt (abgedruckt in diesem Band).[23]

Er und sein Bruder Ludwig (genannt Louis) waren von dem überall grassierenden „Auswanderungsbazillus" offenbar nicht angesteckt, weder nach der Niederschlagung der 1848er Revolutionen noch nachdem ihre akademischen Karrieren scheiterten. 1855 kehrten beide „schiffbrüchig ins Vaterhaus" (Alexander) zurück, um bürgerliche Berufe zu ergreifen. Ludwig übernahm die Arztpraxis seines Vaters und gab den Medizinerberuf auch später nicht auf, als er mit seinem Buch *Kraft und Stoff* weit über die Grenzen seiner Vaterstadt hinaus berühmt wurde. Alexander wanderte zwar aus, aber nicht allzu weit:

---

21 Ferdinand von Herff: *Bericht über die Darmstädter Communisten-Gesellschaft in Texas*. In: *Allgemeine Auswanderungs-Zeitung* Nr. 38–Nr. 47, vom 18.9.1848 bis 20.11.1848. Digitalisat: http://zs.thulb.uni-jena.de/receive/jportal_jpjournal_00000025

22 Hartmut Heinemann: *„Wo der Stern im blauen Feld eine neue Welt verkündet". Die Auswanderung der Vierziger aus Darmstadt nach Texas im Jahre 1847 und ihre kommunistische Kolonie in Bettina.* In: *Archiv für hessische Geschichte und Altertumskunde* (AHG), NF 52, 1994, S.283ff.

23 Alexander Büchner: Das tolle Jahr...S.39ff.

Er wurde Lehrer (später Universitätsprofessor) im nahen Frankreich. Mit Amerika kam er nach seiner Heirat (1858) in unmittelbare Berührung: Zwei Brüder seiner Frau Sophie (1824–1880), einer Tochter des Hanauer Seidenfabrikanten Samuel Christ, lebten als erfolgreiche Geschäftsleute in New York. Bereits 1853 vermachte einer der Brüder, Edward, Sophie und ihrer Schwester Helene einen Teil seines Vermögens.[24] Kurioserweise wurde einer der Christ-Brüder August Beckers erster Arbeitgeber in New York (siehe Beckers Brief vom 7. Mai 1853 in diesem Band).

An der Organisation einer geregelten Auswanderung hatte seit Ende der 1840er Jahre der Darmstädter Schriftsteller, Übersetzer und Gewerbeschullehrer Heinrich Künzel (1810–1873) einen regen Anteil. Mit Unterstützung der großherzoglichen Regierung gründete er 1847 einen *Nationalverein für Auswanderer* und gab die Zeitung *Der Deutsche Auswanderer* heraus, die infolge des Wettbewerbs mit anderen, ähnlich ausgerichteten Zeitschriften 1850 jedoch eingestellt wurden.[25] Künzel, der 1832 wegen der geplanten Herausgabe eines „Musenalmanachs" mit Georg Büchner korrespondierte, heiratete 1854 Elise Hamm, eine Freundin von Luise Büchner.[26]

---

24 Thomas Lange: *Vaterlandslos in zwei Nationen – Alexander Büchners Wege zwischen Deutschland und Frankreich.*. In: Matthias Gröbel [u. a.]: *„Fortschritt der Menschheit in der Entwicklung des Menschen": Georg Büchners Geschwister in ihrem Jahrhundert* (Quellen und Forschungen zur hessischen Geschichte;167), Darmstadt/Marburg 2012, S.518, FN 560.
25 Hans Richter: *Der Organisationsversuch durch den Darmstädter Nationalverein (1847/50)*. In: Hans Herder (Hrsg.): *Hessisches Auswandererbuch*, Frankfurt 1983, S.186ff.
26 Der umfangreiche Künzel-Nachlass in der Universitäts- und Landesbibliothek enthält zwei undatierte Briefe von Luise Büchner an Elise Hamm.

Luise Büchner und Amerika

Das Land jenseits des Atlantiks war für die Darmstädter Frauenrechtlerin und Schriftstellerin nicht nur wegen ihrer unmittelbaren Verbindung mit Angehörigen und Bekannten von Auswanderern von Interesse. Sie verfolgte darüber hinaus aufmerksam die Entwicklung der Frauenbewegung in Amerika. In der berühmten Zeitschrift *Morgenblatt für gebildete Leser*, in der sie und ihr Bruder Alexander regelmäßig publizierten, konnte Luise Büchner zahlreiche Beiträge über die Frauenfrage im Allgemeinen und speziell über den Stand der Frauenbildung und -erwerbstätigkeit in den Vereinigten Staaten von Amerika lesen. Diese Themen griffen vor allem zwei deutsche Korrespondentinnen der Zeitschrift in den USA auf, Amalia Schoppe und Ottilie Assing.[27]

Auch die *Neue[n] Bahnen,* das Verbandsorgan des im Jahr 1865 gegründeten *Allgemeinen Deutschen Frauenvereins* in Leipzig, brachte regelmäßig Berichte über den Kampf der Amerikanerinnen für gleiche Rechte im politischen und sozialen Leben. Louise Otto-Peters, Gründerin dieses ersten großen überregionalen Frauenvereins, zu dessen Vorstand als Ausschussmitglied auch Luise Büchner gehörte, schrieb bereits 1866 anerkennend über die Leistungen der amerikanischen Frauenrechtlerinnen, die in rechtlichen Fragen in kürzester Zeit schon mehr erreicht hätten als die Frauen in Deutschland seit 1848.[28]

---

27 Die Autorinnen der namenlosen Artikel können anhand des Registers des Redaktionsexemplars des Cotta-Archivs, das von Bernhard Fischer 2000 herausgegeben wurde, festgestellt werden. Vgl. u. a. Amalia Schoppe(1791–1858): *Transatlantische Skizzen* in: *Morgenblatt* ... Nr. 12, 13, 15, 20 /1852 und Ottilie Assing (1819–1884): *Frauenrechtsversammlung 1857* in ebda. Nr. 16, 17/1858.
28 Susanne Schötz: „*...daß Alles, was wir hier wagen und sagen doch überaus bescheiden ist gegen das, was man im freien Amerika fordert. Zur Rezeption ausländischer frauenemanzipatorischer Aktivitäten durch die Pionierinnen des Allgemeinen Deutschen Frauenvereins (ADF).* In: Irina Hundt (Hrsg.): *Über Grenzen hinweg. Zur Geschichte der Frauenstimmrechtsbewegung und zur Problematik der transnationalen Beziehungen in der deutschen Frauenbewegung*, Berlin 2007, S. 104ff.

Luise Büchner zeigte von Anfang an ein besonderes Interesse am Medizinstudium für Frauen in verschiedenen Ländern. 1859 verfasste sie eine biographische Skizze über die berühmte englisch-amerikanische Ärztin Elisabeth Blackwell, weitere Artikel mit Porträts von Ärztinnen folgten.[29] Als Mitherausgeberin der Verbandzeitschrift *Der Frauenanwalt* der Deutschen Frauenbildungs- und Erwerbsvereine (VDFE=Lette-Verband) sorgte sie ab 1870 dafür, dass dort regelmäßig Berichte und Reportagen über die Entwicklung der sogenannten „Frauenfrage" in den Vereinigten Staaten von Amerika veröffentlicht wurden.

Wie sehr sich Luise Büchner für die gesellschaftliche Entwicklung der Vereinigten Staaten von Amerika interessierte, beweist auch ihre ausführliche Rezension des Buches des französischen Rechtsprofessors und Publizisten Édouard René de Laboulaye (1811–1883), das 1863 in Frankreich erschien. Die Begeisterung der Rezensentin über Laboulayes fantasiereiche Ausführungen, die den Gegensatz zwischen dem verkrusteten politischen System Frankreichs und der auf demokratische und liberale Grundprinzipien aufgebauten amerikanischen Lebenswirklichkeit schildern, geht deutlich aus ihrem Artikel hervor. Laboulayes Buch, das von Luise Büchner im Original gelesen wurde, bald danach aber auch auf Deutsch erschien, gehörte zu den „Bestsellern" der damaligen Zeit, allein in Frankreich gab es 35 Auflagen.[30]

---

29 Dr. Elisabeth: *Zur Würdigung höhern Frauenberufs*. In: *Unterhaltungen am häuslichen Herd*, N.F. Nr. 51/1859; *Die zwei ersten weiblichen Ärzte*. In: *Neue Bahnen*, Nr. 16, 18, 19, 20/1867; *Weibliche Ärzte in Amerika*. In: *Der Frauen-Anwalt*, Nr. 7/1872, S. 204-212. Zu Luise Büchners Artikeln über Ärztinnen in Amerika vgl. Cordelia Scharpf: *Luise Büchner. Eine evolutionäre Frauenrechtlerin des 19. Jahrhunderts*, (Women in German Literature, Bd. 13), Bern u.a. 2013, S. 271ff.

30 Édouard René de Laboulaye (1811–1883) war ein französischer Jurist, Publizist, Journalist und Politiker der Dritten Republik. Er hat eine dreibändige Geschichte der USA verfasst und war Initiator der von Frédéric-Auguste Bartholdi verwirklichten Freiheitsstatue in New York (Einweihung 1886). Luise Büchners Rezension siehe in diesem Band.

Ihre Informationen über Amerika bezog Luise Büchner nicht allein aus ihrer Lektüre, sondern häufig aus persönlichen Mitteilungen. Über ihre Kontakte zu Bekannten aus Amerika gibt es zwar mangels erhaltener Korrespondenz nur wenige Belege, in einem Brief vom 17. Oktober 1869 erwähnt sie aber ihre Bekanntschaft mit einer Amerikanerin, die ihr eine Bleibe während der Generalversammlung der Frauenbildungs- und Erwerbsvereine in Berlin angeboten habe.[31] Auf dieser Konferenz nahm übrigens auch Kate Newell Doggett aus Chicago als Delegierte der *National Woman Suffrage Association* teil. Sie wurde, wie Luise Büchner, zur Vizepräsidentin der mehrtägigen Versammlung gewählt und die beiden dürften während der Konferenz ihre Erfahrungen miteinander ausgetauscht haben.[32] Belegt ist Luise Büchners Freundschaft mit der deutschamerikanischen Freidenkerin Clara Neymann (1840–1931), die sie durch ihren Bruder Ludwig kennengelernt hatte. Ihre Bekanntschaft stammt aus dem Jahre 1875, als Luise Büchner zusammen mit ihren Brüdern Wilhelm und Ludwig an der von den in Zürich studierenden deutschen Studenten organisierten Gedenkfeier zu Ehren von Georg Büchner teilnahm. Während ihres Aufenthaltes in der Schweizer Stadt besuchte sie gemeinsam mit einer „Deutschamerikanerin" die erste praktizierende Ärztin der Schweiz, Marie Heim-Vögtlin, in ihrer Wohnung.[33] Bei der Deutschamerikanerin handelte es sich ohne Zweifel um Clara Neymann, mit der Luise Büchner vermutlich bis zu ihrem Tod in Verbindung stand, denn von ihr stammt der Nachruf

---

31 Siehe Luise Büchners Brief an Bertha Gutzkow am 17. Oktober 1869. In: Gerhard K. Friesen: *„Wir können alle gar nicht Respekt genug vor Ihnen haben": Der Briefwechsel zwischen Karl Gutzkow und Luise Büchner 1859–1876.* In: *„Feder und Wort sind Euch gegeben, so gut wie dem Manne!" Studien und Briefe zu Luise Büchners Leben und Werk.* Hrsg. v. Elke Hausberg und Agnes Schmidt (*Darmstädter Schriften*; 85.), Darmstadt 2004, S. 62f.
32 Zur Berliner Konferenz der Deutschen Frauenbildungs- und Erwerbsvereine siehe Cordelia Scharpf: *Luise Büchner...*, S. 355ff.
33 Vgl. Luise Büchner: *Eine Woche in Zürich.* In: *Der Frauenanwalt*, Nr. 7.1 und 7.2 (April/Mai 1876).

zum Tode der Darmstädter Frauenrechtlerin in dem vielbeachteten *The Woman's Journal*.[34]

Zu ihren Lebzeiten pflegte Luise Büchner selbst Kontakte zu deutschamerikanischen Zeitungen: Die kurzlebige New Yorker Zeitschrift *Die Neue Zeit* druckte 1869 bzw. 1870 jeweils einen Artikel von ihr und offensichtlich stand sie auch mit der Redaktion der Zeitschrift *Westliche Post* in Verbindung.[35] Anzeigen über ihre Veröffentlichungen findet man in der *Minnesota Staats-Zeitung* (17. Juni 1869), in der für die von ihr herausgegeben Anthologie *Dichterstimmen aus Heimath und Fremde* im „Prachteinband" geworben wird. Die „feierliche Enthüllung des Grabdenkmals zum Andenken an Louise Büchner", die im Oktober 1882 auf dem Darmstädter Friedhof stattfand, wurde in der deutschsprachigen Presse in Amerika angezeigt.[36]

Ludwig Büchner und Amerika

Unter Georg Büchners Geschwistern hatte Ludwig die meisten und vielfältigsten Verbindungen zu Deutschamerikanern. Ein Teil seiner Kontakte stammte aus seiner Studienzeit in Gießen, da nicht wenige ehemalige Kommilitonen und Mitstreiter aus dem Revolutionsjahr 1848 nach Amerika ausgewandert waren.

---

34 Clara Neymann: *In Memoriam: Miss Louise Büchner*, in: *The Woman's Journal* v. 5. Januar 1878. Zu Clara Neymann vgl. Michaela Bank: *Women of Two Countries. German-American Women, Women's Rights, and Nativism 1848–1890*, New York 2012, S. 111–153.
35 Vgl. Luise Büchners Brief an Karl Gutzkow am 1. April 1872: [den Artikel] „schicke ich entweder gleich an ein anderes, deutsches Blatt, oder nach St. Louis, an die Westliche Post, die sich aufrichtig freuen, wenn ich etwas schickte." In: Gerhard K. Friesen: *Wir können alle gar nicht Respekt...*, S. 77. Zu Luise Büchners Artikel in der Zeitschrift *Die Neue Zeit* siehe den Beitrag von Cordelia Scharpf in diesem Band.
36 Vgl. z. B. *Der Deutsche Correspondent* (Baltimore) v. 20. Oktober 1882.

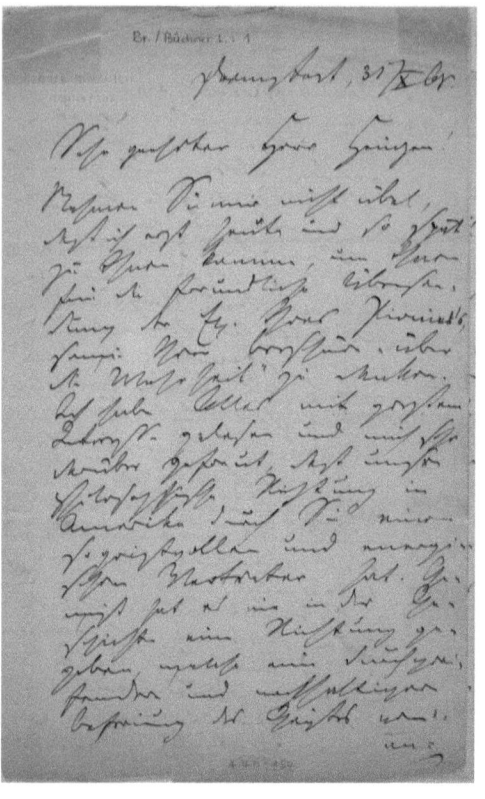

Zu denen gehörte der bereits erwähnte Emil Preetorius,[37] der seit Anfang der 1860er Jahre Chefredakteur der in St. Louis erscheinenden *Westlichen Post* war und den Ludwig während seiner Vortragsreise in den Vereinigten Staaten im Winter 1872/73 nachweislich besuchte.[38]

Die Einladung zu der Vortragsreise erfolgte durch den deutschamerikanischen Turnerbund und die Freien Gemeinden in den USA. Zur Zeit von Ludwig Büchners Besuch umfasste der nationale Turnerbund der Deutschamerikaner 187 Vereine mit fast 10.000 Mitgliedern. Dabei unterhielten die meisten Turnvereine Turnschulen für Knaben, aber nur wenige Vereine boten Turnunterricht für Mädchen an.[39]

---

37 Der in Alzey geborene Emil Preetorius (1827–1905) schloss sein Jurastudium Ende 1848 an der Gießener Universität mit Promotion ab und wanderte 1853 in die USA aus. Mehr zu Preetorius in: Manfred Köhler: „Für die Freiheit Aller, für die Einheit des Vaterlandes": Hessische Achtundvierziger in den USA (*Archiv für hessische Geschichte* Band 57/1999,) S. 55ff. Siehe auch Thomas Lange: *Alexander Büchner und die „Neue Welt"* in diesem Band.
38 Vgl. Alexander Büchners Vorwort zu Ludwig Büchner: *Im Dienste der Wahrheit*, Gießen 1900, S. XXIV.
39 Jahrbücher der deutsch-amerikanischen Turnerei (JDAT). Hrsg. von Heinrich Metzner, New York 1894, Band 3, S. 220. Digilisat: http://babel.hathitrust.org/cgi/pt?id=inu.30000122787215;view=1up;seq=222.
Zur Geschichte des Turnens in den USA siehe auch Horst Ueberhorst: *Turner unterm Sternenbanner. Der Kampf der deutsch-amerikanischen Turner für Einheit, Freiheit und soziale Gerechtigkeit 1848 bis 1918*, München 1978.

Um neben körperlicher Ertüchtigung das „geistige Turnen" zu stärken, organisierten die Vereine Vorträge zu philosophisch-wissenschaftlichen Themen, wozu sie berühmte Gelehrte und Schriftsteller aus Europa einluden. Ludwig Büchner war durch seine Schriften und sein Engagement als Turner jenseits des Atlantiks wohl bekannt. Seit Herbst 1868 korrespondierte er mit dem in Boston lebenden Karl Heinzen[40] über einen geistigen Austausch zwischen der alten und neuen Welt.[41] Mitte Januar 1870 trat der Sprecher der Freien Gemeinde in St. Louis, Carl Lüdeking, der sich auf einer Europareise befand, mit Büchner in Verbindung, um mit ihm über seine Vortragsreise in den USA zu verhandeln.[42]

Durch den Ausbruch des Deutsch-Französischen Krieges wurde Büchners Vortragsreise mehrmals verschoben. Anfang 1872 hatte er bereits die Reisepapiere fertig, als er wegen fehlender „Garantien" einen Rückzieher machte.[43] Die Reise fand schließlich vom Herbst 1872 bis Sommer 1873 statt. Kurz vor seiner Ankunft in Amerika übersetzte Alexander Loos, der Sprecher der Freien Gemeinde in Philadelphia, Büchners Aufsatz *Materialismus: Geschichte und Einfluß auf die Gesellschaft* ins Englische, um dessen Gedanken auch englischsprachigen Leserinnen und Lesern näher zu bringen.[44]

---

40 Der „48er" Karl Heinzen (1809–1880) war Herausgeber der deutschsprachigen Zeitung *Pionier*, die von 1859 bis 1879 in Boston erschien. Er gehörte der Turnerbewegung an und war einer der wenigen Deutschamerikaner, der für die Gleichstellung der Frauen eintrat.
41 ULB/Handschriftenabteilung: Brief von Ludwig Büchner an Karl Heinzen von 31. Oktober 1868. Sign. Br./Büchner, L.:1.
42 Mehr dazu siehe Cordelia Scharpfs Beitrag in diesem Band. Zu Carl Lüdeking (1819–1885) vgl. auch Katja Rampelmann: *Im Licht der Vernunft. Der deutsch-amerikanische Freidenker-Almanach von 1878–1901*, Wiesbaden 2003, S. 260.
43 Vgl. Jahrbücher... S. 216.
44 Ludwig Büchner: *Materialism: Its History and Influence on Society*, übersetzt v. Alexander Loos, New York 1873. Zu Alexander Loos (1821–1877) vgl. Rampelmann, S. 259f.

Am 11. September 1872 bestieg Ludwig Büchner in Hamburg das Dampfschiff nach Übersee.

„In New York angekommen, wurde ihm ein Fackelzug gebracht, an dem sich in erster Reihe die Turner und sodann die Mitglieder des Gesangsvereins ‚Eichenkranz', und der Bund der Freidenker beteiligten."[45]

Die Vortragsreise des Darmstädter Gelehrten begann unmittelbar nach der Präsidentschaftswahl Anfang November und führte ihn durch mehr als 30 Städte der Vereinigten Staaten. Seine vier *Briefe aus dem Lande der Freiheit*, die in der Zeitschrift *Die Gartenlaube* von Ende Oktober 1872 bis Ende Januar 1873 erschienen, informieren aufschlussreich über den Verlauf des ersten Teils seiner Reise bis etwa Mitte Januar.[46] Über die weiteren Stationen der Vortragsreise können wir nur aus den oft schwer zugänglichen Zeitschriften der freien Gemeinden etwas erfahren. So meldet z. B. das *Scranton Wochenblatt* Anfang Januar 1873:

„Dr. Ludwig Büchner. Dieser berühmte Naturforscher und Redner wird am Donnerstag den 16. Januar in der hiesigen Turnerhalle seine Vorlesung über Materialismus halten. Der Scranton Turnverein hat keine Kosten gescheut, um dem deutschen Publikum dieser Stadt und Umgegend einen seltenen Genuß zu verschaffen und darf nun auch mit Recht erwarten, daß eine massenhafte Teilnahme seine Anstrengungen lohnt. Obschon Dr. Büchner nun schon seit Monaten die Gestade Amerika's betreten und fast während der ganzen Zeit in und um New York Vorlesungen gehalten hat,

---

45 *Washingtoner Post* vom 10.10.1872. Diese deutschsprachige Zeitung erschien in der kleinen Stadt Washington/Missouri, die seit 1833 von Deutschen besiedelt wurde.
46 Ludwig Büchner: *Aus dem Lande der Freiheit*. In: *Die Gartenlaube* Nr. 44, 46, 52/1872, Nr. 4/1873.

sind dieselben stets zahlreich besucht gewesen und haben nicht allein vorteilhafte Erwähnung in der deutschamerikanischen Presse gefunden, sondern sind auch verschiedene Male in das Englische übersetzt und von den weitverbreitetsten Journalen, wie z. B. dem *New York Herald* veröffentlicht worden."[47]

Detaillierte Angaben zum Inhalt der Vorträge erschienen in der Zeitschrift *Freidenker* (Milwaukee) im November 1872. Demnach referierte Büchner während seiner Vortragsreise über folgende Themen:

Die Sonne und ihr Einfluß auf das Leben
Die Entstehung des Menschen im Zusammenhang mit der Entwicklungstheorie
Über Zeugung, Vererbung und Seelensubtanz
Über Gehirn und Seele
Über den Gottesbegriff und seine Bedeutung in der Gegenwart
Über Materialismus und seine Einwirkung auf die Gesellschaft.[48]

Diese Liste ist nicht vollständig: Aus einem Bericht des englischsprachigen *The Daily State Journal*, das zwischen 1868 und 1874 in Alexandria (Virginia) erschien, erfahren wir, dass Büchner am 8. Januar 1873 in der dortigen Turnhalle einen Vortrag mit dem Titel *The Woman Question, from the standpoint of Natural Science* vor einem großen Publikum mit vielen prominenten Gästen hielt. Die wesentlichen Thesen des Vortrags wurden von dem Berichterstatter wie folgt zusammengefasst: Nach Büchners Meinung sei der Unterschied zwischen den Geschlechtern nicht so groß wie viele es vermuten.

---
47 *Scranton Wochenblatt* von 16.1.1873. Das Blatt erschien in Scranton, Pennsylvania zwischen 1865 und 1918.
48 *Milwaukee Freidenker* Nr. 15 v. 1. Nov. 1872: *Dr. Büchner-Programm seiner Vorlesungsreihe.*

Er entspringe keiner natürlichen Notwendigkeit, sondern sei Resultat der äußeren Umstände. Weder der Mann noch die Frau erlangte seine/ihre heutige Stellung durch irgendeine angeborene Eigenschaft, sondern durch äußere Einflüsse. Man müsse mittels Bildung Frauen den Zugang sowohl zu handwerklichen als auch zu geistigen Tätigkeiten öffnen, dann würden sie

zeigen, dass sie in vielen Berufen dasselbe leisten könnten wie die Männer (Let them be opened to her hand and brain. Give her the opportunity and let her improve it).[49]

Noch vor Büchners Ankunft in Milwaukee, eine der wichtigsten Stationen seiner Reise, trugen die Redaktion des *Freidenkers* und ein gewisser Dr. Leitz aus New York eine scharfe Polemik über Büchners Vortrag *Über den Gottesbegriff und seine Bedeutung in der Gegenwart* aus. Leitz ereiferte sich vor

---

[49] The Daily State Journal (Alexandria, Va.) January 09, 1873, in: http://chroniclingamerica.loc.gov. (Übersetzung von Christine von Prümmer).

allem über Büchners These, das Universum habe weder Anfang noch Ende. Er bewertete diese Aussage als „nackte Spekulation und metaphysische Wortgeklingel" und warf Büchner „Unwissenschaftlichkeit" vor. Dagegen wies Michael Brion, der Sprecher der Freien Gemeinde und Herausgeber der in Milwaukee erscheinenden Zeitschrift, die Kritik des New Yorker Journalisten scharf zurück:

> „Dass Büchner von den Pfaffen aller Konfessionen geschmäht wird, versteht sich von selbst und dass der Freidenker Leitz in New York gegen denselben seine Stimme erheben werde, versteht sich von selbst. Es gibt eben genug Leute, die ihre Unbedeutendheit dadurch zu verhüllen und sich wichtig zu machen suchen, dass sie Männern mit deutlicher Autorität Opposition machen."[50]

Büchner hielt sich vom 18. bis 24. Februar 1873 in Milwaukee auf. Zu seinen Vorträgen drängten sich in dieser von mehrheitlich von Deutschen besiedelten Stadt Hunderte von Zuhörerinnen und Zuhörern. Kritik mussten die Organisatoren allerdings einstecken, weil zu dem Vortrag über *Zeugung, Vererbung und Seelensubstanz* Frauen nicht zugelassen wurden.[51]

Über seinen Aufenthalt in Milwaukee und die weiteren Stationen seiner Reise schickte Ludwig Büchner, wie bereits erwähnt, keine Berichte mehr an die *Gartenlaube*. Der Grund lag in den immer schärferen Angriffen auf ihn in der deutschamerikanischen Presse. So schrieb zum Beispiel die in Cincinnati erscheinende Zeitschrift *Der deutsche Pionier*, in der vor seinem Tod (1871) auch August Becker publizierte, Folgendes:

> „Die *Gartenlaube* kam wie ein treuer lieber Bote wieder [...] auf unseren Tisch. Wir sehen, dass Herr Ludwig Büchner,

---

50 *Milwaukee Freidenker* vom 5.1.1873.
51 Ebda vom 16.1.1873.

während er die Runde seiner Vorlesungen macht, Briefe nach Deutschland schreibt. Das ist eine gefährliche Arbeit, denn er trägt unserem Publikum ja schon Dinge vor, die viele davon nur aus Höflichkeit anhören; schreibt er nun noch über das Publikum selbst, so könnte die Höflichkeit aufhören. Dickens machte Erfahrungen in dieser Beziehung, die jeder Vorleser beherzigen sollte. David Crocket schon ruft jedem öffentlichen Manne in Amerika zu: Don't write!"[52]

Das Verbandsorgan der deutschen Freidenker kommentierte die Vorkommnisse während der amerikanischen Reise seines Vorsitzenden in einer biographischen Skizze mehr als fünfzehn Jahren später so:

„Seine dortigen [amerikanischen] Erlebnisse und Beobachtungen schilderte er in Briefen an die „Gartenlaube", welche aber, da diese Briefe nicht alles Amerikanische lobenswert fanden, in Amerika selbst ein so unangenehmes Aufsehen erregten, dass sie mit Rücksicht auf den amerikanischen Leserkreis lange vor Vollendung der Reise abgebrochen werden mussten."[53]

Büchner selbst äußerte sich erst sehr viel später öffentlich über Konflikte mit seinen Gastgebern während der Vortragsreise in den Vereinigten Staaten. In einem Interview mit der Darmstädter Journalistin Ella Mensch zu seinem 70. Geburtstag berichtete er u. a. über seinen Aufenthalt in Boston, wo er *„dem Führer der dortigen Radikalen, Karl Heinzen, nicht das Lob gespendet* [habe]*, was dieser zu erwarten sich berechtigt*

---

52 *Der Deutsche Pionier. Monatsschrift für Erinnerungen aus dem deutschen Pionierleben in den Vereinigten Staaten*, Heft 2/1873, S. 61. Charles Dickens bereiste 1842 die Vereinigten Staaten von Amerika. Sein kritischer Reisebericht empörte viele Amerikaner. Vgl. Nachwort von Siegfried Schmitz in: Charles Dickens: *Aufzeichnungen aus Amerika*, Darmstadt 1976.
53 *Menschenthum. Sonntagsblatt für Freidenker*, Nr. 45 von 6. November 1887, S. 177f.

glaubte."⁵⁴ Nebenbei sei bemerkt, dass mit dem alten Haudegen der 48er-Revolution nicht nur Büchner Schwierigkeiten hatte, auch bei seinen ehemaligen Kampfgenossen galt Heinzen als „Querulant" und „Besserwisser".⁵⁵ Friedrich Hecker nannte ihn sogar „einen Urstänker".⁵⁶

Eine weitere wichtige Station auf Büchners Vortragsreise war St. Louis. Das kulturelle Leben dieser aufstrebenden Industriestadt am westlichen Ufer des Mississippi war stark durch deutschstämmige Immigranten geprägt, die über eigene Vereine, Schulen und Bibliotheken verfügten. Unter den Deutschen, die in St. Louis und Umgebung lebten, befanden sich zahlreiche politische Flüchtlinge, die zu verschiedenen Zeiten ihre Heimat verlassen hatten. Zu ihnen gehörten Teilnehmer des Frankfurter Wachensturms, die sich hier bereits Anfang der 1830er Jahre niedergelassen hatten, wie zum Beispiel Gustav Körner. Weiterhin lebten in dieser Region andere sogenannte „latin farmers", die in ihrer alten Heimat Rechtsanwälte, Lehrer oder Journalisten gewesen waren. Nur 60 Meilen westlich von St. Louis entfernt hatten sich Friedrich Münch und Paul Follen, die Initiatoren der Gießener Auswanderungsgesellschaft, niedergelassen. Auf ihren Farmen bauten sie erfolgreich Gemüse und Wein an. Bis zu seinem Tod lebte in St. Louis auch Ludwig Nievergelder (1813–1869?), Georg Büchners Klassenkamerad, der unter dem Spitznamen „Fasan" Mitglied der Gesellschaft der Menschenrechte gewesen war und 1836 vor der drohenden Verhaftung flüchten konnte. Der berühmteste Deutsche in dieser Region war aber ohne Zweifel der Badische Revolutionsheld Friedrich Hecker, der in seinem Farmhaus zahlreiche Besucher aus der Nachbarschaft und aus der alten Heimat Deutschland erhielt.⁵⁷

---

54 Ella Mensch: *Ein Stündchen bei Ludwig Büchner*. In: *Berliner Tageblatt* v. 27. März 1894.
55 Vgl. Dobert: *Deutsche Demokraten in Amerika ...*, S. 107.
56 Sabine Freitag: *Friedrich Hecker, Biographie eines Republikaners*, Stuttgart 1998, S.168, FN 103.
57 Ebda.

The Naked Truth in St. Louis

Über Ludwig Büchners Vorträge in St. Louis gibt es derzeit keinen unmittelbaren Bericht, da die entsprechenden Jahrgänge der dortigen deutschsprachigen Presse trotz intensiver Suche nicht aufzutreiben waren, und wir wissen nicht, wen Büchner während seines Aufenthaltes in St. Louis – außer Emil Preetorius – getroffen hatte. Der ehemalige Studiengenosse von Ludwig und Alexander Büchner und langjährige Chefredakteur der *Westlichen Post* nahm an vielen politischen Aktionen der ehemaligen „48er" teil. Er war u. a. mit Carl Schurz befreundet, mit dem er zusammen in den 1860er Jahren die *Westliche Post* herausgab.[58] Wie hoch diese liberale deutschsprachige Zeitung geschätzt wurde, zeigt ein Denkmal, das 1914 von der deutschamerikanischen Bevölkerungsgruppe, der German-American

---

58 Vgl. Manfred Köhler: *Die besten Deutschen sind auch die besten Amerikaner.* Zum 100. Todestag des aus Alzey stammenden Nestors der amerikanischen Journalistik Emil Preetorius (1827–1905). In: *Heimatbuch* 2005 des Landkreises Alzey-Worms 2004, S. 72f.

Alliance, in St. Louis zur Erinnerung an Carl Dänzer, Carl Schurz und Emil Preetorius errichtet wurde. Im Zentrum des von dem deutschen Künstler Wilhelm Wandschneider gestalteten Denkmals steht die Figur *The Naked Truth* (Die nackte Wahrheit), die die Pressefreiheit symbolisiert.

Ludwig Büchner kehrte im Juni 1873 nach Deutschland zurück. Der Vorstand des amerikanischen Turnerbundes resümierte über seine Vortragsreise durchaus positiv:

> „Während seines Aufenthaltes in den Vereinigten Staaten (vom September 1872 bis Juni 1873) hielt Dr. Büchner circa 50 Vorträge, die größtenteils von Turnvereinen in den größeren Städten der Union arrangiert waren, und es darf behauptet werden, dass die Anregung, die sie gaben, sowie das Erscheinen des hervorragenden deutschen Gelehrten überhaupt vielfach den Drang nach Aufklärung und Fortbildung belebte und förderte. Das Inswerksetzen und der Verlauf des Unternehmens waren für Dr. Büchner sowohl als den Turnerbund gleich ehrenvoll."[59]

Über den finanziellen Ertrag von Büchners Amerikareise sind einander widersprechende Angaben überliefert: Während in der *Gartenlaube* im Vorfeld der Reise von einer Minimaleinnahme über 15.000 Dollar die Rede war, bemerkte Büchner später, dass „*der Gewinn unter Abrechnung der Kosten und der Verluste an Zeit und Arbeit in Europa ein ziemlich bescheidener und lange nicht hinreichend*" war. Er sei daher gezwungen gewesen, nach seiner Rückkehr aus Amerika weiterhin als Arzt und Vortragsredner tätig zu sein.[60]

---

59 *Jahrbücher der deutsch-amerikanischen Turnerei...* S.220/221. http://babel.hathitrust.org/cgi/pt?id=inu.30000122787215;view=1up;seq=222
60 Vgl. *Die Gartenlaube* 1872, S. 628 sowie die Zeitschrift *Menschenthum. Sonntagsblatt für Freidenker*, Nr. 45/1887 v. 6. November, S. 178.

New Yorker Crystal Palace 1853

Anders erinnerte sich sein Bruder Alexander nach Ludwigs Tod: „*Der Ertrag dieser Gastrolle* [Ludwigs Vortragsreise in Amerika] *legte den Grund zu seinem nicht unbedeutenden Vermögen*".[61]

Bedauerlicherweise sind Briefe, die Ludwig Büchner aus Amerika an seine Familie mit großer Wahrscheinlichkeit regelmäßig schrieb, nicht überliefert. Ebenso fehlen Dokumente über geschäftliche Kontakte, die er eventuell mit Unternehmern im Auftrag seines Bruders Wilhelm knüpfte, dessen Ultramarin auch in den USA bekannt war: Bereits 1853 wurde das Produkt auf der New Yorker Weltausstellung unter den ausgestellten industriellen Erzeugnissen vorgestellt.[62]

---

61 Alexander Büchner: *Vorwort zu Ludwig Büchner, Im Dienste der Wahrheit*, 1900. In: Ders. *Ausgewählte Schriften*. Hrsg. Ludwig Fertig, Darmstadt 2005, S. 132.
62 Bericht über die New Yorker Weltausstellung in der Zeitschrift Börsen-Halle von 17.10.1853.

Alexander Büchner und Amerika

Korrespondenzen von Alexander Büchner mit ausgewanderten Familienangehörigen sowie Studiengenossen und Freunden sind bisher nicht bekannt. In seinen Erinnerungen *Das tolle Jahr* zitiert Alexander aus einem Brief von August Becker, der vermutlich nicht der einzige von dem ehemaligen Freund und Mitstreiter gewesen ist. Becker soll ihm in diesem Brief geschrieben haben,

„[…] ich möge mich an einem bestimmten Tage zwischen elf und zwölf zu einem erprobten Medium begeben, um eine wichtige Mitteilung über meinen im Jenseits wandelnden Bruder Georg zu erhalten. Das gewünschte Medium fand sich jedoch nicht in meinem Bereiche vor und somit gelangte jene spiritistische Korrespondenz nicht an ihre Adresse. August Becker ist später in dem freien Amerika ohne Sang und Klang zu Grabe gefahren. Sit tibi terra levis!"[63]

Wie seine Schwester Luise verfolgte auch Alexander die politische und gesellschaftliche Entwicklung in Amerika aufmerksam. Einige der in der Neuen Welt später berühmt gewordenen Deutschen hatte er bereits in ihrem Londoner Exil kennengelernt. Unter dem Vorwand, die Weltausstellung in der britischen Hauptstadt zu besuchen, fuhr er 1851 nach London und nahm an den Zusammenkünften der Emigrantengruppe um Gottfried Kinkel teil. Die Mitglieder der Gruppe diskutierten zu dieser Zeit über eine „Nationalanleihe", mit der Geldmittel für eine neuerliche Revolution in Deutschland gesammelt werden sollte. Zu dieser „Verschwörergruppe" gehörten neben Kinkel auch die in Deutschland steckbrieflich gesuchten August Willich und der badische Revolutionär und Kinkel-Befreier Karl (Carl) Schurz. Die Zusammenkünfte der deutschen Flücht-

---

63 Alexander Büchner: *Das tolle Jahr*, S. 183.

linge wurden von den Agenten der preußischen Polizei überwacht und Alexanders Teilnahme an den konspirativen Treffen nach Berlin bzw. Darmstadt gemeldet. Nach seiner Rückkehr wurde er am Darmstädter Bahnhof verhaftet. Er kam zwar kurze Zeit später wieder frei, in der Folge verlor er jedoch seine Stelle im hessischen Staatsdienst.[64]

Willich, Schurz und viele andere politische Flüchtlinge im Londoner Exil verließen bald die britische Hauptstadt und wanderten nach Amerika aus, wo sie vorerst zurückgezogen als Farmer, Lehrer, Rechtsanwälte oder Journalisten ihren Lebensunterhalt verdienten. Die politische Abstinenz hielt sich bei den meisten „48er" jedoch nicht lange. Die sogenannte *Frémont-Kampagne* rief sie 1856 auf die politische Bühne zurück.

(Mehr über diese Kampagne und den zweimaligen Präsidentschaftskandidaten der Republikanischen Partei, John C. Frémont, sowie Alexander Büchners Vortrag über ihn siehe im Essay von Thomas Lange in diesem Band.)

---

64 Vgl. Thomas Lange: *Vaterlandslos in zwei Nationen*, S. 419ff; zum Thema „Nationalanleihe" vgl. Carl Schurz: *Lebenserinnerungen*, Bd. 1, sowie Herbert Reiter: *Politisches Asyl im 19. Jahrhundert. Die deutschen politischen Flüchtlinge des Vormärz und der Revolution von 1848/49 in Europa und den USA*, Berlin 1992. S. 274ff.

Georg Büchner und seine Geschwister in dem ersten deutschamerikanischen Nachschlagewerk[65]

Drei Jahre vor Ludwig Büchners Vortragsreise in Amerika erschienen die beiden ersten Bände eines großangelegten *Deutsch-amerikanischen Conversations-Lexicons*, das vom aus Westphalen stammenden Linguisten Alexander Jacob Schem zwischen 1869 und 1874 in New York herausgegeben wurde. Unter dem Stichwort *Büchner* werden alle vier schriftstellerisch wirkenden Geschwister mit erstaunlich langen Artikeln aufgeführt. Die Angaben zum Leben und Werk der Geschwister, die vermutlich von Ludwig Büchner stammten, sind, abgesehen von kleinen Fehlern, präzise und es wurde auch bei der Aufzählung ihrer Schriften nicht an Platz gespart.[66]

Schems Lexikon enthält weiterhin einen kurzen Eintrag über August Becker, keinen jedoch zu Karl Minnigerode, obwohl sein Name in dem Artikel über Georg Büchner als Mitglied der *Gesellschaft der Menschenrechte* erwähnt wird.

Angesichts dieser Eintragungen in einem vielgelesenen deutschamerikanischen Nachschlagewerk kann man mit gutem Gewissen sagen, dass die Büchners aus Darmstadt nicht nur in Deutschland, sondern auch in der Neuen Welt bleibende Spuren hinterlassen haben.

---

65 Für den Hinweis auf dieses Nachschlagewerk danke ich Dr. Cordelia Scharpf
66 *Deutsch-amerikanisches Conversations-Lexicon mit specieller Rücksicht auf das Bedürfnis der in Amerika lebenden Deutschen, mit Benutzung aller deutschen, amerikanischen, englischen und französischen Quellen, und unter Mitwirkung vieler hervorragender deutschen Schriftsteller Amerika's*, bearbeitet von Prof. Alexander J. Schem, New York (Friedr. Gerhard), 11 Bde., 1869–1874, Band 2, S. 674f. Digitalisat in *Google books*.

Christine Heiß (Bologna)

Die Rezeption von „Dantons Tod" durch die deutschamerikanische Arbeiterbewegung im 19. Jahrhundert*

I

Am 14.8.1886 erschien im *Sozialist*, dem Parteiorgan der „Socialistischen Arbeiterpartei von Nord-Amerika" (SAP) folgende Ankündigung:

„Mit nächster Nummer des Partei-Organs werden wir als Feuilleton das großartige Geschichtsdrama Georg Büchner's ‚Danton's Tod' zu veröffentlichen beginnen. Da dieses bedeutende Werk des genialen Dichters bisher noch wenig bekannt ist, so wird unser Abdruck allen Verehrern wahrhaft revolutionärer Poesie hochwillkommen sein. Unsere Freunde und Genossen sollten ihre Freunde und Bekannten auf das Erscheinen dieses Werks im *Sozialist* aufmerksam machen."[1]

Mehr als zwei Monate (von Samstag, dem 21.8.1886, bis zum 30.10.1886) nahm der Abdruck zwei Seiten des nur acht Seiten umfassenden Wochenblattes in Anspruch. Schon im nächsten Monat folgte in der Reihe der *Socialistic Library*, einer von der SAP im Jahr zuvor ins Leben gerufenen Schriftenreihe zur Förderung sozialistischer Ideen, eine Buchausgabe des Dramas zum Preis von 15 Cent – das erste literarische Werk in

---

*Ich danke Hartmut Keil, der mir die im Rahmen des von ihm geleiteten Forschungsprojekts zur *Sozialgeschichte der deutschen Arbeiter in Chicago, 1850–1910* gesammelten Materialien großzügig zur Verfügung stellte und der mir manche hilfreiche Anregung gab. Für wertvolle Hinweise zu Freidenkern und Turnern bin ich Ralf Wagner verpflichtet.
1 *Sozialist*, New York, 14.8.1886.

einer Reihe populärwissenschaftlicher Abhandlungen.[2] Am 10.4.1887 kündigte der Milwaukeer *Freidenker* eine „vollständige, ungekürzte Ausgabe nach dem Originalmanuskript",[3] ebenfalls für 15 Cent, besorgt von der Freidenker Publishing Company in Milwaukee, an.

Lässt sich die letztgenannte Ausgabe mit dem fünfzigjährigen Todestag Georg Büchners in Verbindung bringen (am 20. und 27. Februar 1887 erinnerte der *Freidenker* mit einem dreispaltigen Artikel auf der Titelseite an den verstorbenen Dichter),[4] so müssen für den Abdruck im *Sozialist* und die Publikation der New Yorker *Socialistic Library* – immerhin ein Dreivierteljahr vor der durch Gerhart Hauptmann eingeleiteten Wiederentdeckung Büchners im deutschen Naturalismus – andere Beweggründe gesucht werden.

Dass *Dantons Tod* von sozialistischer Seite als sozialkritisches Drama aufgefasst wurde, ist durch die deutsche Rezeptions-

---

2 Im *Sozialist* hieß es dazu: „Soeben erschienen in No. 10 der *Socialistic Library*: Danton's Tod. Von Georg Büchner. 92 Seiten kl. Oct. Preis 15 cent. Wiederverkäufer Rabatt". In: *Sozialist*, 27.11.1886; Das Titelblatt lautet: „*Danton's Tod. Ein Drama in 3 Akten von Georg Büchner,* New York John Oehler, Steam Printer, 22 & 24 North William Street. 1886." Vgl. Ralph P. Rosenberg: *Georg Büchner's Early Reception in America.* In: *The Journal of English and Germanic Philology*, Vol. XLIV, No.3, Urbana 1945, S. 27. Im Büchner-Archiv der Hessischen Landes- und Hochschulbibliothek [seit 2004 Universitäts- und Landesbibliothek Darmstadt; AS] ist ein Exemplar der New Yorker Ausgabe von *Dantons Tod* vorhanden [siehe Titelblatt auf dieser Seite].
3 Es kann als sicher gelten, dass sich der nicht weiter erklärte Zusatz „nach dem Originalmanuskript" auf die Franzos-Ausgabe bezieht. Bisher konnte kein Exemplar der Freidenker Publishing Company-Ausgabe von *Dantons Tod* in den öffentlichen Bibliotheken ermittelt werden.
4 (Für die „Amerikanische Turnzeitung"), *Zum fünfzigjährigen Todestag Georg Büchner's,* von Chr. Tarnuzzer, abgedruckt in: *Freidenker*, Milwaukee, 20. und 27.2.1887.

geschichte im 19. Jahrhundert belegt.⁵ Wie ist jedoch zu erklären, dass die deutschamerikanische sozialistische Bewegung, die sich in Kulturfragen im Allgemeinen an der Entwicklung in Deutschland orientierte, so früh auf *Dantons Tod* aufmerksam wurde? Eine vermutlich von Wilhelm Liebknecht verfasste Artikelserie, die 1876 in *der Neuen Welt* erschien und Leben und Werk Georg Büchners würdigte, zeigt, dass sich die sozialistische Bewegung in Deutschland schon in den 70er Jahren mit Büchner befasste.⁶ Der Erlass des Sozialistengesetzes im Oktober 1878 brachte jedoch die kulturellen Bestrebungen der deutschen Sozialdemokratie – und damit auch die Beschäftigung mit Büchner als sozialkritischem Autor⁷ – zum Stillstand; ihre Zeitungen und Schriften wurden verboten und ein Großteil der publizistisch wirkenden Anhänger der Sozialdemokratie war gezwungen, ins Exil zu gehen. Die Zentren der deutschamerikanischen sozialistischen Bewegung, die sich in den 70er Jahren aus Angehörigen der ersten Internationale, Lassalleanern und einigen radikalen 48ern formiert hatte und die infolge von Wirtschaftskrisen und ausbeuterischer Lohnpolitik gegen Ende des Jahrhunderts bereits große Resonanz bei der deutschamerikanischen Arbeiterschaft gewonnen hatte, wurden zum Sammelpunkt der politischen Flüchtlinge von 1878. Nicht zuletzt aufgrund der bestehenden Kontakte zwischen deutschamerikanischen Sozialisten und der Bewegung in Deutschland nahmen viele von ihnen rasch Führungspositionen in der deutschameri-

---

5   Vgl. Dietmar Goltschnigg: *Rezeptions- und Wirkungsgeschichte Georg Büchners*. Kronberg/Ts. 1975, S. 43; Wolfram Viehweg: *Georg Büchners „Dantons Tod" auf dem deutschen Theater*. München 1964, S. 26; Helmut Schanze: *Büchners Spätrezeption. Zum Problem des „modernen" Dramas in der zweiten Hälfte des 19. Jahrhunderts*. In: *Gestaltungsgeschichte und Gesellschaftsgeschichte*. Hrsg. von Helmut Kreuzer in Zusammenarbeit mit Käte Hamburger. Stuttgart 1969, S. 341; E. F. Hauch: *The Reviviscence of Georg Büchner*, in: *Publications of the Modern Language Association of Amerika* XLIV (1929), S. 897 ff.
6   Vgl. Goltschnigg: *Rezeptions- und Wirkungsgeschichte*, S. 43.
7   Vgl. Schanze: *Büchners Spätrezeption*, S. 348.

kanischen Arbeiterbewegung oder in den Redaktionen der Arbeiterpresse ein.

Der Lebenslauf von Wilhelm Ludwig Rosenberg, Redakteur des *Sozialist* zur Zeit des *Danton*-Abdrucks, mag die engen Kontakte zwischen deutscher und deutschamerikanischer Arbeiterbewegung verdeutlichen. Bis 1880 war Rosenberg als sozialistischer Publizist in Frankfurt a.M. tätig gewesen.[8] Nach seiner Emigration in die USA Ende 1880[9] leitete er von 1881 bis 1884 die Redaktion der mit der sozialrevolutionären Bewegung sympathisierenden Chicagoer *Fackel*.[10] 1884 wurde Rosenberg zum Sekretär der SAP in New York ernannt und übernahm 1885 zusammen mit Joseph Dietzgen die Redaktion des neugegründeten Parteiorgans.[11] Wilhelm Ludwig Rosenberg, neben Robert Reitzel, Gustav Lyser und Martin Drescher einer der prominentesten deutschamerikanischen Schriftsteller – sein Stück *Vor der Wahlschlacht* erschien als Nummer 11 der *Socialistic Library* – dürfte noch in Frankfurt auf die Franzos'sche Ausgabe von Büchners Werken aufmerksam geworden sein.[12] Dass Karl Emil Franzos überdies auch als Autor bei

---

[8] Wilhelm Kosch: *Deutsches Literatur-Lexikon. Biographisches und Bibliographisches Handbuch*, 2. Aufl. Bd. 3. Bern 1956, S. 2307.
[9] Ein Brief von H. W. Fabian an Karl Marx beweist sowohl Rosenbergs Anwesenheit in Frankfurt noch im Oktober 1880 als auch die bestehenden Verbindungen zwischen der Arbeiterbewegung in Deutschland und in den USA. Siehe H. W. Fabian an Marx, Frankfurt 11.10.1880. Marx-Engels Korrespondenz, Marx D 1907. Internationales Institut für Sozialgeschichte, Amsterdam.
[10] Vgl. Karl J. R. Arndt und May E. Olson: *German-American Newspapers and Periodicals 1732–1955*. History and Bibliography, Heidelberg, 1961, S. 69. Arndt und Olson geben die Jahre 1880–1890 an, tatsächlich ging Rosenberg jedoch bereits 1884 nach New York.
[11] Notiz in *Sozialdemokrat* (Zürich), 22.1.1885; Dr. W. L. Rosenberg, *Erinnerungen aus der Frühzeit der sozialistischen Bewegung in den Ver. Staaten*. In: *Sonntagsblatt der New Yorker Volks-Zeitung*, 29.1.1928.
[12] Jan-Christoph Hauschild weist auf ein von Rosenberg verfasstes, einem Monolog aus *Dantons Tod* nachempfundenes Lied hin. Vgl. Jan-Christoph Hauschild: *Georg Büchner. Studien und neue Quellen zu Leben, Werk und Wirkung*, Königstein/Ts. 1985 (= Büchner-Studien, Bd. 2), S. 239 f., Anm. 22.

der deutschamerikanischen Arbeiterbewegung bekannt war, zeigen Abdrucke seiner Werke im Chicagoer *Vorboten*.[13]

Weshalb wurde dann aber nicht schon in den frühen 80er Jahren ein Werk von Büchner im *Vorboten* oder im *Sozialist*, die im Feuilleton regelmäßig Literatur anboten (das Angebot reichte von der naturalistischen Avantgarde bis zum Heimatroman), vorgestellt? Und warum wählte man 1886 gerade *Dantons Tod* und nicht den *Hessischen Landboten* oder *Woyzeck*, die sich wohl für sozialistische Agitation ebenso anboten?[14]

Direkte Äußerungen der Redaktion des *Sozialist*, die Aufschluss über die Beweggründe zur Veröffentlichung des Stücks geben könnten, fehlen. Seine Einordnung in eine Reihe von Schriften zur Förderung und Verbreitung der sozialistischen Idee zeigt jedoch, dass *Dantons Tod* ein beachtlicher Propagandawert zugemessen wurde. Fraglich bleibt, wie dieser am Text begründet wurde. Auch über die Reaktionen, die das Stück bei den Lesern des *Sozialist* hervorrief, existieren keinerlei Belege; Leserbriefe oder kommentierende Einsendungen, die auf *Dantons Tod* Bezug nehmen, tauchen nicht auf, was möglicherweise auf das Fehlen einer geeigneten Spalte zurückzuführen ist. Wenn auch der Wert der Literatur als Propagandainstrument gerade in diesen Jahren verstärkt diskutiert und aufgewertet wurde, bleibt unklar, welche Erwartungen *Dantons Tod* bei den für die Öffentlichkeitsarbeit Verantwortlichen in der SAP erfüllte. Umso wichtiger erscheint es deshalb, die Veröffentlichung von *Dantons Tod* in den soziokulturellen Kontext der

---

13 Der Textvergleich zeigt, dass sowohl der Abdruck im *Sozialist* als auch die New Yorker Ausgabe von *Dantons Tod* auf die Franzos-Ausgabe zurückgehen. Vgl. auch Ralph P. Rosenberg: *Georg Büchner's Early Reception in America*, S. 271; Karl Emil Franzos: *Professor Hydra*. In: *Die Fackel. Sonntagsausgabe der Chicagoer Arbeiter-Zeitung*, 4.4.1880; ders.: *Ein Kampf ums Recht*. In: *Vorbote* (Chicago), 29.7.1885.

14 Über den *Hessischen Landboten* als "Hausbibel" der deutschen sozialistischen Bewegung vgl. E. F. Hauch: *The Reviviscence of Georg Büchner*, S. 897, der allerdings keine Belege anführt. Vgl. auch Schanze: *Büchners Spätrezeption*, S. 341.

deutschamerikanischen Arbeiterbewegung der 80er Jahre zu stellen und zu berücksichtigen, welche kulturellen Traditionen, welche aktuellen Probleme und programmatischen Zielsetzungen zur Zeit des Abdrucks vorherrschten.

II

1886, das Jahr der Haymarkettragödie, nimmt in der Geschichte der deutschamerikanischen Arbeiterbewegung einen besonderen Stellenwert ein. Die Agitation für die Acht-Stunden-Bewegung, seit Jahren von den verschiedensten Gruppierungen der amerikanischen und deutschamerikanischen Arbeiterbewegung betrieben und ab Ende 1885 auch von der anarchistisch-sozialrevolutionären Richtung unterstützt, hatte sich Anfang 1886 zu einer Massenbewegung ausgeweitet, die die Öffentlichkeit in Unruhe versetzte.[15] Zwar richteten sich die Hetzkampagnen seitens der bürgerlichen Presse und die Repressalien von Polizei und Behörden vor allem gegen die Sozialrevolutionäre, die schon ab Mitte der 70er Jahre ‚Volksmilizen' zum Schutz der republikanischen Grundrechte der Arbeiter ins Leben gerufen hatten und ab Anfang der 80er Jahre den Umsturz der bestehenden Gesellschaftsordnung mit Gewalt propagierten. Dennoch wurde das Bombenattentat vom 4. Mai auf dem Chicagoer Haymarket, bei dem 5 Polizisten ums Leben kamen, von Polizei, Behörden und Presse als willkommener Anlass zur Unterdrückung bzw. Diffamierung der Acht-Stunden-Bewegung und der sozialistischen Bewegung insgesamt genommen. Haymarket wurde als misslungener Auf-

---

15 Vgl. John R. Commons: *History of Labour in the United States*, Bd. 2, New York 1951, S. 356-394; Vgl. auch Henry David: *The History of the HaymaretAffair: A Study in the American Social-Revolutionary and Labor Movements*, New York 1964, Kap. 3-5.

Die Rezeption von Dantons Tod durch die deutschamerikanische Arbeiterbewegung im 19. Jahrhundert.

Der Haymarket Aufstand 1886

takt zur „sozialen Revolution" interpretiert.[16] Die Gefahr der sozialen Revolution in den Vereinigten Staaten – so ließen zumindest die Berichterstatter der bürgerlichen Presse und die Anarchisten- und Sozialistenhetze durch die Polizei vermuten – schien nie so unmittelbar gewesen zu sein wie in den Monaten vor und nach Haymarket.[17] In diesem Klima war es nur natürlich, dass die Arbeiterpresse – ob sozialrevolutionär orientiert oder gemäßigt – sich ebenfalls mit dem Thema der Revolution auseinandersetzte. Wenn dies auch in den der SAP nahestehenden Blättern vor allem geschah, um sich von den Sozialrevolu-

---

16 Vgl. Christine Heiß: *German Radicals in Industrial America: The Lehr- und Wehr-Verein in Industrial Chicago*. In: *German Workers in Industrial Chicago, 1850–1910: A Comparative Perspective*. Hartmut Keil und John B. Jentz (Hrsg.) – De Kalb Ill. 1983, S. 206–224; Dieselbe: *Der Lehr- und Wehr-Verein von Chicago 1875–1887: Ein sozialgeschichtlicher Beitrag zur Radikalisierung deutscher Arbeiter in den USA.* Hausarbeit zur Erlangung des Magistergrades, München 1981; Michael J. Schaak: *Anarchy and Anarchists.* (Repr. New York 1977), S. 139 ff.
17 Siehe Anmerkung 16.

tionären zu distanzieren, stand die ‚soziale Revolution', doch im Mittelpunkt der Debatten beider Richtungen. Dass die Trennungslinie zwischen diesen Richtungen trotz aller Abgrenzungsversuche nicht immer so scharf gezogen war, zeigt wiederum das Beispiel von Wilhelm Ludwig Rosenberg, der immerhin vier Jahre lang die Redaktion des mit den Sozialrevolutionären sympathisierenden Chicagoer Sonntagsblattes *Die Fackel* geleitet hatte, bevor er das Amt des Parteisekretärs des SAP in New York übernahm.[18] In Bezug auf die Büchner-Veröffentlichung gewinnt dies an Bedeutung, wenn man bedenkt, dass sich sowohl Sozialrevolutionäre als auch die gemäßigtere Gruppe um die SAP in eine Linie mit der Tradition radikal-republikanischer Ideen des Vormärz stellten. Denn mit dem Rückgriff auf Ideale der Vormärzzeit zogen die deutschamerikanischen Sozialisten auch gleichzeitig eine Traditionslinie von der amerikanischen Revolution – deren Werte sie allerdings im Amerika des 19. Jahrhunderts verraten sahen – über die französische Revolution von 1789 bis zur Pariser Kommune.[19] Diese geschichtlichen Ereignisse nahmen im kulturellen Leben der deutschamerikanischen Arbeiterbewegung einen großen Stellenwert ein. Alljähr-

---

18 Siehe Anmerkung 9; für die personellen Verbindungen zwischen den beiden Gruppen spricht auch die Tatsache, dass Josef Dietzgen, der ehemalige Redakteur des *Sozialist*, im Mai 1886 die Redaktion des *Vorboten* übernahm.
19 Besonders in der sozial-revolutionären Gruppe war eine starke Anbindung an Vormärzideale vorhanden. Die bewaffneten Gruppen waren zum Schutz der in der amerikanischen Verfassung garantierten Menschen- und Bürgerrechte gebildet worden, die Konstitution des bedeutendsten von ihnen, des Lehr- und Wehr-Vereins von Chicago, ähnelt in ihrer Zielsetzung verblüffend dem während der Revolutionsjahre 1848/49 in der Schweiz gegründeten Wehrbund *Hilf Dir.* Die in der Bewaffnungsfrage und in den Prozessen um die Legitimität bewaffneter Arbeitervereine in den USA geäußerten Verteidigungen und Stellungnahmen, in denen der Verein seine Bildung als Notwehrmaßnahme gegen Übergriffe seitens Polizei und Staatsmiliz erklärt und das Prinzip der Volksmiliz im Gegensatz zum stehenden Heer betont, sowie die Exerzierübungen ähneln gar der revolutionären Vorstellung und Praxis von Büchner selbst. Vgl. Christine Heiß: *German Radical in Industrial America...*, S. 207 ff., S. 218 ff.; Thomas Michael Mayer: *Büchner und Weidig* – Frühkommunismus und revolutionäre Demokratie. Zur Textverteilung des ‚Hessischen Landboten'. In: GB I/II, S. 99 ff.

lich wurden im März Kommunefeiern – oft in Konkurrenz von Sozialrevolutionären und SAP – abgehalten. Neben politischen Reden wurden in Tableux Vivants Szenen aus dem Befreiungskampfe des französischen Volkes dargestellt und ihre Bedeutung für die sozialistische Bewegung hervorgehoben.[20] Erst diese fast kultartigen Beschwörungen der Jahre 1789 und 1870 lassen verstehen, warum im Jahre der vermeintlichen sozialen Revolution in Amerika von Seiten der deutschamerikanischen Sozialisten eine verstärkte Auseinandersetzung mit der ersten französischen Revolution einsetzte – zumal sich auch ihr hundertster Jahrestag näherte. Dass sich die Redaktion des *Sozialist* gerade 1886 dazu entschied, *Dantons Tod* zu veröffentlichen, muss in direktem Zusammenhang mit den Ereignissen des Jahres der Haymarkettragödie und ihre durch das vorhandene kulturelle Raster gesteuerten Reflexion gesehen werden.

III

Ein zurzeit des Büchner-Abdrucks erschienenes Werk von Lawrence Gronlund, einem in Dänemark geborenen, jedoch englischsprachigen Theoretiker der sozialistischen Bewegung, mit dem Titel *Ça Ira or Danton in the French Revolution* verdeutlicht die Aktualität des Themas in diesem Jahr. Da sein Erscheinen einen Monat vor *Dantons Tod* im *Sozialist* angekündigt wurde, ist anzunehmen, dass Gronlunds Abhandlung (von der der Autor selbst behauptet, „dass [sie] unsere Sache weit mehr fördern wird als das ‚Cooperative Commenwealth', zu dem Danton als eine Ergänzung zu betrachten sei, jemals vermöge, weil erste[res] eine größere Popularität gewinnen wer-

---

20 Vgl. Hartmut Keil und Heinz Ickstadt: *Elemente einer deutschen Arbeiterkultur in Chicago* ..., S. 103–124; Hartmut Keil und John B. Jentz: *German Working Class Culture in Chicago – a Problem of Definition, Method and Analysis.* – In Gulliver 9 (Berlin 1981), S. 218–147; Carol J. Poore: *German-American-Sozialist-Literature 1865–1900*, Bern / Frankfurt/M. 1982.

de sowohl wegen [ihres] Gegenstandes, als wegen der nahenden hundertjährigen Feier der Revolution")[21] den Anstoß zur Veröffentlichung von *Dantons Tod* gegeben hat.

In der Besprechung von *Ça Ira* gab der *Sozialist* eine Zusammenfassung der wesentlichen Gedanken des Werkes, die auch in Bezug auf die mit der Büchner-Veröffentlichung verknüpfte Erwartungshaltung seitens der Redaktion bzw. des Herausgebers der *Socialistic Library* aufschlussreich erscheinen. Es hieß dort:

> „Über den Inhalt des Buches geht aus den Mitteilungen Gronlunds hervor, daß es die ganze französische Revolution umfassen und den Zusammenhang derselben mit der allgemeinen Kulturentwicklung der Menschheit und ihre Beziehung zu der bevorstehenden sozialen Revolution nachweisen will. Anknüpfend an den englischen Historiker John Morley, der von der französischen als ‚jener Revolution spricht, deren 5. Akt uns noch dunkel ist', sagt Gronlund, daß man unmöglich die französische Revolution verstehen könne, ohne eine richtige Einsicht und klare Vorstellung von jenem ‚fünften Akt', der ‚kommenden Revolution' zu haben. Nur dadurch bekomme die französische Revolution ein praktisches Interesse für uns. Danton sei herausgerissen worden als der Typus des revolutionären Frankreich, dessen Carriere einen größeren Zeitraum der Revolutionsperiode fülle, als die aller seiner Zeitgenossen. Gronlund bezeichnet die Menschheitsgeschichte als ein Entwicklungsdrama, dessen neuester Akt das Regime des Individualismus sei, und dessen Etablierung in Frankreich sei die Mission der französischen Revolution gewesen. Diese Revolution war in erster Linie eine geistige Bewegung, die durch Bücher gemacht

---

21 *Literarisches*. In: *Sozialist*, 7.7.1886; Gronlunds Werk *Cooperative Commonwealth* entwirft ein Bild der modernen sozialistischen Gesellschaft.

wurde. [...] Zu Gewaltthaten kam es erst in Folge der wahnsinnigen Anstrengungen der *Gegenrevolution*, die Revolution zu brechen. So werde auch die kommende Revolution zunächst eine Revolution in den Köpfen der Menschen sein, und gleichfalls durch Bücher gemacht werden müssen."[22]

Die zentralen Gedanken Gronlunds, nämlich die französische Revolution als Vorstufe und nicht als Vorbild für die soziale Revolution zu sehen sowie die Notwendigkeit, eine erfolgreiche Revolution geistig, d.h. durch Volksbildung vorzubereiten, wurden in einem (wahrscheinlich von Rosenberg verfassten) Leitartikel mit dem Titel *Betrachtungen über die Revolution* wieder aufgegriffen. Ausgangspunkt der „Betrachtungen" war Büchners Drama *Dantons Tod*, das seit einem Monat in Fortsetzungen im *Sozialist* erschien.

„Beim Wiederlesen des Georg Büchner'schen Trauerspiels ‚Dantons Tod', welches als Dichtung doch zugleich die beste Geschichte der ersten französischen Revolution ist, drängt sich uns eine Reihe von Gedanken auf, welche zeitgemäß erscheinen.
Wer wollte wohl wünschen, daß die kommende Revolution, welche außer uns noch gar Viele theils ersehnen, theils fürchten, ähnlich wie die erste französische ausfalle? Von einem solchen Wunsche müßte uns, abgesehen von ihren Gräueln, schon die Erwägung abhalten, daß die letztere alle ihre Haupt-Akteure gefressen und in einem Militärdespotismus und einer Eroberungspolitik geendet hat."[23]

Ausgehend von diesen Überlegungen versucht der Artikel aufzuzeigen, in wiefern sich die kommende soziale Revolution von

---

22 Ebd.
23 [Wilhelm Ludwig Rosenberg?]: *Betrachtungen über die Revolution*. In: *Sozialist*, 2.10.1886.

der französischen unterscheiden werde und müsse. An Stelle des „ausgebrannten Vulkans der Bourgeoisie" trete nun die organisierte Arbeiterklasse aller Länder. Die Fehler der französischen Revolution seien ausgeschlossen, da die zukünftige Revolution vom Volke ausgehen werde, „weil jetzt die arbeitenden Massen fast jedes Volkes selbst revolutionär zu denken begonnen haben und von Jahr zu Jahr es mehr lernen". Die arbeitende Klasse sei zumindest „in den Hauptländern dazu so weit reif, daß sie sich nach einem entschiedenen Siege die Früchte desselben nicht rauben lassen und noch viel weniger an einen Militärdespoten oder Diktator wegschenken wird."[24]

Hervorgehoben wird außerdem die Bedeutung der Volksbildung für die kommende Revolution:

> „Die Zeit ist nie vorher gewesen, daß Lohnarbeiter in so großer Zahl und in so bedeutendem Außmaße sich selbst wissenschaftlich fortgebildet haben, als dies heutzutage der Fall ist. Die Menge der volkstümlich-wissenschaftlichen Bücher und Artikel in Zeitschriften, [...] welche starken Absatz finden, beweist dies schon, ganz besonders voll von solchem Lesestoff ist aber die Arbeiterpresse. [...] Die gesamte Literatur unserer Partei legt auch einen hohen Wert auf Selbstunterricht und verbreitet Begeisterung für gehobene Volksbildung unter ihren Lesern. [...] Wer kann nach alledem noch läugnen, daß es eine viel höhere Grundlage von Volksbildung gibt, worauf die zukünftige Revolution beruhen wird, als auf welcher die erste französische Revolution beruhte? Einen so verkommenen Pöbel, als auf welchen Danton und seine Genossen ihre Herrschaft begründeten, kann es wohl nirgends wieder geben."[25]

---

24 [Wilhelm Ludwig Rosenberg?]: *Betrachtungen über die Revolution*. In: *Sozialist*, 9.10.1886.
25 Ebd.

Büchners *Dantons Tod*, aufgefasst als ‚Geschichte der Revolution', war somit gleichzeitig Ausgangspunkt der Betrachtungen über das Wesen der kommenden Revolution und praktisches Mittel ihrer Vorbereitung. Eingebunden in den Kontext von Schriften, die „sich in kritisch wissenschaftlicher Weise mit der werdenden Arbeiterbewegung beschäftigen" oder „den allgemeinen Zweck der Volksaufklärung in sozialer, politischer und religiöser Hinsicht verfolgen",[26] sollte *Dantons Tod* offensichtlich zur Volksbildung – Voraussetzung der ‚sozialen Revolution' und der neuen angestrebten Gesellschaftsordnung – beitragen. Was Gronlund schon für die französische Revolution als bestimmende Eigenschaft hervorgehoben hatte, nämlich ihre Vorbereitung durch „Bücher und in den Köpfen", wollte die SAP-Führung durch konkrete Verstärkung der Aufklärungsarbeit (und dazu gehörte die Erweiterung des Parteiorgans auf acht Seiten, die regelmäßige Herausgabe von Schriften in der *Socialistic Library* wie auch die Verbreitung von Flugblättern)[27] für die kommende soziale Revolution durchführen. Denn allein vom Grad der allgemeinen Volksbildung, der Einsicht in politische und ökonomische Zusammenhänge, der Desillusionierung der Arbeiterschaft über scheinbar freiheitliche, republikanische Staatsformen, die sich in der Geschichte als ebenso unterdrückend erwiesen hätten wie die Monarchie, hänge der Erfolg der kommenden Revolution ab. Zeitpunkt und Verlauf würden sich natürlich ergeben.[28] Deutlich wurde im Artikel das Primat der Volksaufklärung und Bildung als revolutionäre Tätigkeit der SAP hervorgehoben, ebenso deutlich spricht daraus die Absage an revolutionäre Aktionen, wie sie die Gruppe der Sozialrevolutionäre vor Haymarket gefordert hatte.

---

26 *Schriftenvertrieb*. In: *Sozialist*, 2.1.1886.
27 *An die Sektionen und Mitglieder der Soz. Arbeiter-Partei von Nord-Amerika*. In: *Sozialist*, 2.1.1886.
28 Siehe Anm. 23 und 24.

Christine Heiß (Bologna)

Es fällt auf, dass die Frage nach der Aussage von Büchners Stück bzw. seinem revolutionären Gehalt überhaupt nicht gestellt wurde. Sein Wert als ‚revolutionäre Poesie' bestimmte sich vielmehr aus der Thematik und der ihm zugeschriebenen Objektivität und Geschichtstreue. Nicht eine poetische Aussage wurde gefordert oder gesucht, sondern der Lehrgehalt lag im historischen Ereignis selbst. *Dantons Tod* war für die SAP in erster Linie als geschichtliche Darstellung relevant. Der Begriff der ‚revolutionären Poesie' reduzierte sich so auf die Aufbereitung eines historischen Ereignisses durch den Dichter – den Interpretationsrahmen lieferte der soziale und kulturelle Kontext, in den das Werk gestellt wurde.

Karl Gutzkows Kritik von *Dantons Tod* aus dem *Phönix*, die sowohl in der Oehlerschen Ausgabe als auch im *Sozialist* abgedruckt wurde, mag dazu beigetragen haben, dass man *Dantons Tod* vor allem als Geschichtsquelle betrachtete. Sein fast wie eine Rechtfertigung des Stücks klingender Gedanke: „Unsere Jugend studiert die Revolution, weil sie die Freiheit liebt und doch die Fehler vermeiden möchte, die man in ihrem Dienste begehen kann"[29] scheint auch den *Betrachtungen über die Revolution* als Leitgedanke zugrunde zu liegen. Die Wertschätzung, die man der Literatur des Vormärz und Gutzkow als ihrem prominenten Vertreter entgegenbrachte,[30]

---

29 Karl Gutzkow über Danton's Tod. In: *Sozialist*, 4.9.1886; vgl. auch Ralph P. Rosenberg: *Georg Büchners Early Reception* ..., S. 271.
30 Gutzkow zählte vor allem in den 50er und 60er Jahren zu den wiederholt aufgeführten Autoren im deutschamerikanischen Theaterbetrieb. Vgl. Henry A. Pochmann: *German Culture in America. Philosophical and Literary Influence 1600–1900*, Madison 1957, S. 343 u. 454. Mit der zunehmenden Verbürgerlichung besonders der Deutschen der ersten Einwanderungswelle bzw. der Herausbildung eines deutschamerikanischen Mittelstandes hatte die Vormärztradition im bürgerlichen kommerziellen Kulturbetrieb zwar an Bedeutung verloren, der Name Gutzkow war jedoch immer noch geeignet, an die gemeinsamen radikaldemokratischen Ideale der Deutschamerikaner zu appellieren. Vgl. Christine Heiß: *Kommerzielle deutsche Volksbühnen und deutsche Arbeitertheater in Chicago 1870–1910*. In: *Amerikastudien*, 2 (1984), S. 17 f.

erklärt sowohl den Einfluss, den sein Urteil immer noch auszuüben vermochte, als auch die redaktionelle Entscheidung, seine Kritik in beiden Veröffentlichungen zu übernehmen. Ralph Rosenberg hat sicherlich zu Recht auf die Publikumswirkung hingewiesen, die der Name Gutzkow noch in den 8oer Jahren unter den Deutschamerikanern hervorrief, und daran erinnert, dass man sich deren wohl auch bewusst zu Propagandazwecken bediente. Denn die Schriftenreihe der *Socialistic Library* sollte nicht nur zur kulturellen Bildung der Mitglieder und Sympathisanten der sozialistischen Bewegung beitragen, sondern hatte auch das erklärte Ziel, „immer weitere Kreise [...] mit der Lehre des Sozialismus vertraut [zu] machen und dadurch allmählich [zu] gewinnen [...]".[31] Allerdings greift Ralph Rosenberg zu kurz, wenn er die Aufnahme von *Dantons Tod* in die *Socialistic Library* vor allem von diesem Gesichtspunkt her motiviert sieht.[32] Eher als Gutzkows Ruhm könnte hier noch das Interesse der Emigranten an Stücken, die in Deutschland verboten waren, ausschlaggebend gewesen sein. Dass man *Dantons Tod* auf dem Index der verbotenen Schriften vermutete, zeigt folgende Richtigstellung, die ohne nähere Erklärungen im Briefkasten des *Sozialist* veröffentlicht wurde: „‚Danton's Tod' ist in Deutschland nicht verboten. Das würden die deutschen Behörden auch schwerlich wagen."[33] Ohne die vorhandende Prädisposition für die Problematik der französischen Revolution unter den deutschamerikanischen Sozialisten und ihre Aktualisierung im Kontext der sozialrevolutionären Stimmung im Jahre 1886 wäre die Wiederentdeckung von *Dantons Tod* durch die deutschamerikanischen Sozialisten jedoch kaum so früh erfolgt.

---

31 Siehe Anm. 26
32 Vgl. Ralph P. Rosenberg: *Georg Büchners Early Reception...*, S. 271.
33 *Briefkasten. Eingesandt von A. O., Chester.* In: *Sozialist*, 1.1.1887.

IV

Bei Überlegungen zur Verbreitung von *Dantons Tod* stellt sich die Frage, in welchem Maße das Stück unter den deutschamerikanischen Sozialisten nachweislich bekannt wurde und ob es daneben auch Hinweise auf eine über den sozialistischen Kulturkreis hinausgehende Rezeption gibt.

Der Sozialist war mit einer Auflage von 2255 (die Zahl gilt für das IV. Quartal 1886, also den Zeitraum des *Danton*-Abdrucks)[34] die größte deutsche Wochenschrift der sozialdemokratischen Bewegung in den Vereinigten Staaten. Ihre Verbreitung beschränkte sich nicht nur auf den Erscheinungsort New York; der Sozialist wurde überall dort vertrieben, wo eine Sektion der SAP bestand.[35] Die Sektionen sorgten nicht nur für den Verkauf des Blattes, das als Publikationsorgan der Parteibeschlüsse den Mitgliedern unentbehrlich war, sondern sie hatten auch die Aufgabe, die von der Partei herausgegebenen Schriften in Umlauf zu bringen.[36] Am 5.2.1897 berichtete das National-Exekutiv-Comite der SAP über den Erfolg der Broschürenliteratur im ersten Jahr. Die Einrichtung der *Socialistic Library*, so wurde betont, habe sich unter mehreren Gesichtspunkten als vorteilhaft erwiesen. Zum einen wegen des erleichterten Versands und der größeren Einheitlichkeit der Schriften, zum anderen, da nun die Verpflichtung bestünde, regelmäßig Schriften zu veröffentlichen, was die Wirksamkeit der Agitation erhöhe. Über den Verkauf wird berichtet:

---

34 Siehe *Jahresberichte des National-Exekutiv-Comites 1885–1886. II. Unsere Presse und Broschürenliteratur*. In: *Sozialist*, 5.2.1887. Vgl. auch Arndt und Olson: German American Newpapers ..., S. 398.
35 Für eine Auflistung aller Sektionen der SAP vgl. *Sozialist*, 9.10.1886.
36 Vgl. Versammlungsbericht aller Sektion Newark, *Sozialist*, 1.1.1887; *Unsere Broschürenliteratur*. In: *Sozialist*, 5.2.1887.

"Von den bis Ende November erschienenen elf Heften der Library sind im Ganzen 85 000 Exemplare gedruckt worden, von denen am Ende des Jahres über drei Viertel verkauft worden sind. Hierbei sind uns die Sektionen, mit geringen Ausnahmen, lobenswerth entgegengekommen, indem sie regulären Bücherbetrieb eingeführt haben, wohlerkennend, daß derselbe eine der größten Waffen unserer Agitation darbietet."[37]

Leider wurde nicht spezifiziert, ob alle Schriften in gleicher Auflage erschienen und in gleichem Maß verkauft wurden. Da *Dantons Tod* überdies als letzte Schrift des Jahres 1886 herauskam,[38] ist kaum anzunehmen, dass im Februar schon über 6000 Exemplare verkauft waren, wie es sich rein rechnerisch ergeben würde. Auffällig ist jedoch, dass die Auflage der Schriften wesentlich höher war als die des *Sozialist* selbst. Auch wenn man berücksichtigt, dass sozialistische Zeitschriften oft in Arbeiterkneipen, deren Inhaber mit der Bewegung sympathisierten, auslagen, die Zahl der Leser also diejenige der Auflage weit überstieg, scheint die Broschürenliteratur einen breiteren Leserkreis erreicht zu haben.

Weiter muss in Betracht gezogen werden, dass die Redaktionen der meisten deutschamerikanischen sozialistischen oder mit dem Sozialismus sympathisierenden Zeitschriften enge Kontakte zueinander unterhielten und dass Nachrichten, Einsendungen oder auch literarische Beiträge und Abdrucke oft von der einen oder anderen Zeitung übernommen wurden. Wenn auch kein weiterer Abdruck von *Dantons Tod* in deutschsprachigen Zeitungen ermittelt werden konnte, so wurde in diesen zumindest auf die Veröffentlichung im *Sozialist* hingewiesen. Ab Ende August 1886 warb z. B. die der SAP nahestehende *New Yorker Volks-Zeitung* in ihrem Sonntagsblatt (mit

---

37 Ebd.
38 Für das Jahr 1887 liegt kein Verkaufsbericht vor.

der beträchtlichen Auflagestärke von 12.502 für 1886)[39] für den *Sozialist* als „das wirksamste Propagandamittel für unsere Ideen", und sie hob gleichzeitig hervor, „daß in der letzterschienenen Nummer die Redaktion des ‚Sozialist' die Veröffentlichung des kraftvollen, packenden Georg Büchner'schen Dramas begonnen hat, welches den Titel Danton's Tod führt und in mächtig wirkenden, genialen Zügen eine Epoche der großen französischen Revolution zu ergreifender Darstellung bringt".[40]

In Bezug auf die Publikumswirkung muss darüber hinaus berücksichtig werden, dass den deutschamerikanischen sozialistischen Zeitschriften während der Bismarckschen Ausnahmegesetze eine wichtige Funktion als Exilpresse zukam. Wenn auch der *Sozialist* selbst auf der Liste der verbotenen Schriften stand,[41] so weisen schon die engen Kontakte zwischen deutschamerikanischer Arbeiterbewegung und der Sozialdemokratie darauf hin, dass er dennoch gelesen wurde. Eine Anzeige im Zürcher *Sozialdemokrat*, der ebenfalls als Exilpresse fungierte, wirbt noch 1888 für die Büchnerausgabe der *Socialistic Library*.[42]

Es ist somit nicht auszuschließen, dass die Oehlersche Ausgabe die Wiederentdeckung Büchners in Deutschland beeinflusst hat.

---

39 *American Newspaper Catalogue* (Edwin Alden & Bro., Cincinnati 1887).
40 *Literarisches*. In: *Sonntagsblatt der New Yorker Volks-Zeitung*, 29.8.1886.
41 Vgl. Ignaz Auer: *Nach zehn Jahren. Material und Glossen zur Geschichte des Sozialistengesetzes*. London 1889, S. 338.
42 Notiz in: *Der Sozialdemokrat*, Zürich, 8.4.1887 und 16.12.1888.

V

Auch die *Freidenker Publishing Co.* dürfte durch die *Socialistic Library* auf *Dantons Tod* aufmerksam geworden sein. Dies lassen nicht nur die identische Aufmachung – gleiches Titelblatt, gleicher Preis -, sondern auch die Beziehungen von progressiven Freidenkern und Turnern zur sozialistischen Bewegung vermuten.[43] Ideologisch vereinte diese Gruppe vor allem das Erbe der Opposition gegen die reaktionäre Staatsgewalt im deutschen Vormärz und nach der Revolution von 1848 das Festhalten an republikanischen Werten und der Protest gegen deren Preisgabe im sich industrialisierenden Amerika der 70er und 80er Jahre. Dies schuf zumindest in kulturellen Fragen eine gemeinsame Basis zwischen deutschamerikanischen Freidenkern, Turnern und Sozialisten. Georg Büchners *Dantons Tod* wurde so ein Rezeptionskreis ermöglicht, der sicherlich über den der von der SAP herausgegebenen Schriften zur Förderung der sozialistischen Idee hinausging.[44]

Jedoch scheint das Interesse an *Dantons Tod* von Seiten der Freidenker und Turner eher dem Dichter des Vormärz gegolten

---

43 Die engen Verbindungen zwischen Freidenkern und Turnern zeigt allein schon die Tatsache, dass die *Amerikanische Turnzeitung* bis 1885 als Beilage des *Freidenker* erschien. Auch nach der Trennung stehen beide Organe unter der Redaktion von C. H. Boppe. Der Freidenker wiederum wirbt im *Sozialist* um Leserschaft mit ausdrücklichem Hinweis auf sein Interesse am Sozialismus. Vgl. Notiz in: *Sozialist*, 9.1.1886. Zur Ideologie der Freidenker s. a. Bettina Goldberg: *Deutsch-amerikanische Freidenker in Milwaukee 1877–1890: Organisation und gesellschaftliche Orientierung.* Hausarbeit der ersten Staatsprüfung für das Lehramt am Gymnasien, Bochum 1982.
44 Der Name Büchner war zudem bei Freidenkern und Turnern nicht unbekannt. Schon 1872 hatte Ludwig Büchner die Vereinigten Staaten zu einer dreivierteljährigen Vortragsreise besucht, die hauptsächlich von den Freien Gemeinden und Turnvereinen organisiert worden war. Seine Schriften wurden von der Freidenker Publishing Company vertrieben. Vgl. Heinrich Metzner: *Geschichte des Turnerbundes*, Indianopolis 1874, S. 103; *Ein Triumph des Materialismus*. In: Freidenker, 1.11.1872; *Bücher und Schriften* (von der Freidenker Publishing Company herausgegeben). In: *Amerikanische Turnzeitung*, 31.7.1887.

zu haben als dem aktuellen, sozialpolitischen Kontext entsprungen zu sein. Ein für die *Amerikanische Turnzeitung* verfasster, zweiseitiger Nachruf zum fünfzigjährigen Todestag Büchners, der sowohl vom Milwaukeer *Freidenker* als auch von der *Fackel* übernommen wurde,[45] sah Büchners politisches Wirken und literarisches Werk ausschließlich im Rahmen der sozialpolitischen Verhältnisse der 30er Jahre in Deutschland. Auf der Einleitung zu den *Nachgelassenen Schriften* fußend, wurden Lebenslauf und Werke besprochen. Büchners ‚socialistische' Einstellung, die vor allem im *Hessischen Landboten* sichtbar werde, wird reduziert auf „sein warmes Herz für die Armen und Geknechteten" und seinen „glühenden Hass gegen Willkür und Tyrannei." Deutlich wird darauf hingewiesen, dass seine politische Haltung historisch gesehen werden müsse und für die zeitgenössischen Probleme keine Wirkungskraft besitze. So heißt es über die Sprache des *Hessischen Landboten*:

> „Man bedenke die Brutalität der Reaktion von damals, das Verzweifeln des Verfassers am Werte alles Bestehenden, den Umstand ferner, daß Büchner ein von unendlichem Mitleid erfüllter Gemütsmensch war, seinen Bildungsgang, seine Erfahrungen mit seinen Lehren in Einklang stehend – und man kann das leidenschaftlich Übertriebene einer solchen Sprache verstehen".[46]

Dantons Tod wird zwar als dichterischer Höhepunkt Büchners bezeichnet, jedoch das Fehlen von „leitenden Grundgedanken und ethischer Tiefe" bemängelt – eine Kritik, die sich deutlich von der Preisung des Dramas als „höchstrevolutionäre Poesie" durch die Redaktion der *Sozialist* unterscheidet.

---

45 *Zum fünfzigjährigen Todestag Georg Büchner's.* Von Chr. Tarnuzzer. In: Amerikanische Turnzeitung, Freidenker, Fackel, 20. und 27.2.1887.
46 *Zum fünfzigjährigen Todestag Georg Büchner's. Schluß.* In: Freidenker, 27.2.1887.

So lassen sich zwei verschiedene Rezeptionsebenen von *Dantons Tod* in der deutschamerikanischen Leserschaft feststellen: Zum einen geschah der Rückgriff auf Büchner mit dem Ziel, sein Drama für parteipolitische Propagandazwecke nutzbar zu machen und es – ohne genauere Analyse und Interpretation – aufgrund der Thematik als ‚revolutionäre Poesie' einzustufen. Zum anderen diente sein Werk dazu, nostalgisch an die Wurzeln der – unzureichend definierten – politischen Werte einer Gruppe zu erinnern, die sich unter dem Druck der sozialen Veränderungen im Amerika des 19. Jahrhunderts im Umbruch befanden bzw. sich zu verlieren drohten. In beiden Fällen jedoch entsprang das Interesse an Büchner der besonderen Situation der deutschen Emigranten in den USA, die frühsozialistisches und republikanisches Gedankengut eher bewahren konnten, als dies in Deutschland möglich war, und die dessen Verfall noch in den 80er und 90er Jahren bekämpften – oder, wie im Fall der SAP, mit modernem Sozialismus verknüpft sahen.

VI

Da sich die kulturpolitischen Initiativen der SAP keineswegs nur auf den Schriftenvertrieb beschränkten, sondern bei Festlichkeiten wie Kommunefeiern, Sommerpicknicks und anderen Anlässen (die einen wichtigen Bestandteil des kulturellen Lebens der organisierten Arbeiterschaft darstellten) auch die Aufführung von Theaterstücken vorsahen, muss die Frage gestellt werden, ob von Seiten der SAP der Versuch gemacht wurde, *Dantons Tod* zur Aufführung zu bringen.[47] Politisches Arbeitertheater wurde in der Regel von sozialistischen Laien-

---

47 Zwar beschränkte sich der Theaterbesuch deutschamerikanischer Arbeiter im Zeitraum von 1870 bis zur Jahrhundertwende keineswegs nur auf Arbeiterfestlichkeiten, doch waren diese die Hauptanlässe, bei denen politisch bewusstes Arbeitertheater zur Aufführung gelangte. Vgl. Christine Heiß: *Kommerzielle deutsche Volksbühnen...*, S. 22 ff.

gruppen bestritten, doch führte in manchen Fällen ein hoher Qualitätsanspruch dazu, dass auch professionelle Truppen engagiert wurden.[48] Trotz dieser einzelnen Bemühungen auch um technische Aufführungsqualität stand natürlich die politische Aussage bzw. die Wirkung eines Stücks und dessen Lehr- oder auch Unterhaltungswert für die zuschauende Arbeiterschaft im Mittelpunkt. Dies führte oft dazu, dass Stücke, die größere Anforderungen an die Aufführungstechnik stellten, um des Inhalts und der immer noch erzielten Publikumswirkung willen verkürzt und mit unzureichenden schauspielerischen und technischen Mitteln gespielt wurden.[49] Unter diesem Gesichtspunkt wäre also eine Aufführung des Stücks, ungeachtet der technischen Probleme, durchaus denkbar gewesen. Dennoch konnten für die dem *Danton*-Abdruck folgenden Jahre keine Hinweise auf eine Aufführung ermittelt werden. Zur Hundertjahrfeier der Französischen Revolution, die von allen Richtungen der Arbeiterbewegung in Amerika mit großem Aufwand begangen wurde, beschränkte man sich auf Tableaux Vivants, die Szenen der Revolution wiedergaben.[50] *Dantons Tod* scheint demnach – wie auch schon die Klassifizierung des Dramas als Revolutionsgeschichte andeutet – eher als Lesedrama denn als ein zur Aufführung bestimmtes Stück bewertet worden zu sein.

Was die Büchner-Rezeption durch Freidenker und Turner betrifft, muss aufgrund der verstreuten Information und der schwierigen Materiallage offenbleiben, ob in einem der zahlreichen Laientheatervereine eine Aufführung versucht wurde. Die eher zurückhaltende Einstufung Büchners und seines Stücks lässt jedoch eher das Gegenteil vermuten.

---

48 Vgl. die Aufführung von Wilhelm Ludwig Rosenbergs *Tochter des Proletariers* durch das Ensemble von McVickers zur Kommunefeier 1884 in Chicago, ebda, S. 24.
49 Vgl. den Aufführungszyklus von Gerhart Hauptmanns *Die Weber* durch die Most'sche Laiengruppe in Chicago, ebda, S. 22 und 25.
50 Vgl. Voranzeige und Bericht zur Hundertjahrfeier der französischen Revolution. In: *Sozialist*, 20. und 27.7.1889; *Chicagoer Arbeiter-Zeitung*, 15.7.1889.

Der einzige Hinweis auf eine geplante Aufführung stammt erst aus dem Jahre 1896 und ist nicht mehr auf die Rezeption der 80er Jahre zurückzuführen, sondern spiegelt die Entwicklungen im deutschen Theaterbetrieb wider. Im Rahmen des Versuchs, in Chicago eine Freie Volksbühne nach dem Berliner Muster einzurichten, stellte man sich die Aufgabe, „besonders die in Deutschland verbotenen Stücke, z. B. *Danton's Tod*"[51] aufzuführen – eine Initiative, die offenbar weniger durch eigenes Interesse als durch die Übernahme des Programms der Berliner Freien Volksbühne bestimmt war.[52] Diese Pläne scheiterten jedoch schon am Misserfolg der ersten Vorstellung, deren künstlerische Qualitäten von Presse und Publikum so scharf kritisiert wurden,[53] dass es gar nicht erst zu einer weiteren Vorstellung kam.

---

51 Freie Bühne. In: *Chicagoer Arbeiter-Zeitung*, 8.11.1889.
52 Vgl. Goltschnigg: *Rezeptions- und Wirkungsgeschichte...*, S. 44 f.
53 *Freie Bühne Chicago*. In: *Chicagoer Arbeiter-Zeitung*, 5.12.1896.

Cordelia Scharpf

Die deutsch-amerikanische Zeitschrift „Die Neue Zeit" (New York, 1869–1872) – mit Beiträgen von und über Luise und Ludwig Büchner

> „[...] In der *Frankfurter* und *Darmstädter Zeitung* und in der in New York erscheinenden *Neuen Zeit* sind mehrfach Aufsätze und Feuilletonartikel über die Frauenfrage von ihr [Louise Büchner] veröffentlicht worden. [...]."[1]

Dieser aufschlussreiche und für Luise Büchners Biographen überraschende Satz, der im Jahre 1869 von unbekannter Hand in einem biographischen Beitrag über sie geschrieben und in dem von Alexander Schem herausgegebenen Lexikon in New York veröffentlicht wurde, stellte zum ersten Mal ihre Leistungen einer Leserschaft in den Vereinigten Staaten von Amerika vor. Ihr Interesse an Frauen mit beruflicher Tätigkeit in den USA reichte jedoch bereits in die 1850er und 1860er Jahre zurück, als sie Aufsätze über das Wirken der Ärztin Elizabeth Blackwell und weiterer Ärztinnen veröffentlichte.[2]

Der biographische Beitrag über Luise Büchner erschien neben denen ihrer schriftstellerisch wirkenden Brüder Alexander, Georg und Ludwig,[3] deren Werke zwar ebenfalls aufgeführt

---

1 „Büchner, Louise". In: *Deutsch-Amerikanisches Conversations-Lexikon*. Hrsg. von Alexander J. Schem, 11 Bde., New York 1869–1874, Bd. 1 (1869), S. 675–676, hier: Bd. 1, S. 676. In Folge zit. als: *DACL*. Abgedruckt in diesem Band.
2 Siehe Anmerkung Nr. 29 in Agnes Schmidt: *'Ich kann alles hören, nur nicht, daß Sie nach Amerika gehen'. Amerikanische Beziehungen im Leben und Werk der Geschwister Büchner* in diesem Band.
3 „Büchner, Alexander". In: *DACL*, Bd. 1 (1869), S. 674–675; „Büchner, Georg". In: *DACL*, Bd. 1 (1869), S. 675; „Büchner, Friedrich Carl Christian Ludwig". In: *DACL*, Bd. 1 (1869), S. 675.

wurden, ihre anderweitigen Berufe jedoch fanden nur beiläufige Erwähnung. Über Ludwig Büchner hieß es abschließend: „In Amerika sind Originalarbeiten B.'s in der *Westlichen Post* in St. Louis und in der *Neuen Zeit* in New York erschienen."[4] Anders als in biographischen Beiträgen, die in herkömmlichen Nachschlagewerken wie dem *Brockhaus* oder in Spezialnachschlagewerken wie dem von Franz Brümmer unter Mitwirkung lebender Autoren herausgegebenen *Deutschen Dichter-Lexikon* erschienen, in denen Monographien, nicht aber deren Autorschaft von Aufsätzen in Zeitschriften zur Sprache kamen,[5] wurde in den biographischen Beiträgen des deutschamerikanischen Lexikons auf die Erwähnung von Beiträgen in deutschamerikanischen Druckerzeugnissen Wert gelegt. Indirekt wurde somit auf transatlantische Kontakte bestimmter Personen hingewiesen, die über den unmittelbaren Wirkungsraum in ihrem Land hinausreichten und dadurch zu einem internationalen Gedankenaustausch beitrugen oder deren Werke auch im Ausland rezipiert wurden.

Es sind bisher jedoch keine Korrespondenzen bekannt oder aufgefunden worden, die belegen könnten, wie der Kontakt zwischen den Büchners und Mitgliedern der Redaktion der *Neuen Zeit* zustande kam und welche Aufsätze Luise Büchner und ihr Bruder Ludwig der Redaktion noch zusätzlich zu den abgedruckten Beiträgen zur Veröffentlichung angeboten haben könnten. Aus den in der *Neuen Zeit* abgedruckten Korrespondenzen oder Berichten ist jedoch ersichtlich, dass die Turnervereine der Vereinigten Staaten von Amerika einerseits und die Redaktion der *Neuen Zeit* – neben den Redaktionen anderer deutschsprachiger Zeitungen[6] – andererseits mit ihm in briefli-

---

4 *DACL*, Bd. 1 (1869), S. 675.
5 „Büchner, Louise". In: *Conversations-Lexikon. Allgemeine deutsche Real-Enzyklopädie*, 12. Aufl., Leipzig 1876, Bd. 4, S. 49; „Büchner, Louise". In: *Deutsches Dichter-Lexikon*. Hrsg. von Franz Brümmer, Eichstätt 1876, Bd. 1, S. 99.
6 Vgl. *DNZ*, 1. Jg., Nr. 42 vom 9.7.1870, S. 608.

chem Kontakt standen. Carl Lüdeking aus St. Louis im Bundesstaat Missouri, einer der regelmäßig für die *Neue Zeit* wirkenden Autoren, der im Winter 1869/1870 in Europa eine Vortragsreise unternahm und an der Konferenz der Freidenker in Neapel teilnahm,[7] besuchte Mitte Januar 1870 Büchner, um mit ihm über dessen geplanten Aufenthalt mit Vorlesungen in den USA zu verhandeln.[8] Im Sommer 1871 wurde unter der Federführung von Mathilde F. Wendt ein Komitee in New York City gegründet,[9] um seine erst im Winter 1872/1873 stattfindende Vortragsreise zu organisieren.[10] Die besondere Beziehung zwischen Büchner und dem Komitee der *Neuen Zeit* wie auch die der Turnervereine ist noch nicht erforscht worden und wird durch den Kriegsverlust des Nachlasses der Familie Büchner in Darmstadt erschwert.[11] Daher ist es kaum möglich, Näheres zu erfahren über etwaige Verhandlungen zwischen Ludwig Büchner und der Redaktion zu den Veröffentlichungen in der *Neuen Zeit*.

Zunächst wird in diesem Aufsatz auf einige Zeitschriften der Frauenbewegungen in den deutschen Staaten und in den USA der zweiten Hälfte des 19. Jahrhunderts eingegangen, die einigen Deutsch-Amerikanern zugänglich waren. Die Besonderheit der *Neuen Zeit* wird daraufhin in der anschließenden detaillierten Beschreibung umso deutlicher hervorgehoben. Die

---

[7] Vgl. Anon.: Freidenker-Congreß in Neapel. In: *DNZ*, 1. Jg., Nr. 11 vom 4.12.1869, S. 124–125. Vgl. auch *DNZ*, 1. Jg., Nr. 16 vom 8.1.1870, S. 195.
[8] Carl Lüdeking: *Eingesandt*. [Brief vom 9. Juli 1870 aus St. Louis, Missouri]. In: *DNZ*, 1. Jg., Nr. 44 vom 23.7.1870, S. 643.
[9] *DNZ*, 2. Jg., Nr. 46 vom 5.8.1871, S. 726–727.
[10] Büchners mehrfach angekündigte, aber verschobene Reise bedurfte der finanziellen Absicherung durch Turnervereine in mindestens zwölf Städten und andere Vereine. Vgl. *Zu den Büchner'schen Vorlesungen*. In: *DNZ*, 2. Jg., Nr. 47 vom 12.8.1871, S. 746–747. Büchners Ankunft in den USA wurde für August oder September 1872 in Aussicht gestellt. Vgl. *DNZ*, 3. Jg., Nr. 16 vom 6.1.1872, S. 255.
[11] Vgl. Cordelia Scharpf: Luise Büchner. A Nineteenth-Century Evolutionary Feminist, Oxford/Bern 2008, S. 9–10 (Women in German Literature. Bd. 9). In Folge zit. als: Scharpf, Feminist.

Beiträge der Geschwister Büchner werden im jeweiligen Themenkomplex erwähnt.[12]

Die Frauenbewegungen und einige ihrer Zeitschriften

Die Neue Zeit war eine kurzlebige deutschsprachige Zeitschrift, die in New York zwischen 1869 und 1872 in drei Jahrgängen veröffentlicht wurde und der in der Forschung der deutschamerikanischen Presse und der „Frauenfrage"[13] bis jetzt wenig Aufmerksamkeit geschenkt wurde, weil sie für Forschende schwer zugänglich ist.[14] Die Kenntnisnahme der *Neuen Zeit* ist insofern wichtig, als die Zeitschrift fast die einzige heute noch vorhandene deutschamerikanische Publikation ist, die über die

---

12 Der Aufsatz über *Die Neue Zeit* erschien bereits unter dem Titel: *Die deutsch-amerikanische Zeitschrift ‚Die Neue Zeit' (New York 1869–1872)*. In: *18. Louise-Otto-Peters-Tag. Weibliche Lebensentwürfe im Werk von Louise Otto.* LOUISEum 31 (Berichte der 18. Louise-Otto-Peters-Tagung 2010). Hrsg. von Johanna Ludwig, Susanne Schötz et al., Leipzig: Louise-Otto-Peters-Gesellschaft e.V., 2011, S. 74–102. Auf Bitten der Redaktionsmitglieder wurde der Aufsatz geringfügig überarbeitet und erschien erneut, jedoch mit zwei Abbildungen in: *Louise-Otto-Peters-Jahrbuch IV. Forschungen zur Schriftstellerin, Journalistin, Publizistin und Frauenpolitikerin Louise Otto-Peters (1819–1895)*. Hrsg. von Susanne Schötz, et al., Beucha: Sax-Verlag, 2015, S. 56–82.
13 „Frauenfrage". In: *DACL*, Bd. 4 (1871), S. 428–432. Betreff *Die Neue Zeit*, S. 432.
14 Das einzige, nahezu vollständige Exemplar des Originals von 147 wöchentlichen Nummern befindet sich in der New York Public Library. Arndt, Karl J. R. und May E. Olson: *Deutsch-amerikanische Zeitungen und Zeitschriften 1732–1955. Geschichte und Bibliographie*, Heidelberg 1961. In Folge zit. als: Arndt/Olson. Es fehlt im Papierexemplar: DNZ, 3. Jg., Nr. 41 vom 7.6.1872, S. 665–680. Vgl. Arndt/Olson, S. 386. Sein Zustand ist jedoch so prekär, dass von der weiteren Benutzung des Papierexemplars, vor allem des dritten Jahrgangs, dringend abzuraten ist. Die British Library in London besitzt nur die ersten beiden Jahrgänge mit Ausnahme der Nr. 52 des zweiten Jahrgangs vom 16. September 1871 auf Mikrofilm. Die Wisconsin Historical Society in Madison besitzt lediglich Nr. 27 des ersten Jahrgangs vom 26. März 1870 bis einschließlich Nr. 52 vom 16. September 1871 im Original. Olson/Arndt, S. 386.

Die deutsch-amerikanische Zeitschrift Die Neue Zeit
(New York, 1869–1872)

Gleichberechtigung von Mann und Frau bzw. die Frauenbewegung einiger europäischer Länder und der USA der späten 1860er und frühen 1870er Jahre berichtete und diese kommentierte.

Aus der Forschung der deutschen Frauenbewegung des 19. Jahrhunderts sind hinreichend Beispiele bekannt, die belegen, dass sich Frauen eigenständig für ihre Belange während und nach den Revolutionen von 1848/1849 betätigten, einschließlich als Zeitungsverlegerinnen und Redakteurinnen. Zunächst redigierte Mathilde Franziska Anneke im Rheinland ab dem 27. September 1848 die kurzlebige *Frauen-Zeitung*. Nach ihrer Flucht aus Deutschland und Ankunft in den USA redigierte und veröffentlichte sie die *Deutsche Frauen-Zeitung* zwischen 1852 und 1854 in Newark im Bundesstaat New Jersey und später in Milwaukee im Bundesstaat Wisconsin.[15] Während Annekes *Frauen-Zeitung* im Rheinland bereits 1848 der Zensur zum Opfer fiel, begann Louise Otto am 21. April 1849 mit der Herausgabe der *Frauen-Zeitung* in Sachsen und konnte sie trotz wiederholter Druckverbote und Beschlagnahme bis Mitte 1853 fortsetzen. Zwischen 1866 und 1896 war sie die Mitherausgeberin der *Neuen Bahnen*, dem Vereinsblatt des von ihr mitgegründeten ersten nationalen Frauenvereinsverbandes, dem Allgemeinen Deutschen Frauenverein.[16]

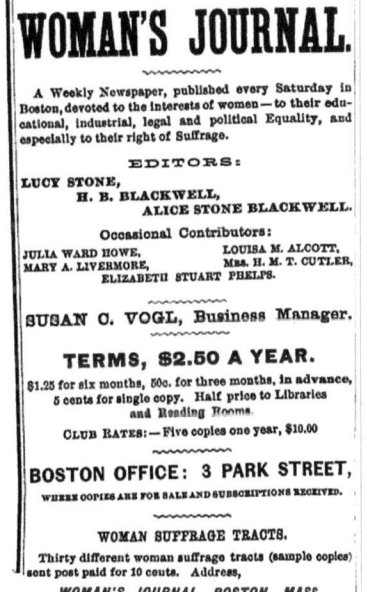

Mit Beginn der organisierten Frauenbewegung in den USA durch die erste Frauenrechtskonferenz vom 19. und 20. Juli 1848 in Seneca Falls im Bundesstaat New York er-

---

15 Maria Wagner: *Mathilde Franziska Anneke in Selbstzeugnissen und Dokumenten*, Frankfurt a.M. 1980, S. 43 und S. 83.
16 *Louise Otto-Peters. Ihr literarisches und publizistisches Werk*. Hrsg. von Johanna Ludwig und Rita Jorek, Leipzig 1995, S. 122 und S. 130.

schienen auch Zeitschriften, die die Forderungen nach Gleichberechtigung und Frauenstimmrecht thematisierten.[17] Die Frauenzeitschriften der 1850er Jahre – wie z. B. *Una* und *Lily* – verfolgten sowohl soziale Belange als auch das Ziel, Frauen für ihre Rechte zu interessieren und zur aktiven Teilnahme an den alljährlich an verschiedenen Orten des Landes stattfindenden Konferenzen zu ermutigen.[18] Nach dem US-amerikanischen Bürgerkrieg von 1861 bis 1865 erschienen Zeitschriften wie die *Revolution* und *The Woman's Journal*, die sich vordringlich mit Frauenstimmrecht und anderen Kampagnen wie der Alkoholabstinenzbewegung befassten. Die Zahl der von Mitgliedern der Frauenbewegung herausgegebenen Zeitschriften pendelte zwischen vier im Jahre 1873 und neun im Jahre 1884. Mit Ausnahme des *Woman's Journal* mit einer 61 Jahre währenden Veröffentlichungsdauer (1870–1931)[19] handelte es sich bei der Mehrzahl der Zeitschriften um mehr oder weniger kurzlebige Veröffentlichungen. Laut Zählung in der *American Newspaper Directory* von George P. Rowell[20] gab es zwischen den Jahren 1870 und 1890 in den USA 33 Zeitschriften, die der Frauen-

---

17 Zur Geschichte der diversen Presseorgane der US-amerikanischen Frauenbewegung, vgl. z. B.: *A Voice of Their Own. The Woman Suffrage Press 1840–1910.* Hrsg. von Martha M. Solomon, Tuscaloosa (AL) 1991 *(Studies in Rhetoric and Communication).* In Folge zit. als: Solomon. Für einen deutschsprachigen Überblick über den langen Kampf zur Erlangung des Frauenstimmrechts, siehe Cordelia Scharpf: *Die US-amerikanische Frauenstimmrechtsbewegung (1848–1920).* In: *Über Grenzen hinweg. Zur Geschichte des Frauenstimmrechtes und zur Problematik der transnationalen Beziehungen der deutschen Frauenbewegung. Ergebnisse des internationalen Symposiums des Deutschen Staatsbürgerinnen-Verbands e. V. am 03./04. September 2004 anlässlich des 100. Jubiläums der International Alliance of Women (IAW).* Hrsg. von Irina Hundt, Berlin 2007, S. 10–37.
18 Martha M. Solomon: *The Role of the Suffrage Press in the Woman's Rights Movement.* In: Solomon, S. 1–16, hier S. 13–14; Scharpf. In: Hundt, S. 15.
19 *The Woman's Journal.* In: *International Encyclopedia of Women's Suffrage.* Hrsg. von June Hannam et al., Santa Barbara 2000, S. 321–322.
20 George P. Rowell: American Newspaper Directory, New York 1869–1908.

bewegung zugerechnet werden können.[21] Unter diesen findet sich nur eine deutschsprachige Zeitschrift aus New York mit dem Titel *Fortschritt*, die von Anna Metz Byland von 1875 bis 1889 veröffentlicht wurde und die auch die Rechte für Frauen befürwortete.[22] Ähnliches gilt auch für Mathilde Annekes *Deutsche Frauen-Zeitung* aus den 1850er Jahren, die – dem *Deutsch-amerikanische[n] Conversations-Lexikon* von 1869 zufolge – in einer Auflage von 2.000 Stück gedruckt wurde.[23] Bei der eingehenden Lektüre des mehrbändigen Standardwerks zur US-amerikanischen Frauenbewegung *History of Woman Suffrage* finden sich Hinweise zur Beteiligung von Deutsch-Amerikanerinnen an Konferenzen der Frauenbewegung ab den 1850er Jahren. *Die Neue Zeit* als deutschsprachige Zeitschrift aus New York wird erwähnt.[24]

Die Neue Zeit

Dem Nachschlagewerk *Deutsch-amerikanische Zeitungen und Zeitschriften 1732 –1955* von Arndt und Olson zufolge erschien *Die Neue Zeit* als Wochenschrift zwischen dem 25. September 1869 und Juli 1872 jeweils samstags. Ab dem zweiten Jahrgang trug sie den Untertitel: *Wochenschrift für Politik,*

---

21 E. Claire Jerry: *The Role of Newspapers in the Nineteenth-Century Woman's Movement.* In: Solomon, S. 17-29, hier S. 23-24.
22 Jerry. In: Solomon, S. 24. *Die Neue Zeit* wurde nicht mitgezählt, vermutlich weil sie die Gleichberechtigung aller Menschen, aber nicht explizit die der Frauen, forderte. Es scheinen nur noch zwei Einzelnummern des *Fortschritts* vorhanden zu sein (Arndt/Olson, S. 359): In der American Antiquarian Society befinden sich: 2. Jg., Nr. 43 vom 25.10.1876 sowie 10. Jg., Nr. 42 vom 24.10.1884.
23 „Anneke, Mathilde". In: *DACL*, Bd. 1 (1869), S. 520-521. Arndt/Olson, S. 675: Im American Antiquarian Society in Worcester im Bundesstaat Massachusetts befindet sich das einzig erhaltene Exemplar der *Deutschen Frauen-Zeitung*, 1. Jg., Nr. 7 vom 15.10.1852.
24 History of Woman Suffrage. Hrsg. von Elizabeth Cady Stanton et al., 6 Bde. Rochester (NY) 1881-1922, hier Bd. 3 (1876-1885), S. 404-405. In Folge zit. als: HWS.

Wissenschaft, Belletristik, Kunst und Literatur. Zwischen dem 16. Juni und dem 14. Juli 1872 wurde die Zeitschrift umbenannt in: *Östliche Zeit* [sic; *Östliche Post*, C. S.].[25]

Die Zeitschrift hat das Format eines „large quarto", d. h., es handelt sich um eine Publikation, deren Höhe zwischen 35 und 40 cm beträgt. Bis einschließlich der Nummer 13 vom 18. Dezember 1869 umfasst die Zeitschrift zwölf Seiten, und ab Nummer 14 vom 25. Dezember 1869 wird sie auf sechzehn Seiten erweitert, um, wie von der Redaktion bekannt gegeben wurde, den geäußerten Wünschen der Leserschaft und der Aktionäre der eigens für die Zeitschrift gegründeten German Printing Association nach mehr Lesestoff Rechnung zu tragen.[26] Bis einschließlich der Nummer 22 vom 19. Februar 1870 werden auf der letzten Seite Firmenwerbungen gedruckt.[27] Danach steigt die Seitenzahl mit Inseraten auf zwei oder drei pro Nummer. Das kann bedeuten, dass es sich lohnte, in dieser Zeitschrift zu werben oder aber, dass vermehrte Werbung die Existenz der Zeitschrift sichern musste. Die Seitenzahlen jedes Jahrgangs werden durchgängig nummeriert, und die Anzahl der „Ganzen Nummern" beträgt in einem nahezu dreijährigen Zeitraum insgesamt 147. Die Auflagestärke beträgt 2.300 Exemplare im Jahre 1870 und 7.400 im darauffolgenden Jahre, d. h., binnen eines Jahres steigerte sie sich auf das Dreifache.[28] Die Zeitschrift wird für $ 0,10 pro Nummer, für $ 4,00 als Jahresabonnement und $ 4,40 für Bewohner New Yorks verkauft.[29]

---

25 Arndt/Olson, S. 386; der Titel lautet allerdings: *Östliche Post.* Vgl.: *DNZ,* 3. Jg., Nr. 39, vom 16.6.1872, S. 617. In Folge werden betreffende Angaben mit *Östliche Post* gemacht.
26 *DNZ,* 1. Jg., Nr. 14 vom 25.12.1869, S. 157–172. Das Comite: *An die Leser!.* In: *DNZ,* 1. Jg., Nr. 14 vom 25.12.1869, S. 157. Trotz der durchgängig nummerierten „Ganzen Nummer" der gesamten Zeitschrift beziehe ich mich in den folgenden Anmerkungen auf die Nummer und Datumsangabe des entsprechenden Jahrgangs.
27 *DNZ,* 1. Jg., Nr. 22 vom 19.2.1870, S. 300.
28 Arndt/Olson, S. 386.
29 *DNZ,* 1. Jg., Nr. 1 vom 25.9.1869, S. 1.

Die deutsch-amerikanische Zeitschrift Die Neue Zeit
(New York, 1869–1872)

In ihrer kurzen Existenz erfuhr die Zeitschrift eine wechselvolle Geschichte. Zwischen dem 25. September 1869 und dem 20. August 1870 hatte Augusta Lilienthal den Vorsitz der German Printing Association inne und die Zeitschrift wurde von einem Komitee redigiert.[30] Die Generalversammlung der German Printing Association beschloss am 15. August 1870 die Änderung der Eigentümerverhältnisse und des Redaktionsteams: Von nun an hieß der Verlag Compagnie Neue Zeit.[31] Vom 27. August 1870 bis zum 14. Juli 1872 fungierte J. Labsap als Eigentümer und Herausgeber.[32] Dem „Impressum" zufolge scheint Mathilde Franziska Wendt aber vom 27. August 1870 bis zum 15. Juli 1871 gleichrangig mit Labsap als Herausgeberin gewirkt zu haben.[33] In den darauffolgenden drei Nummern der Zeitschrift bis einschließlich dem 5. August 1871 fungierte Labsap als Eigentümer und Redakteur, während Wendts „Mitwirkung" ausdrücklich genannt wird.[34] Ab dem 12. August 1871 trat Labsap als Eigentümer und alleiniger Redakteur auf.[35] Mit dem Namenswechsel der *Neuen Zeit* zur *Östlichen Post* am 16. Juni 1872 ging die Zeitschrift in den Verlag von J. Labsap und Hirsch über und erschien nun sonntags, doch nur bis zum 14. Juli 1872.[36] Dann wurde das Erscheinen gänzlich eingestellt.[37]

---

30 Vgl. *DNZ*, 1. Jg., Nr. 25 vom 12.3.1870, S. 340.
31 Vgl. *DNZ*, 1. Jg., Nr. 48 vom 20.8.1870, S. 708. *An unsere Leser!*. In: *DNZ*, 1. Jg., Nr. 49 vom 27.8.1870, S. 724.
32 Arndt/Olson, S. 386.
33 „Impressum". In: *DNZ*, 1. Jg., Nr. 49 vom 27.8.1870, S. 724. „Impressum". In: *DNZ*, 2. Jg., Nr. 43 vom 15.7.1871, S. 680.
34 „Impressum". In: *DNZ*, 2. Jg., Nr. 44 vom 22.7.1871, S. 696. „Impressum". In: *DNZ*, 2. Jg., Nr. 45 vom 29.7.1871, S. 712. „Impressum". In: *DNZ*, 2. Jg., Nr. 46 vom 5.8.1871, S. 728.
35 „Impressum". In: *DNZ*, 2. Jg., Nr. 47 vom 12.8.1871, S. 744.
36 *DNZ/Östliche Post*, 3. Jg., Nr. 39 vom 16.6.1872, S. 617.
37 Die in diesem Abschnitt bisher wiedergegebenen und teils durch Fundstellen in der *Neuen Zeit* ergänzten Angaben zur Veröffentlichungsgeschichte der *Neuen Zeit* befinden sich zusammengefasst bei Arndt/Olson, S. 386.

Die Redaktionsmitglieder

Augusta Lilienthal, die erste Vorsitzende der German Printing Association, war Mitglied der Sozialistischen Arbeiterpartei (Socialist Labor Party) in New York City. Sie wuchs in einer Handwerkerfamilie nahe bei Berlin auf, und nach dem frühen Tod ihres Vaters wurde sie, erst fünfzehnjährig, mit einem Mann verheiratet, der dreimal so alt wie sie war. Als sie mit 19 Jahren Witwe wurde, machte sie in Berlin die Bekanntschaft des jüdischen Medizinstudenten Friedrich („Fritz") Lilienthal. Seine älteren Geschwister äußerten gegen die Eheschließung mit einer Christin zunächst Bedenken, da sie befürchteten, dass er als einziges promoviertes Mitglied ihrer Familie sich nicht standesgemäß verhielt, wenn er auf seiner Liebesheirat bestünde. Wie diese Vorbehalte überwunden wurden, geht aus den Erinnerungen der Tochter Meta Lilienthal Sterns nicht hervor. Der Entschluss des jungen Ehepaars Lilienthal, 1861 in die USA einzuwandern, beruhte hauptsächlich auf Fritz Lilienthals Ablehnung des preußischen Militarismus. Die beiden Lilienthals waren Anhänger von Abraham Lincoln und der Antisklavereibewegung.[38] Sie gehörten der Freidenkerbewegung an, die u. a. religiöse Dogmen ablehnte, die Gleichheit ethnischer Gruppierungen forderte und die Gleichberechtigung beider Geschlechter propagierte.[39] Augusta Lilienthal entwickelte sich Ende der 1860er Jahre zu einer der prominentesten Frauenrechtlerinnen innerhalb der deutsch-amerikanischen Gruppe der Socialist Labor Party.[40]

---

38 Meta Lilienthal Stern: *Dear Remembered World. Childhood Memories of an Old New Yorker,* New York 1947, S. 24–32. In Folge zit. als: Lilienthal Stern. Der Mädchenname Augusta Lilienthals wird nicht erwähnt. Über ihre Rolle als Mitredakteurin der Neuen Zeit finden sich leider keine Angaben.
39 „*Freigemeinden und Freidenker*", in: *Encyclopedia of the American Left.* Hrsg. von Mari Jo Buhle/Paul Buhle/Dan Georgakas, New York/London 1990, S. 246–247.
40 Mari Jo Buhle: *Women and American Socialism 1870–1920,* Urbana (IL) 1981, S. 1–2. In Folge zit. als: Buhle, *Women.*

Mathilde F. Wendt, die zwischen September 1870 und August 1871 J. Labsaps „Assistentin" bei der Herausgabe der Neuen Zeit war,[41] trat als Journalistin in Erscheinung, die auch für Blätter Deutschlands schrieb.[42] Ihr wird von Carl Wittke bescheinigt, viel Mut beim Herausgeben der Neuen Zeit bewiesen zu haben, denn in der deutschsprachigen Presse bestanden große Vorurteile gegen das Frauenstimmrecht;[43] Wittkes ohne Fundstellen gemachte Aussage wird durch einen nicht signierten Leitartikel der Redaktion in der Neuen Zeit von Anfang Februar 1870 bestätigt, in dem die Hindernisse bei diesem Unternehmen und die teils sehr negativen Reaktionen mehrerer deutsch-amerikanischer Blätter detailliert dargelegt werden.[44] Die Neue Zeit lieferte oft Zusammenfassungen oder Abdrucke der Positionen ihrer Widersacher und versuchte, mit Argumenten ihr Anliegen zu verteidigen und Überzeugungsarbeit zu leisten.

Wendt scheint auch die treibende Kraft gewesen zu sein, namhafte Autoren für die Neue Zeit zu kontaktieren und für die Zusammenarbeit zu gewinnen. Sie fragte z. B. bei dem Philosophen Ludwig Feuerbach an, ob er Beiträge für ihre Zeitschrift schreiben würde. Er konnte ihrer Bitte nicht entsprechen, aber er las die Zeitschrift und versprach, Abonnenten für sie in Deutschland zu werben.[45] Auch wenn Wendt und die Redaktion Feuerbach nicht für eine Zusammenarbeit gewinnen konnten, riefen sie mindestens zweimal – im August 1870 und im Januar 1872 – ihre Leserschaft zu Spenden auf, als er gesund-

---

41 Arndt/Olson, S. 386. Laut „Impressum" war Wendt jedoch gleichrangige Mitherausgeberin und ihre „Mitwirkung" wird nur in den letzten drei Nummern dieses Zeitraums ausdrücklich genannt. Vgl. Abschnitt 2 in diesem Aufsatz.
42 *HWS*, Bd. 3 (1876–1885), S. 404–405.
43 Carl Wittke: *The German-Language Press in America*, Lexington (KY) 1957, S. 162.
44 Anon.: „Die Neue Zeit". In: DNZ, 1. Jg., Nr. 20 vom 5.2.1870, 260–261.
45 Vgl. auch: *Karl Grün. Ausgewählte Schriften in zwei Bänden. Mit einer biographischen und werkanalytischen Einleitung.* Hrsg. von Manuela Köppe, Berlin 2005, Bd. 1, S. 302. In Folge zit. als: *Karl Grün*.

heitlich angeschlagen war. Drei Wochen später, am 27. Januar 1872, erschien ein Rechenschaftsbericht über die bei der Redaktion eingegangenen Spenden für Feuerbach.[46]

In den 1880er Jahren wurde Mathilde Wendt Präsidentin eines Vereins, der für bessere hygienische Zustände im zunehmend stark bewohnten südöstlichen Manhattan eintrat.[47] Zeitlebens korrespondierte sie mit deutschen Literaten und deutschamerikanischen Intellektuellen wie Karl Heinzen aus Illinois, einem der wenigen Verfechter der Rechte für Frauen.[48] Aus dem oben erwähnten nicht signierten Leitartikel geht jedoch auch hervor, dass es zu Unstimmigkeiten zwischen der Redaktion und Heinzen schon während des ersten Jahrgangs der Zeitschrift gekommen war und er diesem Presseorgan zunehmend kritisch gegenüberstand.[49]

Über J. Labsap, den späteren Eigentümer und Herausgeber der *Neuen Zeit/Östlichen Post*, ist bisher nichts ermittelbar. Karl Bayrhoffer, einer der weiteren Mitherausgeber der *Neuen Zeit*,[50] war Professor der Philosophie an der Universität von Marburg und in den Jahren 1848/1849 Abgeordneter im Landtag von Kurhessen und im Frankfurter Parlament. Er floh nach Verhaftung und Verhören 1852 in die USA, wo er als Bauer in Wisconsin siebzehn Jahre lang lebte, bevor er 1869 wieder seine wissenschaftlichen Tätigkeiten aufnahm.[51]

---

46 „Ludwig Feuerbach". In: *DNZ*, 1. Jg., Nr. 49 vom 27.8.1870, S. 723; *DNZ*, 3. Jg., Nr. 16 vom 6.1.1872, S. 255; 3. Jg., Nr. 19 vom 27.1.1872, S. 306.
47 Felice Batlan: *The Ladies' Health Protective Association: Lay Lawyers and Urban Cause Lawyering*. In: Akron Law Review, Bd. 41 (2008), S. 701–731, hier S. 709.
48 University of Michigan Library, Special Collection, Labadie Collection. Wittke, S. 162.
49 Bei den Meinungsverschiedenheiten handelte es sich um den Abdruck einer mehrteiligen Reihe *Briefe über Erziehung* eines nicht mit Namen genannten Mannes, mit der Heinzen nicht einverstanden war. Vgl. Anon.: „Die *Neue Zeit*". In: *DNZ*, 1. Jg., Nr. 20 vom 5.2.1870, S. 260–261.
50 Arndt/Olson, S. 386.
51 DACL, Bd. 2 (1869), S. 210.

Die deutsch-amerikanische Zeitschrift Die Neue Zeit
(New York, 1869–1872)

Das Motto und der Kupfertitel der „Neuen Zeit"

Die Neue Zeit mit ihrem Motto „Gleiche Rechte für Alle!" wird von Mari Jo Buhle als Presseorgan der deutschsprachigen Gruppe der Socialist Labor Party bezeichnet.[52] Die Zeitschrift ist streng genommen keine Frauenzeitschrift, sondern eine Publikation für beide Geschlechter. In anderen Worten, das ursprüngliche Komitee und die Herausgeber erwarteten von ihnen ein gewisses hohes, intellektuelles Niveau, indem sie Beiträge aus Politik, Wissenschaft verschiedener Disziplinen, Belletristik und Kunst darboten. Angesprochen wurde das Lesepublikum aus der gebildeten Mittel- und Oberschicht mit liberalen oder progressiven Ansichten. Aus der Lektüre der Beiträge, Annoncen verschiedener Konferenzen und Persönlichkeiten sowie Übernahme von Beiträgen aus und Antworten auf Berichterstattungen in deutschen und amerikanischen Blättern geht hervor, dass die Redaktion ihre Leserschaft als sehr belesene Grup-

---

52 Buhle, *Women*, S. 2–4.

pe verstand, die sich mit tagespolitischen Themen auskannte und über viele Informationsquellen verfügte.

Treu ihrem Motto schrieb die Redaktion über den Kupfertitel des ersten Jahrgangs:

„[Er] ist gezeichnet von Alice Donlevy und auf Holz geschnitten von Laura E. Bower. Wenn es eines practischen Beweises bedürfte, daß das weibliche Geschlecht ebenso fähig ist, sich in allen Berufsarten auszuzeichnen, wie das männliche, wenn man ihm nur den Weg dazu nicht abschneidet, so würden die Künstlerinnen und weiblichen Aerzte, die heute in New York mit den Künstlern und Aerzten um die Lorbeeren ringen, mehr als genügen. Der Entwurf zu dem Kopfe unserer Zeitung wurde von Künstlern ersten Ranges gesehen und für ausgezeichnet erklärt […]."[53]

Das Bild zeigt die römische Göttin Justicia mit verbundenen Augen und einer Waage, die auf einem Podest mit der Aufschrift: „Gleiche Rechte für Alle" steht. Justicia ist von Efeu und einer großblättrigen Rankenpflanze umrahmt. Der Titel der Zeitschrift steht horizontal inmitten der rankenden Pflanze und auf dem Kleid der Göttin gedruckt.[54] Ab der ersten Nummer des zweiten Jahrgangs vom 24. September 1870 trägt der Kupfertitel eine andere Darstellung, die von dem Graveur Edward Sears angefertigt wurde. Acht Frauen in Salonkleidern und fünf Männer in Frack mit Tassen heißen Getränks sind in Gespräche vertieft, eine Szene, die laut Mari Jo Buhle aus Kaffeehäusern in Yorktown, einem Ortsteil Manhattans, ent-

---

53 [Die Redaktion]: „Der Kopf". In: DNZ, 1. Jg., Nr. 1 vom 25.9.1869, S. 10. Über die in diesem Zitat erwähnten Frauen ist bisher nur bekannt, dass sie ihr Atelier in 653 Broadway hatten.
54 DNZ, 1. Jg., Nr. 1 vom 25.9.1869, S. 1.

Die deutsch-amerikanische Zeitschrift Die Neue Zeit
(New York, 1869–1872)

nommen worden sein könnte.[55] Das Motto „Gleiche Rechte für Alle" und der Untertitel stehen unterhalb des Bildes. Der Titel der Zeitschrift prangt über der Salonszene.[56] Der Wechsel zum zweiten Kupfertitel fällt zusammen mit der Übernahme der Redaktion durch J. Labsap. Während der Kupfertitel mit der Justicia noch kämpferisch gleiche Rechte vor dem Gesetz betont, scheint der der Salonszene nur das Diskutieren beider Geschlechter darzustellen. Man fragt sich unwillkürlich, ob die Frauen bereits so gleichberechtigt sind oder waren, dass sie nicht mehr der Symbolfigur der Justicia bedürfen oder bedürften?

Das Komitee eröffnete die Zeitschrift mit einem langen Leitartikel mit dem Titel „An die Leser der Neuen Zeit". Das Komitee konzipierte die Zeitschrift nicht als ein kommerzielles Unternehmen, sondern die Zeitschrift sollte aus Abonnements und freiwilligen Beiträgen finanziert werden. Der Verlag wurde als Aktiengesellschaft gegründet, und mit $ 5,00 je Aktie wurde das Startkapital für die Zeitschrift gesichert. Die Zeitschrift

---

55 Buhle, *Women*, S. 3.
56 *DNZ*, 2. Jg., Nr. 1 vom 24.9.1870, S. 1.

hatte zum Ziel, die Leserschaft mit zeit- und sozialpolitischen Beiträgen über Themen wie die Arbeiterbewegung, das Frauenstimmrecht, die unterschiedlichen Religionen und unentgeltliche Volksbildung aufzuklären und zugleich mit hochwertiger Literatur und Kunst zu unterhalten. Das Komitee betonte ausdrücklich, dass der alleinige Zweck des Unternehmens sei:

„[...] eine Presse zu schaffen, die nur für die Idee des wahren Menschenthums zu kämpfen bestimmt ist."[57]

Schon der erste Beitrag in der ersten Nummer der *Neuen Zeit* – nach dem Leitartikel – unterstrich den seriösen Tenor der von der Redaktion konzipierten Zeitschrift. Als allererster philosophischer Beitrag erschien Louis [eigentlich: Ludwig] Büchners *Ueber den Ursprung und die Einheit des Lebens*.[58] Der Autor war der zweitjüngste Bruder Luise Büchners aus Darmstadt und der damals berühmt-berüchtigte Verfasser des seit 1855 in mehreren erweiterten Auflagen erschienenen und in Fremdsprachen übersetzten Werks *Kraft und Stoff*, einer philosophischen und religionskritischen Abhandlung, und er steuerte weitere Beiträge zur *Neuen Zeit* bei.[59]

---

57 Das Comite: *An die Leser der Neuen Zeit!* In: DNZ, 1. Jg., Nr. 1 vom 25.9.1869, S. 1–2.
58 Louis Büchner: *Ueber den Ursprung und die Einheit des Lebens*. In: DNZ, 1. Jg., Nr. 1 vom 25.9.1869, S. 2–3; 1. Jg., Nr. 2 vom 2.10.1869, S. 13–14.
59 Louis Büchner: *Kraft und Stoff*, Frankfurt a.M. 1855. Unter seinen gelieferten Aufsätzen sei erwähnt: *Die Entstehung des Menschen*. In: DNZ, 1. Jg., Nr. 31 vom 23.4.1870, S. 431–433; 1. Jg., Nr. 32 vom 30.4.1870, S. 446–447.

Die „Frauenfrage" in der „Neuen Zeit"

Auch wenn *Die Neue Zeit* keine Frauenzeitung im eigentlichen Sinne war, widmete das redaktionelle Komitee in seinem ersten Leitartikel *An die Leser* vom 25. September 1869 diesem Themenkomplex einen langen Abschnitt. Zunächst erklärte das Komitee, sich von jeglicher Parteipolitik fernzuhalten, über Entwicklungen und das Für und Wider unparteiisch zu berichten, die Gesetze und Bestrebungen zu unterstützen, die die Republik und Demokratie als Staatsordnung fördern.[60] Was folgt, könnte als eine Erweiterung des Mottos der Zeitschrift gelten; das Komitee legt hier sein Verständnis der Präambel der US-Bundesverfassung dar und geht über die allgemeingültige Interpretation derselben hinaus:

„Die Befreiung des Menschen von allen Banden, an die ihn der Glaube und die Ueberlieferungen des Mittelalters heften, muß notwendigerweise der Zielpunkt sein, wohin ihn die republikanische Verfassung führen soll. Die Unabhängigkeitserklärung drückt dies in edler Klarheit aus. Sie sagt sich von den Althergebrachten des Untertanenthums los und stellt den Menschen mit seinen unveräußerlichen Rechten als das Urbild der Staatsform hin. Alle Menschen sind gleich geboren und haben Anspruch auf gleiche Rechte. Mann und Frau stehen auf gleicher Stufe vor dem Gesetze und müssen notwendigerweise gleicher Rechte teilhaftig werden; und wenn alle Rechte ihren Ausfluß in Stimmrechten finden, wenn sie ohne dasselbe nur Akte und Gnade sind, so muß es auch unumstößlich fest stehen, daß den Frauen das Stimmrecht gewährt werden muß, um ihnen die Stellung zu sichern, die ihnen die Gerechtigkeit und ihre geistige Befähigung anweist."[61]

---

60 Das Comite: *An die Leser der ‚Neuen Zeit!*,. In: *DNZ*, 1. Jg., Nr. 1 vom 25.9.1869, S. 1.
61 Das Comite: *An die Leser der ‚Neuen Zeit!*. In: *DNZ*, 1. Jg., Nr. 1 vom 25.9.1869, S. 2.

Mit dieser Passage knüpfte das Komitee an die Forderungen der ersten US-amerikanischen Frauenrechtskonferenz aus dem Jahre 1848 an.

Autoren und Autorinnen, die sich zur „Frauenfrage" äußerten, aber nicht an der Frauenbewegung beteiligt waren, kamen ebenso zu Wort wie die Aktivistinnen. So druckte die Redaktion z. B. Einladungen beider US-amerikanischer Frauenvereinsverbände ab, die fast zeitgleich ihre Versammlungen im Frühjahr 1870 in New York City abhielten.[62] Darüber hinaus kamen Beiträge und Argumente der Gegner der Frauenemanzipation zum Abdruck.[63] Bücherrezensionen und Annoncen über deren Erscheinen – wie z. B. die Nennung von Übersetzungen ins Russische und Deutsche von John Stuart Mills Werk *The Subjection of Women*[64] und die Ankündigung der ersten beiden „Genius"-Bücher Louise Otto-Peters'[65] – wurden bekannt gegeben. Die „Frauenfrage" wurde von Autoren sowohl aus den USA als auch aus Deutschland in Form von aufklärenden Aufsätzen oder Stellungnahmen thematisiert. Zu ihnen gehörten z. B. Karl Theodor Bayrhoffer,[66] Augusta Lilienthal mit mindestens zwei Aufsätzen und ihrer abgedruckten Ansprache anlässlich der ersten Versammlung des am 21. März 1872 in New York City gegründeten Frauenstimmrechts-

---

62 Betreff National Woman's Suffrage Association vgl. *DNZ*, 1. Jg., Nr. 33 vom 7.5.1870, S. 468. Betreff American Woman Suffrage Association vgl. *DNZ*, 1. Jg., Nr. 33 vom 7.5.1870, S. 468.
63 Vgl. z.B. G. H. Makk [?]: *Gedanken über weibliche Bildung. Aus den hinterlassenen Schriften eines europäischen Anti-Frauenrechtlers*. In: *DNZ*, 1. Jg., Nr. 13 vom 18.12.1869, S. 147–148; 1. Jg., Nr. 14 vom 25.12.1869, S. 162; 1. Jg., Nr. 15 vom 1.1.1870, S. 177–178; 1. Jg., Nr. 16 vom 8.1.1870, S. 192–193.
64 Vgl. *Kunst und Literatur*. In: *DNZ*, 1. Jg., Nr. 9 vom 20.11.1869, S. 101.
65 *DNZ*, 1. Jg., Nr. 15 vom 1.1.1870, S. 179.
66 Karl Theodor Bayrhoffer: *Ueber die politische Emancipation des weiblichen Geschlechts*. In: *DNZ*, 1. Jg., Nr. 16 vom 17.1.1870, S. 209–210; 1. Jg., Nr. 17 vom 22.1.1870, S. 225–226; 1. Jg., Nr. 18 vom 29.1.1870, S. 240–242.

vereins,[67] Franz von Remmersdorf[68] und Mathilde F. Wendt, die oft mit den Initialen M. F. W. zeichnete.[69] Bayrhoffers Aufsatz „*Ueber die politische Emancipation des weiblichen Geschlechts*" von Mitte bis Ende Januar 1870 ist ein Beispiel dafür, dass von der Zeitschrift und ihrer Diskussion der „Frauenfrage" in Deutschland Notiz genommen wurde, auch wenn dies manchmal zeitlich verzögert geschah bzw. wiederum die Redaktion relativ spät Kenntnis vom Echo in Deutschland erhielt und sie an ihre Leserschaft weitergab. So schrieb die Redaktion sicherlich mit einer gewissen Genugtuung nahezu drei Monate nach Erscheinen von Bayrhoffers Aufsatz:

„Wir bringen aus dem *Magazin für die Literatur des Auslandes* folgende Stelle, welche einem Artikel, betitelt: ‚Die Frauenfrage in den Vereinigten Staaten', entnommen ist. ‚Eines der bestredigierten deutsch-amerikanischen Organe zur Unterstützung der Frauenfrage ist das von der German Printing Association in New York herausgegebene Wochenblatt *Die Neue Zeit*. In Nr. 18 und 19 dieses Blattes (vom 22. und 29. Januar 1870) befindet sich ein trefflicher Artikel: ‚Ueber die politische Emancipation des weiblichen Geschlechts', aus der Feder des jetzt in Amerika lebenden früheren Professors in Marburg, Dr. K. Th. Bayrhoffer.

---

67 Der Aufsatz Gelehrter Artikel geht auf mehrere Aspekte der Debatten zur „Frauenfrage" ein, z.B. über die Erziehung beider Geschlechter, ob Phänomene anerzogen oder natürlich sind. Augusta Lilienthal: Gelehrter Artikel. In: *DNZ*, 1. Jg., Nr. 33 vom 30.4.1870, S. 451; 1. Jg., Nr. 34 vom 14.5.1870, S. 483. A.L.: *Die politische Emanzipation der Frauen*. In: *DNZ*, 1. Jg., Nr. 27 vom 26.3.1870, S. 371. Dies.: *Frauen und Religion*. In: *DNZ*, 1. Jg., Nr. 37 vom 4.6.1870, S. 532. Anon.: *Eine Versammlung des Frauenstimmrechts-Vereins. 21. März 1872. New York, Turnverein*". In: *DNZ*, 3. Jg., Nr. 28 vom 30.3.1872, S. 449-450; 3. Jg., Nr. 29 vom 6.4.1872, S. 462-463; 3. Jg., Nr. 30 vom 13.4.1872, 479; 3. Jg., Nr. 31 vom 27.4.1872, S. 497-500.
68 Franz von Remmersdorf: *Die Frauenfrage vom deutschen Standpunkte aus*. In: *DNZ*, 1. Jg., Nr. 1 vom 25.9.1869, S. 9-10.
69 Vgl. z.B. M.F.W. [d. i., Mathilde F. Wendt]: *Die Frauenfrage*. In: *DNZ*, 1. Jg., Nr. 3 vom 9.10.1869, S. 31-32; 1. Jg., Nr. 4 vom 16.10.1869, S. 40-41; 1. Jg., Nr. 7 vom 6.11.1869, S. 79-80.

Zunächst für amerikanische Leser ist dieser Artikel geschrieben, der die politische Berechtigung des Weibes im demokratischen Staate nachweist. Aber auch für europäische Leser und Leserinnen ist viel Interessantes darin.' – "[70]

Mathilde Wendt skizzierte z. B. die Geschichte der Frauen als „Sklavinnen" seit dem Altertum bis zur Gegenwart in den Kulturländern Europas und Asiens.[71] Ihre zahlreichen Beiträge im ersten Jahrgang behandelten die Frauenstimmrechts- und Frauenrechtsbewegungen in Europa und in den USA.[72] Dazu besorgte sie die Übersetzung einer Schrift mit dem Titel *Ueber die Erziehung unserer Söhne und Töchter* von Mme. Eugène Garcin.[73] Darüber hinaus beantwortete sie zahlreiche Korrespondenzen von Gönnern und Gegnern der „Frauenfrage".[74] Wendt nahm auch Mitglieder der Frauenrechtsbewegung in Schutz, wenn diese durch Redakteure deutschamerikanischer Blätter diffamiert wurden. Ein Beispiel ist ihre Ende Februar 1870 sehr geistreiche und polemisierend geführte Verteidigung Mathilde Franziska Annekes, deren Charakter sie von dem nicht mit Namen genannten Redakteur der *Zukunft*, dem in Indianapolis erscheinenden Organ des Nordamerikanischen

---

70 *Kurze Mittheilungen.* In: DNZ, 1. Jg., Nr. 28 vom 2.4.1870, S. 387.
71 M.F.W.: *Die Frauenrechtsbewegung.* In: DNZ, 1. Jg., Nr. 6 vom 30.10.1869, S. 67–69. Dies.: *Zur Frauenrechtsbewegung.* In: DNZ, 1. Jg., Nr. 11 vom 4.12.1869, S. 126–127. Dies.: *Stimmrecht.* In: DNZ, 1. Jg., Nr. 13 vom 18.12.1869, S. 150–151. Dies.: *Der Tod von Edwin M. Stanton.* In: DNZ, 1. Jg., Nr. 15 vom 1.1.1872, S. 186. Es handelt sich um Elizabeth Cady Stantons Ehemann.
72 M.F.W.: Kurze geschichtliche Uebersicht der Frauenrechts-Bewegung, in Europa und in den Ver. Staaten von Nordamerika. In: DNZ, 1. Jg., Nr. 15 vom 1.1.1870, S. 181–182; 1. Jg., Nr. 16 vom 8.1.1870, S. 196–198; 1. Jg., Nr. 17 vom 15.1.1870, S. 213–214; 1. Jg., Nr. 20 vom 5.2.1870, S. 261; 1. Jg., Nr. 21 vom 12.2.1870, S. 278–279; 1. Jg., Nr. 22 vom 19.2.1870, S. 293; 1. Jg., Nr. 27 vom 26.3.1870, S. 375–376.
73 Eugène Garcin: *Ueber die Erziehung unserer Söhne und Töchter.* Aus Le droit des femmes. Übersetzt von M.F.W.". In: DNZ, 1. Jg., Nr. 25 vom 12.3.1870, S. 341–343.
74 Vgl. z. B. M.F.W.: *Antwort an die ‚Iowa Staatszeitung.* In: DNZ, 1. Jg., Nr. 10 vom 27.11.1869, S. 115.

Bundes der Turnervereine,[75] verunglimpft zu sehen glaubte. Seine in der darauffolgenden Nummer wiedergegebene Entgegnung zeigt jedoch, dass er seine Informationen über Anneke aus nicht näher genannten deutschen Blättern entnommen hatte und er mit dem Ehepaar persönlich bekannt war.[76]

Aus den deutschen Staaten – d.h. noch vor der Vereinigung im Jahre 1871 – kamen Korrespondenzen und detaillierte Berichte über einige Aktivitäten des Allgemeinen Deutschen Frauenvereins (ADF) und des Verbandes Deutscher Frauenbildungs- und Erwerbsvereine bzw. des Lette-Verbandes. So ist beispielsweise die Teilnahme von Louise Otto-Peters am Philosophenkongress in Frankfurt am Main Ende September 1869, ihre Rolle als Mitherausgeberin der *Neuen Bahnen* und ihr 25-jähriges Jubiläum als Schriftstellerin gewürdigt worden. Ankündigung fanden zudem ihre „Genius-Bücher".[77] Berichtet wurde auch über die Vereinsarbeit des ADF und des Frauenbildungsvereins zur Förderung der Erwerbsfähigkeit in Breslau.[78] Die Leser erfuhren von der Abreise Kate N. Doggetts, die aus Chicago kommend an der Gründungskonferenz des Lette-Verbands in Berlin vom November 1869 teilnehmen sollte.[79] Weitere Details zum Programm und zur Leitung der Konferenz wurden angekündigt, ohne jedoch nähere Angaben zu den betreffenden Personen zu bringen.[80] Auch über berufliche

---

75 Arndt/Olson, S. 124.
76 Mathilde F. Wendt: *Mathilde Franziska Anneke*. In: DNZ, 1. Jg., Nr. 23 vom 26.2.1870, S. 311–312. [Redakteur der „Zukunft"]: *Wir haben es uns gedacht.*. In: DNZ, 1. Jg., Nr. 24 vom 5.3.1870, S. 346.
77 Vgl. *Correspondenzen*. In: DNZ, 1. Jg., Nr. 7 vom 6.11.1869, S. 80–81; DNZ, 1. Jg., Nr. 15 vom 1.1.1870, S. 179–180.
78 Vgl. C.G.: *Correspondenz der ‚Neuen Zeit'*. In: DNZ, 1. Jg., Nr. 30 vom 16.4.1870, S. 423–425.
79 Vgl. *Kurze Mittheilungen*. In: DNZ, 1. Jg., Nr. 4 vom 16.10.1869, S. 40.
80 Vgl. in der Rubrik *Deutsche Versammlungen und Vereine* im Abschnitt *Correspondenz der ‚Neuen Zeit'. Berlin im Oktober*. In: DNZ, 1. Jg., Nr. 7 vom 6.11.1869, S. 81.

Erfolge von Frauen[81] und über die Arbeit einzelner Vereine, die bildungs- oder berufsfördernde Angebote für Frauen machten,[82] finden sich Korrespondenzen. Dazu kamen Buchrezensionen oder -ankündigungen wie z. B. zu Ulrike Henschkes Werk *Zur Frauen-Unterrichtsfrage in Preußen*, worin sie für Mädchen einen anspruchsvolleren Unterricht forderte, als es bisher gang und gäbe war.[83]

Trotz der ausführlichen Berichterstattung über die sich anbahnende Arbeit der deutschen Frauenvereinsverbände erfuhr die Leserschaft der *Neuen Zeit* nicht viel über die internen Differenzen zwischen ADF und Lette-Verband. Sie erhielt Nachricht über den auf der Versammlung des „Berliner Lette-Vereins" [sic; Lette-Verbands, C.S.] angenommenen Beschluss, die *Neuen Bahnen* unter die Redaktion von „Auguste Schmidt, Fanny Lewald-Stahr und Dr. [August] Lammers" zu stellen, um das Blatt als Verbindungsorgan verschiedener Frauenvereine zu

---

81 Der Beginn der praktischen Arbeit der in Amerika ausgebildeten Ärztin Henriette Hirschfeld wurde mitgeteilt. Vgl. *Kurze Mittheilungen*. In: *DNZ*, 1. Jg., Nr. 10 vom 27.11.1869, S. 118.

82 Der Beginn der Arbeit eines nicht näher beschriebenen Berliner Arbeiterinnenvereins wurde kurz notiert. Vgl. *Correspondenzen*. In: *DNZ*, 1. Jg., Nr. 7 vom 6.11.1869, S. 81. Über die Eröffnung – ohne Datumsangabe – der „Fortbildungsanstalt für junge Damen" Lina Morgensterns in Berlin wurde berichtet. Vgl. *Kunst und Literatur*. In: *DNZ*, 1. Jg., Nr. 8 vom 13.11.1869, S. 89. Die Arbeit des Victoria-Bazars in Berlin, eines Verkaufsladens der von geprüften Handarbeiterinnen hergestellten Waren, das dem Lette-Verein unterstand, wurde notiert. Vgl. *Der Viktoria-Bazar in Berlin*. In: *DNZ*, 1. Jg., Nr. 11 vom 4.12.1869, S. 125. In Leipzig gründete Auguste Bontemps einen „Verein für Krankenpflegerinnen", den „Samariterinnen"-Verein. Vgl. *[Frau Auguste Bontemps ...]*. In: *DNZ*, 1. Jg., Nr. 27 vom 26.3.1870, S. 371. Ein längerer Bericht über die *Berliner Frauenvereine* vermittelte der Leserschaft die Bandbreite der Bemühungen für Frauen. C.G.: *Aus den Berliner Frauenvereinen, Jahresberichte etc. Berlin, im April 1870* in Correspondenz der ‚Neuen Zeit'. In: *DNZ*, 1. Jg., Nr. 31 vom 23.4.1870, S. 440–441; 1. Jg., Nr. 33 vom 7.5.1870, S. 472–473.

83 *Kurze Mittheilungen*. In: *DNZ*, 1. Jg., Nr. 34 vom 14.5.1870, S. 488–489. Vgl. Jamens C. Albisetti: *Schooling German Girls and Women. Secondary and Higher Education in the Nineteenth Century*, Princeton (NJ) 1988, S. 98, Anm. 10.

nutzen.⁸⁴ Als dieses Vorhaben nicht verwirklicht werden konnte, erfuhr die Leserschaft jedoch nichts über die Meinungsverschiedenheiten der führenden Mitglieder der deutschen Frauenbewegung zur Arbeit, zu den Zielen und zur Umsetzung der Prinzipien der beiden deutschen Frauenvereinsverbände,⁸⁵ die eine Zusammenarbeit bis 1877 erschwerten. Die Leserschaft dürfte jedoch etwas von dem Streit erahnt haben können, wenn sie über das Für oder Wider der Beteiligung von Männern zur Förderung von Belangen für Frauen – und somit den Prinzipien Selbsthilfe von und für Frauen (ADF) oder Kooperation beider Geschlechter für die Belange der Frauen (Lette-Verband) – las. Einer Korrespondenz aus Berlin war zu entnehmen, dass Louise Otto-Peters „vermuthlich" eine Beteiligung von Männern im per Statut erweiterten Vorstand des Vereins deutscher Lehrerinnen und Erzieherinnen abgelehnt haben würde, was den Widerspruch von C. G., dem Berichterstatter oder der Berichterstatterin, hervorrief.⁸⁶

Luise Büchner berichtete von ihrem Besuch der *Weiblichen Gewerbeschulen* in Paris, die von Élisa Lemonnier, einer Anhängerin des Saint-Simonismus, gegründet worden waren. Diese Schulen hatten – ähnlich wie in Hamburg unter der Leitung u. a. von Emilie Wüstenfeld – seit nahezu 20 Jahren Frauen diverse berufliche Ausbildungsmöglichkeiten gewährt,⁸⁷ die Büchner 1864 kennenlernen konnte. Büchners zweiter Beitrag bestand in ihrer Rezension *Über die Hörigkeit der Frau* des für die Frauenbewegungen Europas und der Vereinigten Staaten von Amerika sehr wichtigen Werks *The Subjection of*

---

84 *DNZ*, 1. Jg., Nr. 15 vom 1.1.1870, S. 179.
85 Zu den Details dieser Meinungsverschiedenheiten vgl. Ulrike-Herrad Bussemer: *Frauenemanzipation und Bildungsbürgertum. Sozialgeschichte der Frauenbewegung in der Reichsgründungszeit*, Weinheim/Basel 1985, S. 124–127. (Ergebnisse der Frauenforschung, Bd. 7).
86 C.G.: *Berlin, 17. Januar 1870* in *Correspondenz der ‚Neuen Zeit'*. In: *DNZ*, 1. Jg., Nr. 22 vom 19.2.1870, S. 296–297.
87 Siehe biographischer Aufsatz: https://fr.wikipedia.org/wiki/%C3%89lisa_Lemonnier (Stand: 14. Juli 2015).

Women des englischen Philosophen John Stuart Mill.[88] Büchners Aufsätze unterstrichen ihre Position als vielseitig informierte und eine an den Diskurs der in den internationalen Frauenbewegungen beteiligte Zeitgenossin. Der Aufsatz über Lemonniers weibliche Gewerbeschulen zeigte Büchner als jemanden, die an der praktischen Berufsausbildung von Frauen interessiert war und – diese wo immer möglich – auch in anderen Orten zur Nachahmung vorschlug. Ihre Rezension von Mills wegweisendem Werk wiederum stellte Büchner der Leserschaft der *Neuen Zeit* als jemanden vor, die sich auch mit theoretischen Gedanken zur Lage der Frauen allgemein auseinandersetzte und auf Gemeinsamkeiten und Unterschiede über nationale Grenzen hinweg hinwies, die die Verwirklichung von Reformen für die Belange der Frauen beeinflussen mussten.

Die Redaktion hatte Büchners Mitarbeit im März 1870 der Leserschaft der *Neuen Zeit* angekündigt,[89] nachdem Büchner als gewählte Vizepräsidentin der im November 1869 stattfindenden Gründungskonferenz des Lette-Verbands namentlich genannt worden war.[90] Ferner wurde auf ihren Leitartikel in der ersten Nummer des *Frauen-Anwalts* vom April 1870 hingewiesen, den die Redaktion näher zu besprechen ankündigte; dies unterblieb aber.[91] Es handelte sich um ihren Aufsatz *Der Frauen-Anwalt*, worin sie das Programm der Monatsschrift

---

88 Louise Büchner: *Weibliche Gewerbeschulen*. In: DNZ, 1. Jg., Nr. 8 vom 13.11.1869, S. 92; 1. Jg., Nr. 9 vom 20.11.1869, S. 103–104. Dies.: *Ueber die Hörigkeit der Frau*. In: DNZ, 1. Jg., Nr. 28 vom 2.4.1870, S. 389–390; 1. Jg., Nr. 29 vom 9.4.1870, S. 401–402. Der erste Artikel erschien ursprünglich in: *Darmstädter Zeitung*, Nr. 220 vom 10.8.1869, S. 909–910; Nr. 221 vom 11.8.1869, S. 913; Nr. 222 vom 12.8.1869, S. 917. Beim zweiten Artikel handelt es sich um einen Wiederabdruck ihrer Rezension von John Stuart Mills Werk, der ursprünglich erschien in: *Neue Frankfurter Zeitung*, Nr. 315 vom 13.11.1869, o. S.
89 Das Comite: *An unsere Leser*. In: DNZ, 1. Jg., Nr. 26 vom 19.3.1870, S. 372.
90 Anon.: Der Frauentag in Berlin. In: DNZ, 1. Jg., Nr. 11 vom 4.12.1869, S. 123–124, hier S. 123.
91 [Die Redaktion]: *Neue Frauen-Zeitungen*. In: DNZ, 1. Jg., Nr. 37 vom 4.6.1870, S. 531.

darlegte.⁹² Weshalb es nach Büchners beiden Aufsätzen und der Würdigung durch die Redaktion zu keinen weiteren Beiträgen von ihr in der Neuen Zeit mehr kam, kann nicht beantwortet werden. Der Deutsch-Französische Krieg allein dürfte kaum als ausreichender Grund dafür reichen. Sicher war sie als Vizepräsidentin der unter der Schirmherrschaft Prinzessin Alice von Hessen-Darmstadt wirkenden Frauenvereine – darunter auch als wichtige Mitinitiatorin des Alice-Lyzeums – und als Verfasserin mehrerer Aufsätze für eine Reihe von Zeitschriften und Zeitungen mehr als ausgelastet.⁹³

Louise Otto-Peters ihrerseits steuerte der *Neuen Zeit* drei Aufsätze bei: *Leipzig, Anfang Febr. 1870, Frauenschutz* und *Mode und Luxus*.⁹⁴ Diese erschienen im Zeitraum von Anfang März bis Juli 1870, nachdem die Redaktion die Autorin in einer Notiz im „Briefkasten" vom 19. Februar 1870 um regelmäßigere Zusendung ihrer Zeitschrift *Neue Bahnen* ersucht hatte.⁹⁵ Der Appell dürfte dem Wunsch der Redaktion der *Neuen Zeit* um regelmäßigeren Informationsaustausch bezüglich der „Frauenfrage" entsprungen sein.⁹⁶

---

92 Louise Büchner: *Der Frauen-Anwalt*. In: *Der Frauen-Anwalt*, 1. Jg., Nr. 1 vom April 1870, S. 1–3.
93 Siehe Cordelia Scharpf: *Luise Büchner. Eine evolutionäre Frauenrechtlerin des 19. Jahrhunderts*, Oxford/Bern 2013 (Women in German Literature, Bd. 13).
94 Louise Otto-Peters: *Leipzig, Anfang Febr. 1870*. In: DNZ, 1. Jg., Nr. 24 vom 5.3.1870, S. 290. Dies.: *Frauenschutz*. In: DNZ, 1. Jg., Nr. 37 vom 4.6.1870, S. 529–530. Dies.: *Mode und Luxus*. In: DNZ, 1. Jg., Nr. 39 vom 18.6.1870, S. 560–561; 1. Jg., Nr. 40 vom 25.6.1870, S. 576–577; 1. Jg., Nr. 41 vom 2.7.1870, S. 593–594; 1. Jg., Nr. 42 vom 9.7.1870, S. 609–610. Der Artikel *Mode und Luxus* scheint ein Originaltext zu sein, denn er findet sich weder in den *Neuen Bahnen* noch in *Germania*, einer der Mode gewidmeten Zeitschrift. Vgl. Cordelia Scharpf: 'Deutsche Mode': Ein Definitionsversuch während des Deutsch-Französischen Kriegs 1870/1871. In: *Auf den Spuren frauenbewegter Frauen*. LOUISEum 23 (Berichte vom 12. Louise-Otto-Peters-Tag 2004). Hrsg. von Johanna Ludwig u.a., Leipzig 2005, S. 78–93.
95 [Die Redaktion]: *Briefkasten*. In: DNZ, 1. Jg., Nr. 22 vom 19.2.1870, S. 298.
96 Ob und in welchem Umfang die Frauenzeitschriften *Neue Bahnen* des ADF und *Der Frauen-Anwalt* des Lette-Verbands Aufsätze der *Neuen Zeit* abgedruckt oder in ihren internationalen Berichten zusammengefasst haben, müsste in weiteren Forschungen zu den internationalen Beziehungen der deutschen und US-amerikanischen Frauenbewegungen untersucht werden.

Weitere Mitglieder der deutschen Frauenbewegung trugen zur vielseitigen Behandlung des Themas bei. Julie Engell-Günther steuerte einen Beitrag zur Diskussion der deutschen Frauenbewegung bei, der den Titel *Idealismus und Materialismus in der Frauenbewegung* trug.[97] Minna Pinoff überließ der Redaktion einen Auszug *Zur Lösung der Existenzfrage der Frau als Basis für ihre sittliche und geistige Gleichberechtigung im Staats- und Gemeindeleben* ihres gleichnamigen Buches.[98] Rosalie Schönwasser übersandte der Redaktion ihren Vortrag, den sie auf der dritten Generalversammlung des ADF im Oktober 1869 in Kassel gehalten hatte, und einen Bericht aus Düsseldorf.[99] Zu den Wiederabdrucken aus den *Neuen Bahnen* gehören ein Aufsatz einer nicht näher ermittelbaren Frau, die mit den Initialen M. A. zeichnete, mit dem Titel *Auch eine Frauenpflicht*[100] und eine kritische Auseinandersetzung mit der preußischen Regierung, die die Einstellung von Frauen im Post- und Telegraphendienst, einer Errungenschaft in Sachsen, verhinderte.[101] Darüber hinaus erschien ein Aufsatz aus dem *Frauen-Anwalt* mit dem Titel *Das Studium der Frauen an der Universität Zürich* von V. Böhmert, der an der dortigen Universität lehrte.[102] Ein ohne Namensnennung wieder abgedruckter Auf-

---

97 In: *DNZ*, 2. Jg., Nr. 38 vom 10.6.1871, S. 595–596; 2. Jg., Nr. 39 vom 17.6.1871, S. 613–614.
98 In: *DNZ*, 1. Jg., Nr. 14 vom 25.12.1869, S. 165–166; 1. Jg., Nr. 15 vom 1.1.1870, S. 182–183; 1. Jg., Nr. 16 vom 8.1.1870, S. 193–194.
99 In: *DNZ*, 1. Jg., Nr. 20 vom 5.3.1870, S. 257–258; 1. Jg., Nr. 21 vom 12.3.1870, S. 204–276; 1. Jg., Nr. 22 vom 19.3.1870, S. 288–290. Bei diesem Vortrag handelt es sich um das Thema des Verhältnisses der Frauenbewegung zum Katholizismus. Vgl. Bussemer, S. 64–65, Anm. 306. Betreff Schönwassers Bericht aus Düsseldorf vgl. *Düsseldorf, im Mai* in *Correspondenz der ‚Neuen Welt'*. In: *DNZ*, 1. Jg., Nr. 37 vom 4.6.1870, S. 531.
100 In: *DNZ*, 1. Jg., Nr. 26 vom 19.3.1870, S. 358–359.
101 *DNZ*, 2. Jg., Nr. 18 vom 21.1.1871, S. 282.
102 Böhmert, Professor Dr.: *Das Studium der Frauen an der Universität Zürich*. In: *DNZ*, 1. Jg., Nr. 43 vom 16.7.1870, S. 629–630; 1. Jg., Nr. 44 vom 23.7.1870, S. 645–647. Ursprünglich erschien der Aufsatz in *Der Frauen-Anwalt*, 1. Jg., Nr. 1 vom April 1870, S. 16 ff.

satz hieß: *Eine pädagogische Frage*; er wurde im August 1871 von den *Neuen Bahnen* übernommen.[103]
Die Redaktion der *Neuen Zeit* druckte mindestens einen Beitrag, der sich sowohl mit der „Frauenfrage" als auch mit der „Arbeiterfrage" befasste. Nachdem die Mehrheit der Delegierten der sozialistisch-demokratischen Arbeiterpartei auf dem Eisenacher Arbeiterkongress vom August 1869 beschlossen hatte, statt eines Verbots der Arbeit von Frauen in Fabriken in Paragraph 8 ihre Beschränkung festzulegen, hatte sich in den *Neuen Bahnen* einerseits die Redaktion um Louise Otto-Peters und Auguste Schmidt und andererseits Luise Büchner kritisch dazu geäußert.[104] Die Leserschaft sowohl der *Neuen Bahnen* als auch der *Neuen Zeit* konnte – mit mehr als einem halben Jahr Verzögerung – eine Stellungnahme eines Arbeiters zu diesem Thema lesen, die dem *Volksstaat* aus Leipzig, einem Organ der Arbeiterbewegung, entnommen worden war.[105] In einem weiteren Beitrag vom Mai 1872 meinte A. Hepner, der an den Beratungen teilgenommen hatte und Mitredakteur des *Volksstaats* war, der besagte Paragraph sei missverständlich formuliert worden und die Sozialdemokraten würden ihn auf der nächsten Versammlung wieder zurücknehmen, denn die „Frauenemanzipation" bedeute die „Gleichberechtigung" beider Geschlechter, die von den Sozialdemokraten gefordert und – seiner Meinung nach – auch bereits praktiziert werde: Frauen seien Mitglieder

---

103 Anon.: *Eine pädagogische Frage*. In: *DNZ*, 2. Jg., Nr. 48 vom 19.8.1871, S. 757–759; 2. Jg., Nr. 49 vom 26.8.1871, S. 772–774. Auguste Schmidt: *Eine pädagogische Frage*. In: *Neue Bahnen*, Jg. 6, Nr. 14, 1871, S. 105–107; Jg. 6, Nr. 15, 1871, S. 113–116.
104 Vgl. Cordelia Scharpf: *Luise Büchner und der Allgemeine deutsche Frauenverein*. In: *Wege und Weggefährtinnen von Louise Otto-Peters. LOUISEum 20* (Berichte vom 11. Louise-Otto-Peters-Tag 2003). Hrsg. von Johanna Ludwig u. a., Leipzig 2004, S. 73–84, hier S. 78–79.
105 Anon.: *Zur Frauenfrage. Das Recht der Frauen auf Arbeit. (Zu Punkt acht des Eisenacher Programms.) von einem Arbeiter. (Der Volksstaat)*". In: *DNZ*, 1. Jg., Nr. 30 vom 16.4.1870, S. 421.

der Partei und nähmen an Versammlungen teil.[106] Dass es den Vertreterinnen und Vertretern der Frauenbewegung dabei jedoch um viel mehr als nur die politische Teilhabe von Frauen und ihre Rechte auf Arbeit ging, darauf ging Hepner nicht ein.

Die Mehrzahl der erwähnten Aufsätze zur „Frauenfrage" erschien im ersten Jahrgang der *Neuen Zeit*. Auffällig ist, dass mit dem Beginn der federführenden Herausgeberschaft J. Labsaps im Spätsommer 1870 frauenpolitische Berichte und Leitaufsätze stark zurückgingen. Stattdessen traten kurze Mitteilungen aus dem In- und Ausland, Korrespondenzen über Konferenzen der US-amerikanischen Frauenrechtsbewegung,[107] Berichte über patriotische Frauenvereine sowie die Friedensbewegung unter der Leitung von Frauen und Männern wie Marie und Amand Goegg in der Schweiz oder Julia Ward Howe in den USA in den Vordergrund.[108] Die patriotischen Vereine sammelten Spenden für die Deutschen während des Deutsch-Französischen Krieges,[109] während es auch Berichte über Massendemonstrationen der Friedensaktivisten gab.[110] Mathilde Wendt hoffte auf große Beteiligung beim im Sommer 1871 gegründeten US-amerikanischen Zweig der Internationa-

---

106 A. Hepner: [„Brief an die ‚Neuen Bahnen'"]. In: *DNZ*, 2. Jg., Nr. 33 vom 6.5.1871, S. 522–523. Zum Preußischen Vereinsgesetz vgl. Ute Gerhard: *Grenzziehungen und Überschreitungen. Die Rechte der Frauen auf dem Weg in die politische Öffentlichkeit*. In: *Frauen in der Geschichte des Rechts. Von der Frühen Neuzeit bis zur Gegenwart*. Hrsg. von Ute Gerhard, München 1997, S. 509–546, hier S. 529. Die Teilnahme von Frauen an parteipolitischen Versammlungen unterlag seit dem Preußischen Vereinsgesetz von 1850 starken Einschränkungen, die aber wohl weniger rigide in Sachsen angewandt wurden.
107 Ein seltener Beitrag mit dem Thema ist Anon.: *Zum Frauenstimmrecht*. In: *DNZ*, 2. Jg., Nr. 7 vom 10.11.1870, S. 104.
108 Zu Amand (und Marie) Goegg vgl. z.B. [*Brief des Central Comite der Internationalen Friedens- und Freiheits-Liga*]. In: *DNZ*, 2. Jg., Nr. 25 vom 11.3.1871, S. 398. Zu Julia Ward Howe vgl. z.B. *DNZ*, 2. Jg., Nr. 14 vom 24.12.1870, S. 219.
109 Anon.: *Der patriotische Frauen-Bazar*. In: *DNZ*, 2. Jg., Nr. 6 vom 29.10.1870, S. 93–94; 2. Jg., Nr. 7 vom 5.11.1870, S. 103.
110 Vgl. z.B. Anon.: *Friedens-Massenversammlung*. In: *DNZ*, 2. Jg., Nr. 9 vom 19.11.1871, S. 137–138.

len Friedens-Association der Frauen sowie auf Entsendung von Delegierten anlässlich des für den Sommer 1872 in London geplanten Friedenskongresses.[111]

Man findet im zweiten Jahrgang der *Neuen Zeit* zunehmend literarische Beiträge, in denen Frauenfiguren – z. B. in den Werken Friedrich Hebbels,[112] Lord Byrons[113] und Voltaires[114] – dargestellt werden. Diese Tendenz entspräche somit dem neuen Kupfertitel, der die Diskussion beider Geschlechter über diverse Themen betonte, anstatt, wie im ersten Jahrgang, die gleichen Rechte für alle durch die Justicia einzufordern. Im gewissen Sinne verlieren die Aspekte der Frauenfrage, besonders die der Entwicklung der deutschen Frauenbewegung, mit Beginn des Deutsch-Französischen Krieges, an Gewicht in der Berichterstattung in der *Neuen Zeit*.

Der Deutsch-Französische Krieg in der „Neuen Zeit"

Als die „Frauenfrage" im Sommer 1870 an Gewicht in der *Neuen Zeit* verlor, traten Stellungnahmen für oder wider den Deutsch-Französischen Krieg stärker in den Vordergrund. Gemäß ihrem selbst gestellten Auftrag der Unparteilichkeit bei der Berichterstattung brachte die Redaktion Aufsätze sowohl über Veranstaltungen – wie Kundgebungen – für die

---

111 Mathilde F. Wendt: *Aufruf an die deutschen Frauen!*. In: DNZ, 2. Jg., Nr. 46 vom 5.8.1871, S. 726–727. Der Text der „Constitution" dieses Vereins kam ebenfalls zum Abdruck. *Constitution des amerikanischen Zweiges der Internationalen Friedens-Association der Frauen*. In: DNZ, 2. Jg., Nr. 46 vom 5.8.1871, S. 727.
112 Anon.: *Hebbel's Frauenfiguren*. In: DNZ, 2. Jg., Nr. 1 vom 24.9.1870, S. 4–5.
113 Anon.: *Byron in der Schule der Frauen*. In: DNZ, 2. Jg., Nr. 6 vom 29.10.1870, S. 84–85; 2. Jg., Nr. 7 vom 5.11.1870, S. 100–101; 2. Jg., Nr. 8 vom 12.11.1870, S. 117–118.
114 Arndt, F.: *Voltaire im Umgang mit Frauen*. In: DNZ, 2. Jg., Nr. 16 vom 7.1.1871, S. 244–246; 2. Jg., Nr. 17 vom 14.1.1871, S. 260–261; 2. Jg., Nr. 18 vom 21.1.1871, S. 276–277; 2. Jg., Nr. 19 vom 28.1.1871, S. 293.

Deutschen[115] als auch über die Massendemonstration der Kriegsgegner, die sich aus ca. 2.000 Deutschen, Franzosen und Amerikanern zusammensetzte.[116] Gedruckt wurden weiterhin persönliche Berichte aus Deutschland[117] oder Frankreich über die Folgen des Krieges.[118] Die Mehrzahl der signierten Beiträge plädierte für Völkerverständigung,[119] und die Redaktion gab ihrer Leserschaft auch die Position deutscher Zeitschriften zum Thema Patriotismus bekannt.[120] Ein wahrscheinlich von der Redaktion der *Neuen Zeit* formulierter und an die Zeitschrift *Le droit des femmes* zum Abdruck gesandter öffentlicher Aufruf bekundete den „Bürger[n] und Bürgerinnen Frankreichs" im Juli 1870 ihre Hoffnung auf gemeinsamen Widerstand gegen den Krieg und für Frieden.[121]

Die Redaktion der *Neuen Zeit* druckte detaillierte Berichte über die Aktivitäten der anlässlich des Deutsch-Französischen Krieges gegründeten Hilfsvereine der Deutsch-Amerikaner in den USA ab, darunter die *Adresse an die Deutschen* vom 8. September 1870 des in New York ansässigen Generalkomitees.[122] Die Mitteilungen verrieten auch die internen Unstim-

---

115 Berichte über pro-deutsche Kundgebungen und Aktionen, vgl. z. B. M.F.W.: *Der Delegatentag der deutschen patriotischen Hülfsvereine in Chicago*. In: DNZ, 1. Jg., Nr. 47 vom 13.8.1870, S. 692–693.
116 Berichte über die Massendemonstration der Kriegsgegner vgl. z. B. Anon.: *Die Friedens-Massenversammlung*. In: DNZ, 2. Jg., Nr. 10 vom 26.11.1871, S. 152–155.
117 Berichterstattung aus Deutschland, vgl. z. B. Anon.: *Correspondenz der ‚Neuen Zeit'*. In: DNZ, 2. Jg., Nr. 25 vom 11.3.1871, S. 391.
118 Berichterstattung aus Frankreich, vgl. z. B. Fr.: *Blutige Katastrophe in und vor Paris. 7. April 1871*. In: DNZ, 2. Jg., Nr. 30 vom 15.4.1871, S. 472–473.
119 Vgl. z. B. M.F.W.: *Patriotismus*. In: DNZ, 1. Jg., Nr. 46 vom 6.8.1870, S. 676–677.
120 *Ueber Patriotismus. (Aus der „Zukunft" in Berlin, dem Parteiblatt Johann Jacobys)*. In: DNZ, 1. Jg., Nr. 50 vom 3.9.1870, S. 743–744; 1. Jg., Nr. 51 vom 10.9.1870, S. 754–755.
121 [Die Neue Zeit]: *Eine Demonstration gegen den Patriotismus"*. In: DNZ, 1. Jg., Nr. 46 vom 6.8.1870, S. 675.
122 [Das Generalkomitee]: *Adresse des General-Comite's der Deutschen Patriotischen Hülfsvereine an die Deutschen!*. In: DNZ, 1. Jg., Nr. 52 vom 17.9.1870, S. 778.

migkeiten, z. B. betreffs Besoldung eines im Komitee mitarbeitenden Mitglieds.[123] Ein Frauenverein in Sauk City im Bundesstaat Wisconsin schrieb in seinem der *Neuen Zeit* zugeleiteten Rechenschaftsbericht, es habe „Dr. [Ludwig] Büchner" in Darmstadt für „Das Turner-Sanitäts Corps" gespendet mit der folgenden Begründung: „Wir thaten das unter dieser Adresse, weil wir sie für sicherer halten, und um das Ansehen eines Volksmannes den Hofleuten gegenüber zu heben."[124] Als langjähriger Turner und als praktizierender Arzt war Büchner während des Deutsch-Französischen Krieges bei der Behandlung der Verwundeten beteiligt.[125] Unter den Deutsch-Amerikanern fanden ebenfalls Lesungen statt, bei denen explizit Spenden für die Verwundeten und Hinterbliebenen des Deutsch-Französischen Krieges gesammelt und nach Deutschland gesandt wurden. Ein Beispiel ist eine Sammlung seitens der Freien Gemeinde in Hoboken im Bundesstaat New Jersey, wovon 370 Florin an Büchner in Darmstadt weitergeleitet und von ihm bestätigt wurden.[126] Die Redaktion der *Neuen Zeit* vertrat den Standpunkt, dass Spenden an vertrauenswürdige Einzelpersonen zu übermitteln seien, die den Spendern Rechenschaft über ihre Verwendung gaben. Die Spenden sollten ihrer Meinung nach nicht an den „Patriotischen Centralverein in Berlin" gesandt werden, weil dieser die Mittel eigenmächtig verwendete und nicht den Willen der Spender ausführe.[127]

Nach dem Ende der Kriegshandlungen überwogen Berichte von den unter Deutschen und Deutsch-Amerikanern in den

---

123 Anon.: *Zur Besoldungsfrage*. In: DNZ, 2. Jg., Nr. 5 vom 22.10.1870, S. 72–73. E. W. Hoeber: *An die Redaktion der ‚Neuen Zeit'*. In: DNZ, 2. Jg., Nr. 5 vom 22.10.1870, S. 78.
124 DNZ, 2. Jg., Nr. 31 vom 22.4.1871, S. 490.
125 Scharpf, *Feminist*, S. 231–232.
126 [Carl Edelheim]: *Abrechnung über den Ertrag einer am 26. Februar d. J. in der Halle der ‚Freien Gemeinde in Hoboken' abgehaltenen Vorlesung des Herrn Carl Heinzen, zum Besten der Verwundeten und Hinterbliebenen d. deutsch-französischen Krieges*. In: DNZ, 2. Jg., Nr. 37 vom 3.6.1871, S. 590.
Louis Büchner: *Antwortschreiben*. In: DNZ, 2. Jg., Nr. 37 vom 3.6.1871, S. 590.
127 Vgl., DNZ, 2. Jg., Nr. 7 vom 5.11.1870, S. 106–107.

USA abgehaltenen Siegesfeiern[128] wie auch von der Feier der Bevölkerung Berlins im Wilhelminischen Reich.[129] Ein anonym veröffentlichter Aufsatz mit dem Titel *Was nun?* zeigt jedoch, dass es auch nachdenkliche Stimmen zur Vereinigung des Reiches gab. Der einleitende Absatz stellte folgende Fragen:

„Was soll nun werden, nachdem die durch das ganze Land hin von den Deutschen so glänzend begangene Friedens- und Siegesfeier einen unter ihnen noch nie erlebten Grad der Einigkeit beurkundet hat? – Soll der gewaltige Eindruck dieser Einigkeit, der sich in der gesamten Presse ausspricht, soll die Schaustellung einer so massenhaften deutschen Bevölkerung und ihrer Leistungsfähigkeit in allen Gebieten vor den erstaunten übrigen Nationalitäten, soll der Rausch der Begeisterung für die neugeschaffene Weltstellung und Größe unseres Volkes drüben – soll das Alles bloß vorübergehend gewesen sein, soll es nicht vielmehr reiche Frucht in unserem politischen und sozialen Leben tragen? […]"[130]

Das Ende der „Neuen Zeit"

In einer schriftlichen Mitteilung, die der Herausgeber J. Labsap am 6. April 1872 in der *Neuen Zeit* veröffentlichte, bezichtigte er Mathilde Wendt der „verletzten Eitelkeit", weil sie behauptet hatte, dass seitdem die Zeitschrift in seinen Besitz übergegangen sei, „leider sehr wenig für die Rechte der Frauen gewirkt" worden sei. Er versprach, diesbezüglich eine längere Stellungnahme zu veröffentlichen,[131] was aber ausblieb. In den

---

128 Vgl. z.B. Anon: Über eine deutsche Siegesfeier in New-York. In: *DNZ*, 2. Jg., Nr. 26 vom 18.3.1871, S. 410. Über das Siegesfest in Philadelphia, vgl. *DNZ*, 2. Jg., Nr. 36 vom 27.5.1871, S. 570.
129 Zum Fest in Berlin vgl. *DNZ*, 2. Jg., Nr. 45 vom 29.7.1871, S. 714.
130 Anon.: *Was nun?*. In: *DNZ*, 2. Jg., Nr. 32 vom 29.4.1871, S. 504–505.
131 *DNZ*, 3. Jg., Nr. 29 vom 6.4.1872, S. 468.

Nummern von April bis Juni 1872 erschienen Beiträge über die Turnervereine und die „Frauenfrage".[132] Nachdem im Juni 1872 die Zeitschrift in *Östliche Post* umbenannt worden war, suchte man vergeblich nach Artikeln über die „Frauenfrage".

Bei der Durchsicht der letzten Nummern des dritten Jahrgangs der *Neuen Zeit* und den ersten Ausgaben der *Östlichen Post* sind keine Hinweise in Leitartikeln oder im „Impressum" aufzufinden, die die Namensänderung der Zeitschrift im Juni 1872 einerseits[133] und letztendlich deren abruptes Ende vier Wochen später andererseits[134] erläutern könnten. Dies lässt nur den Schluss zu, dass innerhalb der Redaktion der *Neuen Zeit* tief greifendere Meinungsverschiedenheiten bestanden haben, als J. Labsap der Leserschaft mitzuteilen bereit war. Nach 143 Nummern der *Neuen Zeit* wurde das anfänglich ambitionierte Projekt sang- und klanglos beendet.

Was das Ende der *Neuen Zeit* betrifft, ist Mari Jo Buhle, die Expertin über Frauen in der Sozialistischen Partei Amerikas, der Ansicht, es müsse zu ideologischen Differenzen zwischen Mathilde Wendt und Augusta Lilienthal auf der einen Seite und J. Labsap auf der anderen Seite gekommen sein. Außerdem habe der Sieg der Deutschen über die Franzosen eine Mehrzahl der Deutsch-Amerikaner zu einer Hinwendung zum Nationalismus geführt.[135]

---

132 Anon.: *Die Turner und die Frauenfrage*. In: DNZ, 3. Jg., Nr. 35 vom 18.5.1872, S. 565; 3. Jg., Nr. 36 vom 25.5.1872, S. 573–575.
133 Vgl. DNZ/*Östliche Post*, 3. Jg., Nr. 39 vom 16.6.1872, S. 617.
134 DNZ/*Östliche Post*, 3. Jg., Nr. 42 vom 14.7.1872, S. 681.
135 Buhle, *Women*, S. 3.

Schlussbemerkung

Auch wenn die *Neue Zeit* kurzlebig war, hatte sie ihre Funktion erfüllt. Sie informierte und mobilisierte eine Reihe von Deutsch-Amerikanerinnen und Deutsch-Amerikanern mithilfe historischer und juristischer Beiträge für die Sache der Frauen und des Frauenstimmrechts. Obwohl die Deutsch-Amerikanerinnen und wenige Deutsch-Amerikaner zunächst einen eigenen Frauenstimmrechtsverein gründeten, schlossen sie sich später der primär von anglosächsischen Frauen geführten Frauenbewegung mit mehreren Zielen an, darunter vorrangig ihrem bis 1920 währenden Kampf um das Frauenstimmrecht. Fast 50 Jahre nach der Gründung des Komitees der *Neuen Zeit* erlebte Augusta Lilienthal den historischen Moment, als Bürgerin der USA das aktive und passive Wahlrecht ausüben zu können.[136] Somit wurde das Bestreben der Zeitschrift – die Gleichberechtigung von Frauen und Männern – im 109. Artikel der Weimarer Reichsverfassung von 1919 und in dem 19. Zusatzartikel der Verfassung der USA verankert.

---

[136] Lilienthal Stern, S. 29–30.

Thomas Lange

Alexander Büchner und die „Neue Welt"

Abgesehen von der Reise nach London 1851, als Alexander Büchner (1827–1904) mit emigrierten Revolutionären, die ihre Ausreise in die USA planten, zusammentraf,[1] ist wenig über Kontakte von ihm nach Amerika bekannt. Sie haben gleichwohl bestanden, wie verschiedene briefliche Erwähnungen zeigen, aus denen auch hervorgeht, dass er öfter in deutschsprachigen Zeitungen dort publizierte. Seine zweite Ehefrau Martha erwähnte nach seinem Tod, allerdings ohne Themen oder Zeitpunkte zu präzisieren, dass Alexander „von Zeit zu Zeit" Artikel an die *Mississippi-Blätter* geschickt habe.[2] Sogar das zweite Kapitel seiner Lebenserinnerungen *Das tolle Jahr* erschien 1887 zuerst in der *Westlichen Post* in St. Louis; denn Julius Stettenheim, der Herausgeber der satirischen Zeitschrift *Das humoristische Deutschland*, hatte zwar das erste Kapitel der Erinnerungen 1885 gedruckt, aber die sehr ironische Schilderung des großherzoglichen Darmstadt der 1840er Jahre – *Bilder aus Arkadien* – als „nicht optimistisch genug" abgelehnt.[3] Die Buchausgabe der Erinnerungen wurde wegen der Schilderung der 1848er Revolution in der deutschsprachigen Presse der USA begeistert begrüßt: „*Noch kein andres Buch über jene Zeit hat*

---

1 S.o. den Aufsatz von Agnes Schmidt. – Vgl. Thomas Lange: *Vaterlandslos in zwei Nationen – Alexander Büchners Wege zwischen Deutschland und Frankreich*. In: Matthias Gröbel/Manfred H. W. Köhler/Thomas Lange/ Cordelia Scharpf: „*Fortschritt der Menschheit in der Entwicklung des Menschen*" – *Georg Büchners Geschwister in ihrem Jahrhundert*. Darmstadt 2012, S. 412–541, hier S. 419f.
2 Martha Büchner, Brief an Otto Adolf Ellissen, 6. April 1904. In: Thomas Lange: 'Champions du libéralisme' – *Alexander Büchner über deutsche Literatur und Politik 1815 bis 1866*. – Mit Anmerkungen zur Rezeption Georg Büchners in Frankreich und mit einer Bibliografie der Schriften Alexander Büchners. In: *Archiv für hessische Geschichte* 70, 2012, S. 181–253; hier: S. 253.
3 Vgl. die Einzelnachweise in: Lange, *Champions du libéralisme*, S. 182, 252f.

uns die Gemüthlichkeit und Treuherzigkeit, mit der in jenen Tagen Revolution gemacht wurde, so erbaulich geschildert. Das Buch verdient gelesen zu werden."[4] Mit dem langjährigen Herausgeber der *Westlichen Post*, dem gleichaltrigen Emil Preetorius (1827–1905), verband Alexander Büchner eine Freundschaft, die bis in die Gießener Studentenzeit zurückreichte: Sie teilten nicht nur Erinnerungen an manchen damaligen Studenten-Verbindungs-Jux, sondern auch die gemeinsame politisch-republikanische Überzeugung.[5] Preetorius wanderte 1853 in die USA aus, ließ sich in St. Louis nieder und leitete seit 1864 die *Westliche Post*. Mit seinem journalistischen Partner Carl Schurz (1829–1906), dessen politische Karriere ihn bis zum Innenminister aufsteigen ließ, machte er sie zur einflussreichsten deutschsprachigen Zeitung in den USA.[6] Auf Preetorius gehen vermutlich viele Informationen über Jean-Charles Frémont zurück. Obwohl Alexander Büchner sehr reiselustig war und seit 1867 seine Professur für ausländische Literatur („littératures étrangères") an der Universität in Caen auch dazu nutzte, „die Länder von deren Literatur ich zu reden hatte", zu durchstreifen, „getreu dem Goetheschen Lehrsatz:

Wenn den Dichter willst verstehen,
Musst in Dichters Lande gehen,"

---

4 *Der Deutsche Correspondent* (Baltimore), 29. 1. 1901. In der *Indiana Tribune* vom 20. 1. 1901 wurde „Ein Studentenstreich" abgedruckt, eine Episode aus: Alexander Büchner: *Das ‚tolle' Jahr. Vor, während und nach. Von einem, der nicht mehr toll ist.* Gießen, 1900 [2. Aufl. 1904], S. 176f.
5 Alexander Büchner: *Das ‚tolle' Jahr*, S. 376ff. – Preetorius schrieb in der *Westlichen Post* einen Nachruf auf Alexander Büchner. Darauf weist hin *Der Deutsche Correspondent* (Baltimore) vom 29. 3. 1904
6 T.S.B.: *Preetorius, Emil*. In: Dictionary of American Biography. Ed. by Allen Johnson and Dumas Malone. Bd. 14, 1934, S. 185. – Manfred H.W. Köhler: *Die besten Deutschen sind auch die besten Amerikaner. Zum 100. Todestag des aus Alzey stammenden Nestors der deutsch-amerikanischen Publizistik Emil Preetorius (1827–1905)*. In: Heimatjahrbuch 2005. Landkreis Alzey-Worms. Alzey 2004, S. 70–72.

so galt das zwar für fast alle europäischen Länder von Skandinavien bis Spanien und von England bis Ungarn, Italien und Österreich, doch bis nach Amerika führte ihn seine Reiselust nicht.[7]

Es kann nur darüber spekuliert werden, warum Alexander Büchner den im gleichen Jahr 1813 wie sein Bruder Georg geborenen Jean-Charles Frémont (1813–1890) als „Eroberer Kaliforniens" 1868 zum Thema eines Vortrages vor der gesellschaftlich einflussreichen Académie des Sciences, Arts et Belles-Lettres in Caen wählte, der Büchner seit 1862 als assoziiertes, seit 1866 als reguläres Mitglied angehörte.[8] Vermutlich kamen zwei Motive zusammen: Einmal wollte er den Honoratioren der Universitätsstadt seines neuen Heimatlandes, dessen Staatsbürgerschaft er erwerben wollte, um eine ordentliche Professur bekleiden zu können, kräftig schmeicheln,[9] indem er – in einer Phase schwindender außenpolitischer Geltung Frankreichs – sie an „die wichtige Rolle des französischen Beitrags sowohl zur Vorgeschichte wie bei der Entstehung der Vereinigten Staaten"[10] erinnerte. Angesichts der Tatsache, dass Frémont zwar Sohn eines französischen Immigranten in den USA, aber sonst so gut wie gar nicht mit Frankreich verbunden war, grenzt das freilich an biographische Hochstapelei. Zum andern aber war der amerikanische Bürgerkrieg wenige Jahre zuvor insofern direkt in die frühere Hafenstadt Caen gelangt, als nach der Niederlage der Südstaaten 1865 einige offensichtlich wohlhabende Familien aus diesen

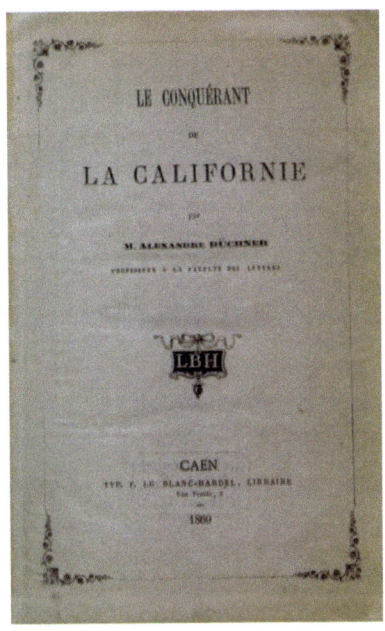

---

7 A. Büchner, Das ‚tolle' Jahr, S. 217.
8 Vgl. Lange, Vaterlandslos, S. 455f.
9 Zur Einbürgerung A. Büchners s. Lange, Vaterlandslos, S. 456ff.
10 Alexander Büchner: Der Eroberer Kaliforniens....

sklavenhaltenden Staaten „Asyl an den Gestaden der Normandie zu suchen kamen", wie Büchner in seinem letzten Beitrag für das in diesem Jahr eingestellte Cotta'sche *Morgenblatt* schrieb.[11] Wie in allen seinen Artikeln für diese Zeitschrift vermied Büchner explizit politische Wertungen,[12] lässt aber in seiner Schilderung der „Conföderirten Flüchtlinge" eine gewisse Distanz durchscheinen:

> „Angenehme Leute sind sie im gesellschaftlichen Umgang, diese Separatisten, das muß man sagen, von freier, leichter Haltung, lebhaft und sicher, man ist versucht, eine Mischung der guten Eigenschaften der Deutschen, Engländer und Franzosen in ihnen zu sehen. Zu Hause mögen sie, im Umgang mit ihren Untergebenen oder Feinden, weniger ansprechende Seiten haben, aber im Auslande wissen sie sich zu betragen, und Sympathie, wo nicht für ihre Sache, so doch für ihre Person zu erwerben. Die Damen insbesondere werden bezaubernd gefunden. Groß, wohlgebaut, anmutig, von feinen Gesichtszügen, machen sie, bei einer reichen und geschmackvollen Toilette, einem frei-anständigen Auftreten und einer unbändigen, ganz südlichen Tanzlust, einen in der Tat sehr vorteilhaften Eindruck."[13]

Der Anklang an aristokratische Umgangsformen in dieser Beschreibung ist durchaus gewollt; denn dass Alexander Büchner die Frage der Sklavenbefreiung zum zentralen Motiv seiner Rede über Frémont macht, geht schon aus deren erstem Satz hervor. Das Vortragspublikum in Caen mag gespürt haben, dass der Redner sein Thema vielleicht etwas überstrapazierte, indem

---

11 Alexander Büchner: *Aus der Normandie, Juli. Conföderirte Flüchtlinge – Maikäfer in den Seebädern – Arromanches, Calvados, Port-en-Bessin.* In: *Morgenblatt für gebildete Leser*, 59. Jg., 1865, Nr. 35, S. 833–836.
12 Vgl. Lange, *Vaterlandslos*, S. 516ff.
13 Alexander Büchner, *Aus der Normandie, Juli. Conföderirte Flüchtlinge*, S. 834.

er Frémont fast pathetisch zu einer Art Held stilisierte – „ein wenig hochgegriffen" sei der Titel *Der Eroberer Kaliforniens*, urteilte jedenfalls der Rezensent des Jahresbandes der „kaiserlichen Akademie der Wissenschaften in Caen" für 1869.[14] Büchner folgte in seiner Charakteristik und seinen Darstellungen aber einfach den Linien, die die deutschamerikanische Publizistik der 1850er Jahre vorgezeichnet hatte. Vor allem die emigrierten 1848er Revolutionäre setzten sich 1856 in der Kampagne der Präsidentenwahl für den Kandidaten Frémont ein. Man kann sagen, dass diese Kandidatur die „Rückkehr der Achtundvierziger in die Politik" bedeutete, aus der sie sich, resigniert ob ihrer Niederlage 1849 und beschäftigt mit der Sicherung ihrer materiellen

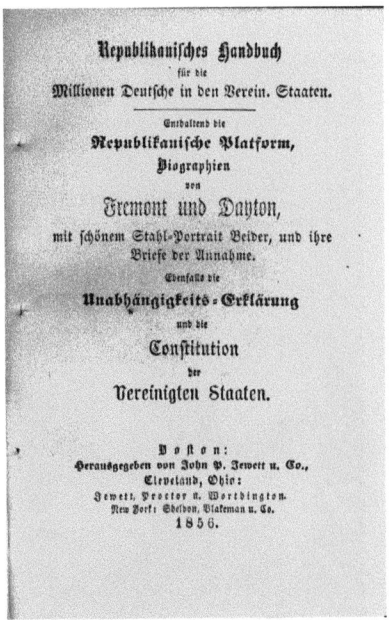

Existenz, zunächst zurückgezogen hatten. Nun meldeten sich Friedrich Hecker, Gustav Struve, Carl Schurz, Julius Fröbel, Franz Zitz und viele andere in Zeitungen und Wahlversammlungen zu Wort.[15] Denn für sie verkörperte Frémont eben jene Symbiose von wissenschaftlichem und politischem Fortschritt, die auch das Selbstverständnis vieler 1848er prägte. Diese Wahrnehmung des Kandidaten war präfiguriert worden durch die Anerkennung, die eine Ikone des politischen Liberalismus in Deutschland, der international als wissenschaftlicher Entdecker Amerikas gefeierte Alexander von Humboldt (1769–1859) Frémont öffentlich hatte zuteil werden lassen. Auf diesen Zu-

---

14 Théry: *Mémoire de l'Académie des Sciences, Arts et Belles-Lettres de Caen, Année 1869*. In: „*Revue des sociétés savantes*" des Departements, publiée sous les auspices du Ministre de l'Instruction publique et des cultes. Bd. 1, 1870, S. 240–244; hier: S. 242.
15 Vgl. Sabine Freitag: *Friedrich Hecker. Biographie eines Republikaners*. Stuttgart 1998, S. 203 f.

sammenhang geht Büchner nur nebenbei ein, ja verschweigt sogar die Tatsache, dass Frémont in den USA sehr nachhaltig von den Wählern deutscher Herkunft unterstützt wurde, die überwiegend übrigens auch Verehrer Humboldts waren.[16] Ob der Grund für diese Aussparung die Ende der 1860er Jahre zwischen Frankreich und Preußen steigenden politischen Spannungen waren, ist nicht belegbar. Doch soll dieser spezielle deutsch-amerikanische Hintergrund hier zum Verständnis kurz skizziert werden.

Alexander von Humboldt hatte 1849 Frémonts Bericht über seine Entdeckungen und geographischen Vermessungen[17] aufmerksam zur Kenntnis genommen und sehr positiv auf die kartographischen Korrekturen reagiert, mit denen sein eigenes Kartenwerk von 1809 „mannigfaltig berichtigt" worden sei.[18] Humboldt bewog 1850 den preußischen König Friedrich Wilhelm IV., Frémont „die große goldene Preismedaille für Wissenschaft

---

16 Tobias Kraft: *Figuren des Wissens bei Alexander von Humboldt. Essai, Tableau und Atlas im amerikanischen Reisewerk*. Berlin 2014, S. 293, FN 37.
17 John Charles Frémont: *Report of the exploring expedition to the Rocky Mountains in the year 1842, and to Oregon and North California in the years 1843–44*. Washington 1845.
18 Alexander von Humboldt: *Ansichten der Natur mit wissenschaftlichen Erläuterungen*. (1807). 3. Aufl. 1849. Leipzig: Reclams Universalbibliothek Nr. 2948–2950. Einl. von Wilhelm Bölsche. o.J., S. 47. – Zu den kartographischen Details s.: Richard V. Francaviglia: *Mapping and Imagination in the Great Basin*. University of Nevada Press. Reno, Nevada 2005,S. 49–57; 82–95. Francaviglia weist auch darauf hin, dass der Kartenzeichner von Frémont ein deutscher Einwanderer war, Georg Karl Ludwig Preuss (1803–1854), der seinem Leben wenige Jahre nach Erscheinen des Frémont'schen Werks selbst ein Ende setzte: S. 83; 93f.

und Kunst" zu verleihen, die Humboldt ihm mit einem Begleitbrief zuschickte, in dem er den gerade 1849 zum Senator von Kalifornien gewählten Frémont auch dazu beglückwünschte, dass er als „ami de la liberté" die Einführung der Sklaverei in Kalifornien verhindert habe.[19] Dieser Brief wurde im Wahlkampf 1856 noch einmal in der *New York Tribune* abgedruckt,[20] ebenso wie Bigelows Biographie über Frémont, die vom Verfasser Alexander von Humboldt gewidmet worden war.[21] Humboldt war in diesen Wahlkampf insofern mit hineingezogen worden, als im Wahljahr in den USA eine englische Übersetzung seines *Essai politique sur l'île de Cuba* (1826) erschien, in der Humboldts eindeutige und klare Verurteilung der Sklaverei auf Kuba vom Übersetzer John Sidney Thrasher unterschlagen worden war. Humboldts Proteste dagegen wurden sofort ins Englische übersetzt und in New Yorker Zeitungen veröffentlicht, worüber der preußische Resident in den USA Humboldt unterrichtete.[22] Damit munitionierte Humboldt den Wahlkampf der Anhänger von Frémont. Nach dessen Niederlage kündigte der Wahlsieger Buchanan eine Politik der Ausdehnung der Sklaverei in den karibischen Raum an, die auch militärische Maßnahmen gegen Kuba nicht ausschloss. Für diese Politik hatte sich auch Humboldts parteilicher Übersetzer Thrasher eingesetzt.[23] In den Gedenkartikeln zum Tod

---

19 Brief von Alexander von Humboldt an Karl August Varnhagen von Ense, 3. Dezember 1856. Zit. n.: Ludmilla Assing (Hrsg.): *Briefe von Alexander von Humboldt an Varnhagen von Ense aus den Jahren 1827 bis 1858*. 2. Aufl., Leipzig 1860, S. 341-342.
20 Philip S. Foner: *Alexander von Humboldt über die Sklaverei in den USA. Eine Dokumentation mit einer Einführung und Anmerkungen*. Dt. Fassung: Ingo Schwarz. Berlin: Humboldt-Universität (1984), S. 22; 53-55.
21 Die Widmung wird von Humboldt in dem oben genannten Brief vom 3. Dezember 1856 an Varnhagen von Ense zitiert, wobei er als Verfasser „John Bigdon(?)" nennt. Es handelt sich um: John Bigelow: *Memoir of the Life and Public Services of John Charles Fremont*. New York 1856.
22 Brief des preußischen Minister-Residenten von Gerolt an Humboldt, New York, 25. August 1856. Gedruckt in Assing, *Briefe von Alexander von Humboldt*, S. 316f.
23 Kraft, *Figuren*, S: 286-295.

Humboldts 1859 unterschlug die amerikanische Presse dann dessen eindeutige Position gegen die Sklaverei.

Alexander Büchner war sicher über all das wie auch über die Rolle informiert, die Frémonts Kandidatur für die deutschen Achtundvierziger bzw. diese auch für den Kandidaten spielten. Ob Alexander Büchner wie sein Bruder Ludwig die *Westliche Post* abonniert hatte, ist nicht mehr nachweisbar. Aufschlussreich ist jedenfalls auch, welche Themen im Zusammenhang mit Frémont Alexander Büchner umgingen, d.h.: welche er unter den Tisch fallen ließ, um das Bild seines Helden der Sklavenbefreiung nicht einzutrüben.

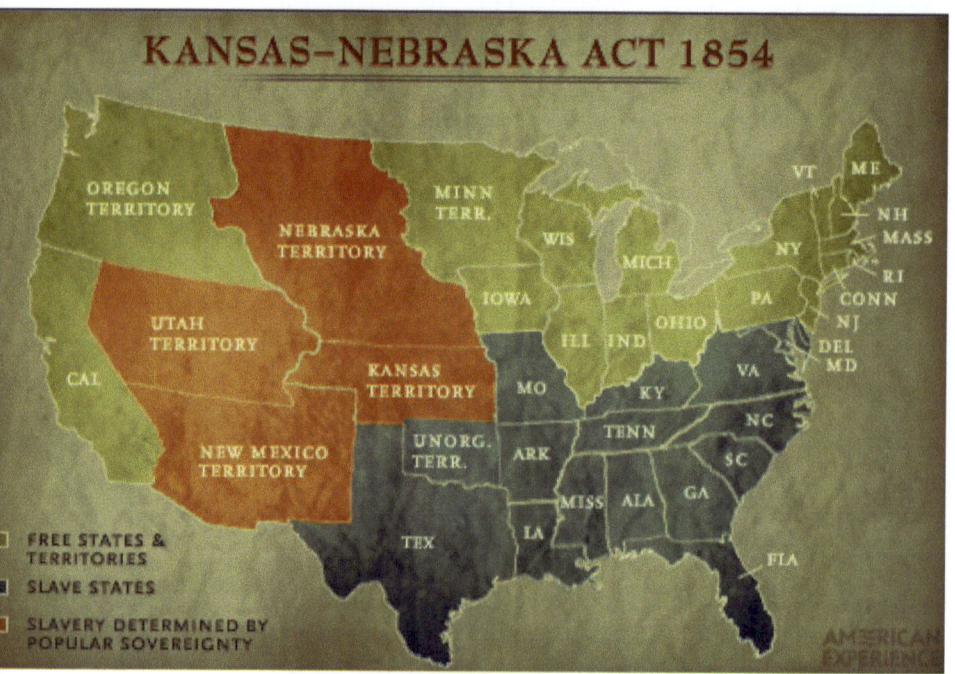

Denn ein weiteres wichtiges Motiv der Deutsch-Amerikaner, für Frémont einzutreten, war, dass seit 1854 Gesetzesvorschläge im Senat diskutiert wurden (die sog. „Kansas-Nebraska-Bill"), die „das Wahlrecht und die Möglichkeit, ein öffentliches Amt in den Territorien zu bekleiden, ausschließlich auf amerikanische

Bürger beschränken" wollten und damit neue Siedler, die sich noch nicht 5 Jahre in Amerika aufhielten, benachteiligten.[24] Außerdem hatte der Kampf gegen die Sklaverei noch ein ganz konkretes Ziel für die Einwanderer, das ihre eigene ökonomische Position betraf: Sie wollten als freie Arbeitskräfte Land erwerben und bearbeiten und in den neu gegründeten Bundesstaaten nicht der Konkurrenz von Großgrundbesitzern mit ihren Sklavenarbeitern ausgesetzt werden, was die Einwanderer an die Herrschaft der Aristokraten in Europa erinnerte, vor der sie ja geflohen waren.[25] Dies wurde auch ganz eindeutig formuliert in dem Brief, mit dem Frémont die Annahme seiner Kandidatur 1856 verkündete und den man als eine Art Wahlprogramm lesen kann. Er wurde gezielt in deutscher Übersetzung bei den Wählern deutscher Herkunft verbreitet. Frémont sprach sich dagegen aus, „freie Arbeit zu beeinträchtigen", und dafür, dass es kein „Monopol des Bodens und der Sclavenarbeit zur Cultivirung desselben" geben dürfe, denn die „Frei-Männer" wollten nicht „unter gleichen Bedingungen mit den Sclaven arbeiten".[26] Auch Friedrich Hecker räumte dem „Argument der freien weißen Arbeit" größeres Gewicht ein als „wie auch immer gearteten Gleichheitsvorstellungen".[27]

Noch erstaunlicher ist, dass Alexander Büchner mit der sehr schwachen (und angesichts seiner doch intensiven Kontakte in die USA nicht sehr glaubhaften) Begründung, ihm „fehlten die Dokumente", gar nicht auf die kurzzeitige und schnell abgebrochene zweite Präsidentschaftskandidatur Frémonts (Juni bis September 1864) und seine Aktivitäten im Bürgerkrieg eingeht. Frémont hatte nach Beginn des Kriegs am 31. August 1861 in einer „aufsehenerregenden Erklärung" alle Sklaven im Staat

---

24 Freitag, *Hecker*, S. 183.
25 Freitag, *Hecker*, S. 223f.
26 *Col. Fremont's Brief der Annahme*. In: John P. Jewett u. Co (Hrsg.): *Republikanisches Handbuch für die Millionen Deutschen in den Vereinigten Staaten*. Boston, 1856, S. 24–29; hier: S. 27f.
27 Friedrich Hecker in einer Rede in Chicago, 1858; zit. bei Freitag, *Hecker*, S. 245.

Missouri, deren Besitzer gegen die Nordstaaten kämpften, für frei erklärt und sich damit über Präsident Lincolns noch zurückhaltende Politik hinweggesetzt.[28] Damit löste Frémont bei den Deutsch-Amerikanern Begeisterung aus, die sich allerdings in politische Opposition gegen Präsident Lincoln verkehrte, als dieser am 2. November 1861 Frémont, unter dessen Kommando viele deutsche 1848er dienten, seines militärischen Postens enthob.[29] Das führte dazu, dass vor allem die deutschamerikanische Führungsschicht 1864 eine Präsidentschaftskandidatur Frémonts gegen Lincoln unterstützte, bei der auch wieder Emil Preetorius mit kräftigen Slogans für Frémont Stimmung machte: „Free Soil, Free Speech, Free Press, and Frémont!"[30] Preetorius stilisierte Frémont geradezu zum Kandidaten der „Fremdgeborenen",[31] also auch der deutschen Zuwanderer und verstieg sich zu der Formulierung: „Seine Wahl zum Präsidenten wäre nicht nur des Deutschtums herrlichster Triumph...".[32] Der Rücktritt Frémonts, mit der er die Geschlossenheit der Partei Lincolns erhalten wollte, enttäuschte seine deutschamerikanischen Unterstützer und verminderte Frémonts Ansehen bei ihnen.[33]

Es ist kaum vorstellbar, dass der sonst sehr gut informierte Alexander Büchner von all dem nichts gewusst hat. Vermutlich hat er hier vor seiner französischen Zuhörerschaft im Empire des Kaisers Napoleon III. die soziale Radikalität der deutschen Frémont-Unterstützer herunterspielen wollen. Denn Frankreich hatte erst vor knapp 20 Jahren, nämlich 1848, in seinen Kolo-

---

28 Jörg Nagler: *Frémont contra Lincoln: Die deutsch-amerikanische Opposition in der Republikanischen Partei während des amerikanischen Bürgerkrieges*. Diss. Frankfurt/M, Bern/ New York/ Nancy: Verlag Peter Lang 1984, S. 21.
29 Nagler, *Frémont*, S. 33.
30 In der *Westlichen Post* vom 28. Juni 1864; zit. bei Nagler, *Fremont*, S. 226.
31 Emil Preetorius: *John C. Fremont. Physiognomisch psychologische Studie*. In: *Deutsch-amerikanische Monatshefte*, Bd. 1, 1864, H. 2, S. 106–110; hier: S. 110.
32 Preetorius auf der Hauptversammlung des „Chicago Arbeitervereins" am 26. März 1864; zit. bei Nagler, *Fremont*, S. 186.
33 Nagler, *Frémont*, S. 241f.

nien die seit 1802 von Napoleon I. wieder erlaubte Sklaverei verboten. Dass Alexander Büchner auch die ihrem Gatten Frémont offensichtlich intellektuell überlegene und prägende Gestalt von dessen Ehefrau, Jessie, unterschlug – sie war „berufen [...] auf Fremont's Denk- und Handlungsweise mehr oder weniger maßgebend einzuwirken", hatte Preetorius geschrieben[34] – hing vielleicht mit Alexander Büchners persönlich etwas distanziert-abwehrender Haltung gegenüber starken und bestimmt auftretenden Frauen zusammen.[35]

Die im gleichen Jahr wie der Vortrag über Frémont gehaltene Vorlesung Büchners über die Literatur in den Vereinigten Staaten orientiert sich im Wesentlichen an dem Kapitel über „nordamerikanische Dichtung" in seiner *Geschichte der englischen Poesie* von 1855.[36] Allerdings vermeidet er jetzt einige der damals allzu flapsigen Bemerkungen (etwa über Edgar Allan Poe: „schauderhafte Themata, aus deren Behandlung man nicht klar ersehen kann, was er eigentlich will"),[37] lässt aber keinen Zweifel daran, dass die amerikanische Literatur der europäischen weit unterlegen sei. Das erklärt sich vor allem daraus, dass Büchners literarische Maßstäbe sehr traditionell einer Art realistisch-aufklärerischer Didaktik verpflichtet sind.[38] Diese ist durchaus politisch-republikanisch orientiert. Das zeigt sich nicht nur daran, dass Büchner bestimmte literarische Gattungen (Essais, historische Darstellungen) aus den gesellschaftlichen Verhältnissen, nämlich aus dem demokratischen Meinungsstreit ableitet und dabei auch auf den Charakter der USA als Einwanderungsland ausführlich eingeht. Er betont außer-

---

34 Preetorius, *Fremont*, S. 109. – Vgl. auch den in die gleiche Richtung argumentierenden Artikel von E.R.D. über *Jessie Benton Frémont* in: *Dictionary of American Biography*, New York 1931, Bd. VII, S. 18f.
35 Vgl. dazu Lange, *Vaterlandslos*, S. 524.
36 Alexander Büchner: *Geschichte der englischen Poesie. Von der Mitte des vierzehnten bis zur Mitte des neunzehnten Jahrhunderts. Zweiter Theil.* Darmstadt 1855, S. 370–400.
37 Büchner, *englische Poesie*, S. 380.
38 Lange, *Vaterlandslos*, S. 498.

dem auch die politische Rolle des Romans *Onkel Toms Hütte* von Harriet Beecher-Stowe, die er auf die gleiche Stufe mit den französischen Erfolgsautorinnen Madame de Staël und George Sand stellt.

Neues in der „Neuen Welt" hat Alexander Büchner also wenig wahrgenommen. Seine Heldengeschichte über den erfolglosen Präsidentschaftskandidaten John Charles Frémont (wie er in den deutsch- und englischsprachigen zeitgenössischen Publikationen hieß) und seine etwas hochmütige Abkanzlung der US-Amerikanischen Literatur folgten ganz den Vorstellungen, die er in den vierziger und fünfziger Jahren entwickelt hatte und die ihn auch bis zum Ende seines Lebens noch prägen werden. Ihr Grundton ist aber unüberhörbar die in Büchners Familie bis zu seinem Bruder Georg zurück zu verfolgende soziale Radikalität, mit der man sich gegen Unterdrückung einsetzt. Von Georg Büchner sind zwar keine eigenen Äußerungen zur Sklaverei in den USA bekannt, aber unter seinen Gießener Mitstudenten Anfang der 1830er Jahre galt er als Abschaffer des Sklavenhandels und Sympathisant der Abolitionisten.[39]

---

39 Vgl. Carl Vogt: *Aus meinem Leben*. Stuttgart 1896, der (S. 121) erzählt, wie seine Kommilitonen dem als hochmütig und revolutionär geltenden Büchner abends gelegentlich „ein ironisches Vivat" brachten: „Der Erhalter des europäischen Gleichgewichts, der Abschaffer des Sklavenhandels, Georg Büchner, er lebe hoch!" – Dazu Jan-Christoph Hauschild: *Georg Büchner. Biographie.* Stuttgart 1993, S. 345.

UNCLE TOM'S CABIN;

OR,

LIFE AMONG THE LOWLY.

BY

HARRIET BEECHER STOWE.

VOL. I.

ONE HUNDRED AND FIFTH THOUSAND.

BOSTON:
JOHN P. JEWETT & COMPANY
CLEVELAND, OHIO:
JEWETT, PROCTOR & WORTHINGTON.
1852.

Texte

Die Büchners in Alexander Schems Deutsch-amerikanischem Konversationslexikon

Deutsch-amerikanisches Conversations-Lexicon mit specieller Rücksicht auf das Bedürfnis der in Amerika lebenden Deutschen, mit Benutzung aller deutschen, amerikanischen, englischen und französischen Quellen, und unter Mitwirkung vieler hervorragender deutschen Schriftsteller Amerika's, berarbeitet von **Prof. Alexander J. Schem**, New York (Friedr. Gerhard), 11 Bde., erschienen 1869–1874

[Stichwort] **Büchner**
2. Band/1869, S. 674–676

1. Alexander

geb. am 25. Okt. 1827 zu Darmstadt, habilitierte sich 1852 als Privatdocent an der philosophischen Fakultät zu Zürich, trat 1857 in den französischen Staatsdienst und ist gegenwärtig Professor der fremden Literaturen an der Universität von Caen. Seine Betheilung an der politischen Agitation von 1848 und 1849 zog ihm mehrere politische und Preßprozesse zu, welche jedoch sämmtlich mit Freisprechung endigten. In deutscher Sprache sind von ihm erschienen: „Geschichte der englischen Dichtkunst seit dem 13. Jahrhundert" (2 Bände, Darmstadt 1855);[1] „Bilder aus dem Literaturleben der Franzosen" (2 Bde., Frankfurt);[2] „Abhandlung über deutsche Phonologie" (Darmstadt 1863); „Jean Paul in Frankreich" (Stuttgart 1863); „Chatterton, Lord Byrons letzte Liebe, Novellen" (3 Bde., Leipzig 1862–63); „Veröffentlichte Briefe des Prinzen Louis Ferdinand,

---

1 Richtig: *Geschichte der englischen Poesie. Von der Mitte des vierzehnten bis zur Mitte des neunzehnten Jahrhunderts*, 2 Bde., Darmstadt 1855.
2 Richtig: *Französische Literaturbilder aus dem Bereich der Ästhetik, seit der Renaissance bis auf unsere Zeit*, 2 Bde., Frankfurt am Main 1858.

Alexander Humboldt, Varnhagen, der Rahel an Gentz und der Frau Pauline Wiesel" (Leipzig 1864).³ In französischer Sprache schrieb er: „Poétique de J. Paul Friedrich Richter, trad. de l'allemand en collaboration avec Ch. Léon Dumont" (2 Bde., Paris 1863); L'école romantique et la jeune Allemagne"; Le roman réaliste en Allemagne"; „Les comédies de Shakespeare" (Caen 1864), und eine Reihe von Artikeln in der „Revue contemporaine".

2. Georg

Bruder des Vorigen, geb. am 17. Okt. 1813 im Dorfe Goddelau bei Darmstadt, bezog die Universität Gießen und stiftete dort 1834 in Gemeinschaft mit Klemm, Minnigerode, A. Becker, Trupp, Schütz u. a. die geheime politische „Gesellschaft der Menschenrechte". Verfolgungen der Regierung zwangen die meisten der Mitglieder zur Flucht und im März 1835 ward G. B. mehrere Male in Friedberg und Offenbach vor Gericht gestellt, aber jedesmal wieder entlassen.⁴ Während dieses Winters schrieb er „Danton's Tod", ein bedeutendes Drama, welches in wenigen Wochen vollendet ward. Es erschien, von Karl Gutzkow warm empfohlen, im Verlage von H. Sauerländer in Frankfurt a.M. Die Novelle „Lenz" wurde zuerst 1839 in Gutzkow's Telegraph zwei Jahre nach dem Tode des Verfassers abgedruckt. In seinem Nachlaß fanden sich ferner: „Geschichte der philosophischen Systeme von Cartesius und Spinoza" und eine „Geschichte der älteren griechischen Philosophie", ferner das Lustspiel „Leonce und Lena". Im Jahre 1836 habilitierte er sich als Privatdocent an der Universität Zürich, aber bereits im folgenden Jahre (19. Febr. 1837) starb er nach kurzem Leiden in

---

3 Richtig: *Briefe des Prinzen Louis Ferdinand an Pauline Wiesel. Nebst Briefen von Alexander von Humboldt, Rahel Varnhagen, Gentz und Marie von Méris*, Leipzig 1865.
4 Diese Angaben sind nicht korrekt. Zu Georg Büchners Leben vgl. Zeittafel in www.buechnerportal.de.

Zürich. Herwegh widmete ihm in einem seiner schönsten Gedichte einen warmen Nachruf.⁵

3. Friedrich Carl Christian Ludwig

Bruder der Vorigen, wurde in Darmstadt am 29. März 1824 geboren und bezog im Jahre 1843 die Universität Gießen. Im Frühjahre 1848 bestand er sein Fakultätsexamen und beteiligte sich an den politischen Bewegungen der damaligen Zeit. Im Herbst 1848 verließ er nach Bestehung seiner Disputation „Die persönliche Seele ist ohne ihr materielles Substrat undenkbar" Gießen und kehrte als promovierter Doctor nach Darmstadt zurück. Hier setzte er seine politische Thätigkeit im Verein mit Dr. Otto Lüning fort, mußte aber nach Unterdrückung des Aufstandes in Baden allen politischen Agitationen ein Ende machen und unternahm, behufs weiterer Berufsausbildung, eine Reise nach Würzburg und Wien. In Würzburg lernte er Virchow kennen, der zum Theil seine spätere Richtung bestimmte. 1852 nahm B. eine Stellung als Assistenzarzt an der Klinik und als Privatdocent an der Universität Tübingen an. Dort schrieb er „Das Nachtleben der Seele in Beziehung auf Staatsarzneikunde" und andere Aufsätze, welche in verschiedenen medizinischen Zeitschriften erschienen. 1855 erschien sein berühmt gewordenes Werk „Kraft und Stoff. Empirisch-naturphilosophische Studie" (Frankfurt a. M., 10. Aufl., 1869). Die glänzende Aufnahme des Buches, in dem er den Versuch machte, die materialistische Weltanschauung und die menschliche Erkenntnis auf Grund realer Principien als die allein richtige darzustellen, hatte für den Verfasser die unangenehme Folge, daß er den Lehrstuhl in Tübingen aufgeben mußte. Das Werk wurde übersetzt in das Holländische, Russische, Englische, Französische, Dänische, Schwedische und Ungarische. Außer

---

5 Georg Herwegh: *Gedichte eines Lebendigen. Zum Andenken an Georg Büchner*, Zürich 1841.

einer Menge kleiner Schriften und Artikel veröffentlichte B. an größeren Werken „Physiologische Bilder" (Leipzig 1861); „Aus Natur und Wissenschaft" (Leipzig 1864, 2. Aufl., 1869); „Das Alter des Menschengeschlechts auf der Erde nach dem Englischen des Sir Charles Lyell" (Leipzig 1864); „Sechs Vorlesungen über die Darwin'sche Theorie" (Leipzig 1868); und sein neuestes Werk „Die Stellung des Menschen in der Natur in der Vergangenheit, Gegenwart und Zukunft. Oder: Woher kommen wir? Wer sind wir? Wohin gehen wir?" (Leipzig, 3 Lieferungen, 1869–70), zu gleicher Zeit in deutscher, französischer, englischer und italienischer Sprache erschienen. Zu Amerika sind Originalarbeiten B.'s in der „Westlichen Post" in St. Louis und in der „Neuen Zeit" in New York erschienen.

4. Louise

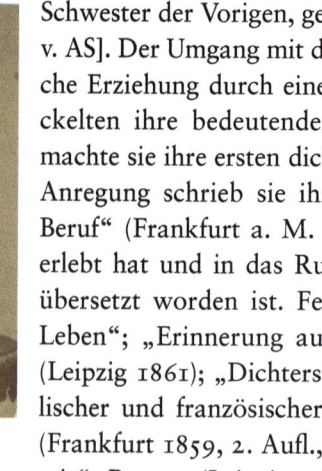

Schwester der Vorigen, geb. am 12. Juni 1822 [1821, berichtigt v. AS]. Der Umgang mit den hochbegabten Brüdern, die häusliche Erziehung durch eine geistig hochstehende Mutter entwickelten ihre bedeutenden Fähigkeiten. Schon im 13. Jahre machte sie ihre ersten dichterischen Versuche. Auf Meidinger's Anregung schrieb sie ihr erstes Buch „Die Frauen und ihr Beruf" (Frankfurt a. M. 1855), welches bereits drei Auflagen erlebt hat und in das Russische, Holländische und Englische übersetzt worden ist. Ferner erschienen von ihr: „Aus dem Leben"; „Erinnerung aus Heimath und Fremde", Novellen (Leipzig 1861); „Dichterstimmen", Anthologie deutscher, englischer und französischer Lyrik, ausgewählt von Frauenhand (Frankfurt 1859, 2. Aufl., Berlin 1865);[6] „Das Schloß zu Wimmis", Roman (Leipzig 1864); „Weihnachtsmärchen" (Glogau 1866) [1867, berichtigt v. AS]. 1867 betheiligte sie sich zuerst bei der Leipziger Frauenkonferenz und betrat damit das Feld

---

6 Richtig: *Aus dem Leben*. Erzählungen aus Heimath und Fremde, Leipzig 1861; Dichterstimmen aus Heimath und Fremde. Für Frauen und Jungfrauen ausgewählt, Frankfurt am Main 1859, 2. Aufl. Hamm 1865.

der praktischen Agitation der Frauenfrage. 1869 [1870, berichtigt v. AS] erschien: „Praktische Versuche zur Lösung der Frauenfrage" (Berlin); unterstützt von der Prinzessin Alice von Hessen gelang es ihr, in Darmstadt eine Fortbildungsschule für arme Mädchen zu errichten, durch welche sie seit dem dreijährigen Bestehen derselben schon unendlich viel Gutes erreicht hat. Seit 1868 [1860, berichtigt von AS] hielt sie auch Vorträge über deutsche Geschichte vor einem Auditorium von Frauen. In der Frankfurter und Darmstädter Zeitung und in der in New York erscheinenden „Neuen Zeit" sind mehrfach Aufsätze und Feuilletonartikel über die Frauenfrage von ihr veröffentlicht worden. Im November 1869 fungierte sie als Präsidentin [Vizepräsidentin, berichtigt v. AS] der Frauenconferenz in Berlin und ist jetzt (1870) Mitredakteurin der in Berlin erscheinenden Monatsschrift „der Frauenanwalt", herausgegeben von Jenny Hirsch.

[Stichwort] **Becker**
2. Band/1869, S. 222

August, deutschamerikanischer Publizist, geb. 1813 [1812, berichtigt v. AS] in Biedenkopf, Oberhessen, Deutschland, wo sein Vater als Pastor stand. Er ward als Student der Theologie (in Gießen) in Pfarrer Weidig's Verschwörung für Deutschland's Einheit und Unabhängigkeit verwickelt, gefangen genommen und drei Jahre lang in Darmstadt festgehalten (in der ... Untersuchung heißt er „der rothe Becker"). Endlich entlassen, aber exiliert, begab er sich nach der Schweiz, wo er sich dem Privatunterricht widmete. In 1848 kehrte er nach Deutschland zurück und wirkte zuerst als Publizist in Gießen, dann als Landtagsabgeordneter in Darmstadt. Nach dem Siege der Reaction zog er sich wieder nach der Schweiz zurück, von wo aus er im Sommer 1854 [1853, berichtigt v. AS] nach den Vereinigten Staaten übersiedelte. Noch in demselben Jahre übernahm er die Redak-

tion des von Karl Heinrich Schnauffer gegründeten „*Baltimore Wecker*", welcher allein unter den Zeitungen Marylands sich für die Principien der republikanischen Partei aussprach. Im Jahre 1856 zog er sich vom „*Wecker*" zurück und übernahm die Mitredaction des Hassaureck'schen „*Hochwächters*" in Cincinnati. Als der Bürgerkrieg ausbrach, trat Becker in das New Yorker Steubenregiment als Feldkaplan ein. Nach dreijähriger Dienstzeit übernahm er abermals die Redaction des „*Weckers*", zog sich aber nach etwa zwei Jahren wieder zurück, um die Mitredaction des „*Cincinnati Volksblatts*" und später die der „*Westlichen Blätter*" (Sonntagsblatt des Volksblattes) zu übernehmen. Im Jahre 1869 wurde er Chefredakteur des eigens für ihn gegründeten *Couriers* (Cincinnati).

Gustav Körner

Karl Minnigerode – Prediger und politischer Ratgeber[1]

Eine in mehr als einer Beziehung anziehende Erscheinung in diesem Staate [Virginia] ist **Karl Minnigerode,** Doktor der Theologie und Rektor der St. Paulus Kirche zu Richmond, Virginien. Geboren den 6. August 1814 zu Arnsberg, in Westphalen, welches damals bei der napoleonischen Länderverteilung einen Teil des Großherzogtums Hessen-Darmstadt bildete und wo sein Vater Regierungspräsident war, kam er schon im folgenden Jahre mit diesem nach Darmstadt, in welcher Stadt der Vater Präsident des Hofgerichts wurde. Hier erhielt Karl in einer Vorschule eine vortreffliche Erziehung, so dass er schon in seinem 14. Jahre in die oberste Klasse des dortigen Gymnasiums eintreten konnte. Vorher hatte er ganz besondere Neigung zur Mathematik gezeigt, doch da dieses Fach auf dem Gymnasium nur schlecht besetzt war, trat seine Vorliebe in den Hintergrund und die klassischen und andere Sprachen, sowie Literatur und Weltgeschichte wurden von nun an die Gegenstände seines ernsten Studiums. Er scheint indessen schon zu dieser Zeit für religiöse Eindrücke sehr empfänglich gewesen zu sein. Die übliche Konfirmation und das Nehmen des Abendmahls, welches von den meisten Jünglingen mehr als eine Sache

---

1 Quelle: Gustav Phillip Körner: *Das deutsche Element in den Vereinigten Staaten von Nordamerika 1818–1848*, Cincinnati 1880, S. 406–411.

der Form betrachtet wurde, sollen einen sehr merklichen Einfluss auf sein späteres Leben ausgeübt haben.

Im Jahre 1832 bezog er, 18 Jahre alt, die Universität Gießen, um nach dem Wunsch des Vaters dort die Rechte zu studieren. Jene Zeit, wie wir wissen, war eine sehr aufgeregte. Auch Minnigerode wurde von ihrer Strömung erfasst. Namentlich war in Gießen besonders durch den Durchzug der exilierten Polen unter den Studierenden der Enthusiasmus für Freiheit und ein einiges Vaterland aufs Höchste gestiegen. Er wurde bald ein Mitglied der deutschen Burschenschaft. Am Frankfurter Attentat vom 3. April 1833 nahm er zwar nicht Teil, obgleich einige der älteren Gießener Burschenschaftler dabei nicht fehlten. Der Misserfolg des waghalsigen Unternehmens schlug aber die Hoffnungen der Liberalen nicht nieder. Man suchte einen andern Weg zu finden. Es bildeten sich geheime Gesellschaften von Männern, namentlich in Frankfurt und Oberhessen, um das Volk durch freisinnige Schriften aufzuklären, es vorzubereiten zu einem allgemeinen Aufstand. Man hatte gesehen, dass ohne die Massen, die größten Anstrengungen und Opfer von Seiten der gebildeten Klassen allein vergeblich seien. Aber auch Studierende, denen namentlich die Verbreitung revolutionärer Schriften anvertraut war, wurden in diese Verbindungen gezogen und Minnigerode nahm mit Leib und Seele an diesen Umtrieben Teil. Die Regierung geriet bald auf deren Spur, und Minnigerode wurde verhaftet. Doch stellte er der Verfolgung, als in Notwehr, absolutes Leugnen entgegnen, nicht seinetwegen, sondern, wie er beim Untersuchungsrichter erklärte, um Andere nicht ins Unglück zu stürzen. Sein Gefängnis war einsam und hart, aber er hatte einen menschlichen Untersuchungsrichter und wurde nach einem Jahr entlassen, doch bald darauf durch Geständnisse von Anderen kompromittiert, aufs Neue verhaftet.[2]

---

[2] Minnigerodes kurzzeitige Freilassung nach der Verhaftung ist nicht belegt. Vgl. Jan-Christoph Hauschild: *Georg Büchner. Biographie*, Stuttgart 1993, S. 368ff.

Er hatte das Unglück, in die Hände des berüchtigten Inquirenten *Georgi* zu fallen, derselbe der *Weidigs* Tod verschuldete. In elendem Gefängnis verbrachte er achtzehn Monate, ohne auch nur einmal verhört zu werden. Nach fast zweijähriger Einsperrung, nachdem er schon früher ein Jahr im Gefängnis geschmachtet, befiel ihn eine Krankheit, welche auch seinen Geist angriff, und man musste ihn zu den Seinigen bringen, wo er unter beständiger polizeilicher Aufsicht gehalten wurde. Gegen seine Mitschuldigen wurde 1838 das Urteil gesprochen, gegen ihn aber seines körperlichen und geistigen Zustandes wegen (1839) das peinliche Verfahren eingestellt, mit der Drohung, es wieder aufzunehmen, sollte er später in irgend einen Verdacht gefährlicher Umtriebe kommen. Das Exil schien ihm unter diesen Umständen geboten. Einige Monate der Freiheit brachte er noch im alten Vaterlande zu, um sich für die Reise zu stärken. Nach einer langen Seereise, die ihn indessen völlig geistig und körperlich frisch und gesund machte, landete er am 1. Dezember 1839 in den Vereinigten Staaten.

In späteren Jahren gab Minnigerode oft zu, dass die Regierung in ihrem Recht gewesen sei, den Umsturz des Bestehenden zu verhindern und ihn zu verfolgen. Dennoch aber hätten er und seine Genossen, soweit ihre Einsicht gereicht, nur Edles und Gutes gewollt. Sie hätten wie Helden sich gefühlt und seien bereit gewesen, ihre Überzeugung mit ihrem Blut zu besiegeln. Er könne bei der Jugend eine solche Selbstlosigkeit und Opferlust nicht verdammen, sondern nur ehren.

Bei seiner Ankunft stand er allein, keine Seele kannte ihn. Aber er ging entschlossen ans Werk. Zuerst suchte er sich mit der Sprache des Landes aufs innigste vertraut zu machen. In Philadelphia, wo er sich zuerst hingewendet hatte, trat er als Lehrer, hauptsächlich der alten Sprachen auf, und hatte darin einen ebenso raschen wie von ihm unerwarteten Erfolg. Wir haben schon früher zu bemerken gehabt, dass Minnigerode bei mehreren öffentlichen Gelegenheiten auftrat und durch die Fülle seiner Ideen sowohl, als seine ausgezeichnete Rednergabe

die allgemeine Aufmerksamkeit erregte. Mit gelehrten und gebildeten Amerikanern knüpfte er bald Verbindungen an, wie mit Professor Woolsey in Yale College und anderen wissenschaftlichen Größen zu Cambridge, Massachusetts.

Noch waren nicht ganz drei Jahre seit seiner Ankunft in Philadelphia verflossen, so erhielt er schon eine Anstellung an dem alten berühmten William und Mary College in Virginien als Lehrer der klassischen Literatur, eine Auszeichnung, welche er unter sehr vielen Mitbewerbern aus Süd und Nord hauptsächlich seinen eingeschickten Arbeiten und den Empfehlungen der ersten Gelehrten des Landes verdankte. Seinem unermüdlichen Streben gelang es, die dort seit einiger Zeit vernachlässigten klassischen Studien wieder auf eine hohe Stufe zu erheben, und er beschäftigte sich mit dem Verfassen einer lateinischen Grammatik nach neuer deutscher rationeller Methode.

Im Jahre 1844 schloss er sich der englischen Episkopal Kirche an, und fasste zugleich den Entschluss, ein Geistlicher dieser Gemeinde zu werden.

Wir haben schon früher gesehen, wie bereits im ersten Jünglingsalter Minnigerode tiefreligiösen Sinn zeigte. In seiner langen Einzelhaft trieb es ihn natürlich zum Versinken in sich selbst, und zur Sammlung in sich. Eine Zeitlang hatte man ihm die Bibel zur einzigen Lektüre gelassen. Er hatte sie, wie er sagt, als ein merkwürdiges Buch, doch wie ein anderes menschliches Machwerk in die Hand genommen und sie niedergelegt als Gotteswerk. Auch seine Verheiratung 1843 mit einer sehr religiös gesinnten Dame (Miss Mary Carter aus Williamsburg) blieb nicht ohne Einfluss auf seinen Entschluss, sich dem geistigen Stande zu widmen. Die lateinische Grammatik blieb unvollendet, die Professur wurde aufgegeben (1848), da er bereits im vorhergehenden Jahre zum Prediger ordiniert worden war.

Er verwaltete das Predigeramt zuerst mehrere Jahre in kleinen Städtchen, bis ihm, nachdem er wiederholt einen Ruf nach Philadelphia ausgeschlagen, 1853 zu Norfolk, welches damals die größte bischöfliche Gemeinde enthielt, eine Stelle als Nachfolger des verstorbenen Bischofs Cumins, eröffnet wurde.

Pauluskirche zu Richmond/Virginia 2014

Nach mehrjährigem und erfolgreichem Wirken daselbst, wurde er als Rektor an die Paulus Kirche zu Richmond, der Hauptstadt Virginiens berufen. Hier eröffnete sich ihm nun der weiteste Wirkungskreis an der größten Kirche der Gemeinde der Diözese und des ganzen Südens. Es kann hier nur gesagt werden, dass er denselben nach jeder Richtung glänzend ausfüllte. Er war kein „Sensationsprediger", jede bloß künstliche Erregung war ihm verhasst. Aber es fehlte seinen Predigten nicht an Ideen und Originalität, noch weniger an Feuer, ohne dass je die Grenzen ernster Würde überschritten wurden. Seine Beredsamkeit wird als hinreißend geschildert.[3]

---

3 Vgl. Charles Minnigerode: *Sermons*, Richmond 1880, Digitalisat: https://archive.org/details/sermonsbyrevchar00minn

Jefferson Davis
1808–1889

Da Richmond der Sitz der konföderierten Regierung geworden war, und da die Häupter derselben, sowie die meisten Generäle der Sezessionisten wie Jefferson Davis, die Generäle Lee, Ewell, Longstreet, Cooper, entweder Mitglieder der bischöflichen Kirche waren, oder doch diese Kirche fast ausschließlich besuchten, so war es nur natürlich, dass Minnigerode in den Vordergrund gedrängt wurde, und als „Rebellenpastor" vielfach denunziert wurde. Wir dürfen als gewiss annehmen, dass Minnigerode grundsätzlich kein Freund der Sklaverei war, und Emanzipation so sehr wünschte als einer. Es ist ja bekannt, dass die ersten Staatsmänner Virginiens die Sklaverei verdammten, und dass in keinem andern Sklavenstaat die Frage der Emanzipation innerhalb und außerhalb der Gesetzgebung mehr agitiert worden war, als gerade in Virginien. Ebenso wenig verteidigte man dort im Anfang die Sezession von Süd-Carolina; man suchte eine vermittelnde Stellung einzunehmen. Bekanntlich wurde auf dringendes Auffordern der Gesetzgebung von Virginien ein Friedenskongress abgehalten, der von Delegaten selbst der meisten Nordstaaten besucht wurde (Februar 1861), aber ohne Resultat verlief. Zuletzt hatte man doch in Virginien sich dahin vereinigt, dass man der Bundesregierung das Recht absprach, ausgetretene Staaten mit Gewalt wieder zum Bund zurückzubringen. Als daher die Regierung Anstalten traf, in Südcarolina militärisch einzuschreiten und die Kanonade von Fort Sumpter stattgefunden hatte, erklärte sich auch Virginien für unabhängig und schloss sich den aufrührerischen Staaten an.

Minnigerode, wie fast alle Virginier, hatte einen besonderen, ganz partikularen Patriotismus. Virginien hatte einst fast für ganz Englisch-Amerika gestanden, hatte 36 Jahre lang den Vereinigten Staaten die Präsidenten und in der Tat eine Reihe glänzender Staatsmänner und Richter gegeben. Wie General Lee, ein durchaus edler Charakter, von Freund und Feind geachtet, gab sich auch Minnigerode der Täuschung hin, als sei er mehr dem Staat verpflichtet, als den Vereinigten Staaten. Den Vorwurf, den man ihm von mancher Seite gemacht hat, als habe er hier und da als politischer Ratgeber von Jefferson Davis gehandelt, hat Minnigerode stets energisch von sich gewiesen. Er stand zu diesem in sehr innigem aber nur pastoralem Verhältnis. Und auch dieses sollte sich rasch lösen.

An einem schönen Sonntagmorgen, am 2. April 1865, war die Pauluskirche gedrängt voll. Präsident Davis und alle Spitzen der Regierung waren zugegen. Während des Gottesdienstes wurde Davis eine telegraphische Depesche gebracht. Er las sie, wartete aber bis die Gemeinde zum Gebet aufgefordert auf den Knien lag und er sich mehr unbemerkt entfernen konnte. Es war die Nachricht von dem Fall Petersburg und dem Durchbrechen der Linien, die Richmond deckten, welche Davis gelesen hatte. Die anderen anwesenden Beamten bekamen jetzt ebenfalls telegraphische Nachrichten. Die Gemeinde wurde unruhig, ahnte nichts Gutes und man wollte sich zur Kirche hinausstürzen; doch gelang es Minnigerode, der seine Fassung nicht verloren hatte, einen großen Teil in der Kirche zu behalten und den Gottesdienst mit Erteilung des Abendmahls zu beschließen. Davis, die Regierung und die Besatzung, sowie viele, für ihr Leben fürchtende Bürger, verließen indessen Richmond zur selben Stunde.

Pauluskirche in Richmond Innenraum 2014

Später wurde Minnigerode die Erlaubnis erteilt, Jefferson Davis, während dessen Gefangennahme in der Festung Monroe mehrmals zu besuchen und ihm das Abendmahl zu erteilen, in Gegenwart eines Offiziers und der wachthabenden Soldaten.

Es wäre zu wünschen, dass Dr. Minnigerode, der Jefferson Davis auf's Genaueste kannte, sich entschließen könnte, auf den Charakter dieses Mannes, der so verschiedenen, und wohl mit Recht, ungünstigen Beurteilungen unterliegt, etwas mehr Licht zu werfen.

Wie nach großen Unglücksfällen eine innere Wandlung des Gemütes eintritt, so ist das kirchliche Leben innerhalb der Gemeinde, in welcher Minnigerode so lange gewaltet hatte, gleichsam neu erwacht, und gibt ihm eine willkommene Gelegenheit, seinen Beruf, der ihm ein ernster und heiliger geworden ist, zum Besten seiner Mitbürger auszuüben.

[Ergänzung von der Herausgeberin: Minnigerode starb 80jährig am 13. Oktober 1894 in Alexandria/Virginia, wo er seine letzten Lebensjahre verbrachte. Sein Leichnahm wurde nach Richmond überführt. Das Grab der Familie Minnigerode befindet sich auf dem Hollywood Cemetery.]

Harold B. Gill

Christmas Trees, the Confederacy, and Colonial Williamsburg – Professor Minnigerode lights a tree[1]

Weihnachten in Williamsburg

Bob Doares talks about playing the part of the German professor who brought the tradition of the Christmas tree to Williamsburg in the mid-19th century.

No account of a Williamsburg Yuletide is satisfactory without the story of the city's first Christmas tree. At least the first the community's history records. Told now for 163 years, it goes like this:

European political refugee Charles Minnigerode moved to Williamsburg in 1842 to take up a professorship at the College of William and Mary. He became close to Judge Nathaniel Beverley Tucker, a professor of law, and boarded with him on Nicholson Street in what Colonial Williamsburg named, after

---

1 Erschienen in *The Journal of the Colonial Williamsburg Foundation*, Summer 2005 issue "The Exchange, Revisited."
Digitalisat: http://www.history.org/foundation/journal

the judge's father, the St. George Tucker House. At Christmas, Minnigerode entertained the Tucker children by sharing a homeland custom. They cut down a small evergreen, brought it inside, and raised it on a parlor table to decorate. There being no ready-made ornaments, he helped the children create their own, including popcorn strings. The next December, most Williamsburg families had Christmas trees in their parlors. A small tree, emblematic of the occasion, is now left each Yuletide on the Tucker House porch.

Altes Pädagog
Darmstadt 2014

Who was this Minnigerode? What became of him? The story of his life is as interesting as the tale of his tree – even to the history of the restored colonial capital.

Born Karl Minnigerode in 1814 at Darmstadt [richtig: Arnsberg] in the state of Hesse-Darmstadt, Germany, at fourteen he entered the Gymnasium, or high school, in Darmstadt, where he and the future playwright Georg Büchner met.

In 1831, Büchner entered the medical school at Strasbourg, the favorite city of expatriate German radicals, safely just on the French side of the Rhine. He became an intimate of the secret Society for the Rights of Man.

Hessian statutes required Büchner to complete his studies at a home university, which happened to be at Giessen. There, Minnigerode was studying law. They became the closest of friends.

It was the time of the rise of nationalism in Europe east of France. In the wake of the French Revolution, the values of liberalism and nationalism swept through Western Europe with Napoleon's armies. Those values found support among the small but growing urban middle classes, especially in the western German states.

Reaction inevitably set in, and those sovereignties reverted to feudalism. By the 1830s, free expression and liberalism had been killed. Enraged by the tyranny of the Grand Duke of Hesse-Darmstadt, Büchner formed a Giessen branch of the Society for the Rights of Man, and in 1836 wrote a radical pamphlet, the Hessian Peasant Courier. A police informant fingered the society. First arrested was Minnigerode, who had pamphlets in his possession. After a failed attempt to break Minnigerode out of jail, Büchner fled to Switzerland [richtig: nach Strassburg. Seit Oktober 1836 lebt er in Zürich].

In 1839 [richtig: 1836], Büchner wrote: "*Minnigerode is dead they tell me; that is, he was being tortured to death for three years. Three years! The French butchers got you done in two hours, first the judgment, then the guillotine. But three years! What a humane government we have, they can't stand blood.*"

But Minnigerode was alive. After eighteen months' confinement, he had been released under close surveillance. As soon as he could, he got to Bremen, where, September 1, 1839, he took a boat to America.

Minnigerode arrived in Philadelphia in December and found a position teaching ancient languages and German. He anglicized his first name to Charles, and looked for work outside the German community. He saw an advertisement in a Philadelphia newspaper soliciting candidates for the chair of ancient languages at William and Mary and applied. He bested thirty other applicants. The college's board of visitors elected Minnigerode to the position in

July 1842. George Blow, who supported applicant William Galt, reported to Galt's father:

"Testimonials of about 30 Candidates were examined …the Overwhelming Certificates, Letters of Recommendation and evidences of qualification, of splendid attainments and other requisites for a Professor, were so overpowering, that it left not a doubt or hesitancy in the minds of the visitors as to a choice, and on the first Ballot Minnigerode was elected…If Minnigerode deserves the tythe of what is said of him, he is one of the best educated men in this country, and unsurpassed as a Classicist, writing Hebrew, Greek, & Latin with perfect ease & elegance."

William and Mary President Thomas R. Dew wrote that Minnigerode *"seems to be a very amiable little gentleman, & is deeply embrued with all the German literature."* He became a popular Williamsburg citizen and an intimate of Judge Tucker's family, and made a literary name by publishing a series of articles in the Southern Literary Messenger on Greek drama.

Minnigerode had been in Williamsburg less than a year when he married Mary Carter, daughter of Commander William Carter. She was from North Carolina and likely not a member of the prominent Virginia Carter family. The couple married in Bruton Parish Church on May 13, 1843. They were so infatuated that Tucker wrote: *"If they cannot break themselves of thinking there is nobody in the world but Mary and Cha-a-a rles (as she calls him) I could not bear to live in the same house with them."* The Minnigerodes

Raleigh Tavern and Colonial Coach, Williamsburg, Va.

purchased the now-reconstructed east advance building at the Palace for a home.

A Lutheran, Minnigerode became an Episcopalian. In 1845, he submitted himself as a candidate for the priesthood. The following year Bishop John Johns ordained him to a Bruton Parish deaconate. He became a priest in 1847.

In the summer of 1846, Dew died. The visitors attempted to reorganize the school, causing faculty discontent. Most of it resigned, including the new president. The board decided to start from scratch, and in 1848 asked for the rest of the faculty's resignations.

Minnigerode accepted the pastorate of Merchant's Hope Church in Prince George County, where he remained until 1853, when he went to the Freemason Episcopal Church in Norfolk, the largest congregation in the Diocese of Virginia. In 1856, he was appointed rector of Richmond's St. Paul's Church, where he had occasionally preached as early as 1852.

In July 1852, Marianna Saunders of Richmond wrote her friend Sally Galt in Williamsburg that her mother wanted to go to St. Paul's because she had heard Minnigerode preach so often in Williamsburg that she wanted a change. She said:

"Soon after we reached the church, who should come in dressed in his black gown, but the Minnigerode! I was delighted, for I never care to hear a more interesting preacher... It really did me good to listen to him preaching. I could almost imagine myself seated in our own quiet church."

Minnigerode stayed at St. Paul's for thirty-three years, years that embraced the War between the States, Reconstruction, and the rise of the New South.

In 1860, England's visiting Prince of Wales attended a Minnigerode sermon. On Thanksgiving, a year later, Minnigerode conducted a solemn service for a congregation of Confederate walking wounded. Later he would say graveside rites at the

Washington Monument, (Capitol Square), Richmond, Va.

city's Hollywood Cemetery for J. E. B. Stuart, commander of the rebel cavalry, and presided at the reinterment of President James Monroe in the same place, a graveyard that would be Minnigerode's place of eternal rest, as well as of his parishioner, President Jefferson Davis.

Richmond became the capital of the Confederate States of America on May 20, 1861, when the provisional Congress of the Confederacy moved from Montgomery, Alabama. St. Paul's stood, as it stands today, four blocks from the White House of the Confederacy, and across the street from the grounds of the new nation's capitol, a building states' rights advocates and presidents Thomas Jefferson and James Madison had helped design for Virginia's legislature.

When Davis arrived, he was feted with a Spotswood Hotel reception, where he and Minnigerode met. Minnigerode wrote:

"Our acquaintance thus began, soon grew into friendly intercourse that became closer and closer, till an intimacy sprung up which ripened into companionship in joy and sorrow, and bound us together in the terms of mutual trust and friendship."

At the urging of Davis's wife, Varina, Minnigerode discussed church membership with Davis shortly after the inauguration. Minnigerode wrote:

"He spoke very earnestly and most humbly of needing the cleansing blood of Jesus and the power of the Holy Spirit; but in the consciousness of his insufficiency felt some doubt whether he had the right to come...All that was natural and right; but soon it settled this question with a man so resolute in doing what he thought his duty. I baptized him hypothetically, for he was not certain if he had ever been baptized. When the day of confirmation came it was quite in keeping with this resolute character, that when the Bishop called the candidates to the chancel he was the first to rise."

Minnigerode maintained a close relationship with Davis, and his support of the Southern cause earned him such titles as Father Confessor of the Secession, Father Confessor of the Confederacy, and the Rebel Pastor. He wrote:

"The secession of the Southern States was in defense of their constitutional rights, which were threatened by the aggressive and unconstitutional policy of the Government. That Government was a union of the separate Colonies as sovereign States, which delegated certain powers to the Central Government as the central agent of the sovereign States. The debate about their mutual relation was long, and the two views of the centralized union and a union of sovereign States existed from the beginning. But there would have been no United States at all if the State's rights had not been established by the Constitution."

His services were past standing-room-only popular. So many government officials attended that St. Paul's came to be called the Cathedral of the Confederacy. Diarist Mary Boykin Chestnut wrote that on a Sunday in March 1864 fourteen generals sat in Minnigerode's pews. Nevertheless, he attempted to walk a line between church and state. He said:

"God forbid that I should speak as a mere man and not as the minister of Christ, that I should introduce politics where Religion alone should raise her voice, discuss measures and men where only principles can be laid down. It is as God's messenger that I speak and preach his gospel in faith, which is the alone principle that can steady our course and raise our hearts in hope. We preach to men under the circumstances in which we find them placed in God's providence."

Minnigerode often paid pastoral visits to the Davis household. But the parson wrote: "*I never meddled with his policy or measures of his government; still less did I ever use his confidence for any personal purposes. Mr. Davis was not the man for that.*"

Minnigerode's oldest son, sixteen-year-old Charlie, entered the Confederate army without his father's consent and served on General Fitzhugh Lee's staff. Another son, James Gibbon Minnigerode, was a midshipman in the Confederate navy and participated in the Battle of Mobile Bay. After the war, he became an Episcopal minister, serving as rector of Calvary Protestant Episcopal Church in Louisville, Kentucky.

On January 1, 1865, when the future of the Confederacy was much in doubt, Minnigerode preached a stirring sermon at St. Paul's entitled, *He that believeth shall not make haste*. He said to the congregation:

"Reverses have followed us in many parts of our country, and the year opens with dark and threatening clouds, which have cast their shadow over every brow. What we need is a stout heart and a firm, settled mind: and oh! May we as a nation remember, 'he that believeth shall not make haste....'. I do pray and hope that God will have mercy upon us, and give us better minds and stout hearts and unfailing faith, that shall not make haste, that shall win the prize. But if we fall, let us fall with our faces upward, our hearts turned to God, our hands in the work, our wounds in the breast, with blessing – not curses – upon our lips; and all is not lost! We have retained our honor, we have done our duty to the last...."

One Sunday a few months later, a messenger came in during the service and handed Davis a telegram from General Robert E. Lee at Petersburg. It said General Ulysses Grant had broken the Confederate lines and suggested the government abandon Richmond. Davis left the service and others followed. Minnigerode asked the rest to remain. After the city fell, he disputed with Union officials his right to lead St. Paul's congregation in prayer for the fleeing Davis.

Captured, Davis was imprisoned for treason – a charge eventually dropped – at Fort Monroe, Virginia, in solitary confinement. After petitioning President Andrew Johnson and Secretary of War Edwin Staunton, Minnigerode was the first civilian permitted to visit, allowed two calls a month, pledging his word of honor as a gentleman and Christian minister

"that in all the visits I am permitted to make to Mr. Jefferson Davis at Fortress Monroe, Va., I will confine myself to ministerial and pastoral duties, exclusive of every other object; that I will in no way be a medium of communication between the said Davis and the outer world; that I will observe the strictest silence as to the interviews, and will avoid all modes of publication, not only as to what passes between us but as to the fact of the visits themselves."

When Davis was bailed at federal court in Richmond, Minnigerode was at his side. After court, when they met at the Spotswood, Davis said, "*Mr. Minnigerode, you who have been with me in my sufferings, and comforted and strengthened me with you prayers, is it not right that we now once more should kneel down together and return thanks?*"

In 1868, Lee, now president of Washington College in Lexington, Virginia – today's Washington and Lee University – asked Minnigerode to conduct the baccalaureate service. He continued as rector of St. Paul's, where, on July 14, 1868, he united in marriage Frank Goodwin and Letitia Moore Rutherfoord, who would be the parents of William Archer Rutherfoord Goodwin, later rector of Bruton Parish and co-founder, with John D. Rockefeller Jr., of Colonial Williamsburg. Young Goodwin was present when Minnigerode gave the invocation at the unveiling of the Lee statue on Richmond's Monument Avenue in 1890.

Minnigerode was appointed a William and Mary visitor. He retired from St. Paul's in 1889 and moved to Alexandria to become chaplain of Virginia Theological Seminary, which Goodwin entered in 1890.

Minnigerode died October 13, 1894. Granddaughter Marietta Minnigerode Andrews was an artist and author. Grandson Meade Minnigerode Jr. co-wrote the lyrics of the "*Whiffinpoof Song*" in 1909. Goodwin introduced to Colonial Williamsburg the custom of Grand Illumination in 1935.

Theologisches Seminar
in Alexandria 2014

August Becker

Briefe aus Amerika[1] – [Auswahl]

Brief an die Familie in Gießen

New York, 7. Mai 1853

Liebe Völker!

Am Tag, an welchem Gott zum Himmel fuhr, sind auch wir nach einer stürmischen und beschwerlichen Reise in den wundervollsten Hafen dieser neuen Welt glücklich eingelaufen.

Der *Great Western* segelte am 4. April von Liverpool; Ihr könnt also ausrechnen, wie lang wir auf der See waren. Seine Abreise war auf den ersten April bestimmt; meine abergläubische Abneigung vor diesem Tag war aber so stark, dass ich mich erst am Abend des 2ten April, als ich erfuhr, dass er noch in der See vor Anker liege, entschloss, mit ihm zu fahren und in einem Kahn bei hoher See an Bord fuhr, über welchen ich an einem

---

[1] Beckers Briefe aus Amerika befinden sich im Hessischen Staatsarchiv Darmstadt (HStAD O 59 August Becker). Sie sind an die Schwester Luise, den Schwager Ferdinand Eckstein und die Familie der Schwester Karoline adressiert. Eberhard Kickartz hat die Briefe für seine Dissertation transkribiert und mit Anmerkungen versehen: E. K.: *„Der rote Becker". Das politisch-publizistische Wirken des Büchner-Freundes August Becker* (1812–1871) in der Reihe *Quellen und Forschungen zur hessischen Geschichte*(Nr. 110) S. 210–233. Die Anmerkungen von E. Kickartz sind hier teilweise übernommen.

heruntergelassenen Seil aus Mangel einer Strickleiter 30 Fuß hoch unter Lebensgefahr hinaufklettern musste.

Die Behandlung auf dem Schiff war über alle Maßen schlecht und erbärmlich, und ich bin entschlossen, diese Geschichte hier in der Presse und vielleicht auch vor den Gerichten aufs Äußerste zu treiben. Heute noch werde ich einen Artikel darüber in den *New-York Demokraten* schreiben und Euch denselben zusenden. Vorläufig nur so viel, dass ich selber nicht unter den Misshandlungen, welchen die armen Passagiere ausgesetzt waren, materiell zu leiden hatte. Im Gegenteil wurde ich als Second cabin passenger, und weil ich englisch sprechen konnte und gelegentlich den Dolmetscher oder Kläger der Auswanderer machte, mit Auszeichnung behandelt. Aber alles, was ich mitansehen musste, verursachte mir eine solche geistige Qual, dass ich manchmal wünschte, wie die Anderen behandelt zu werden.

Im Übrigen war unsere Reise eine glückliche. Wir hatten fast immer Sturm oder anhaltenden starken Wind, und hätte derselbe nur aus dem rechten Loch geblasen, so hätten wir mit unserem vortrefflichen großen und schnellsegelnden Schiff schon in 14 Tagen hier sein können. Der „Great Western" legte an manchen Tagen 14 englische Meilen in der Stunde zurück, segelte also 4 Meilen schneller als die Dampfschiffe bei Windstille. Bei dem Südwest, welchen [wir] gewöhnlich hatten, wurden wir zu weit nördlich getrieben, so dass wir fast ganz von Norden her die New-Foundland-Banken überschreiten mussten. In der letzten Woche blies ein Nord-Nord-West, der uns an New York vorbei einige hundert Meilen weit nach Süden trieb. Trotz des Temperaturwechsels, welchem wir dadurch ausgesetzt waren, war es mit der Gesundheit der Passagiere meistens gut bestellt. Von 853 dieser Passagiere starben im Laufe von vier Wochen nur zwei Irländer an Erschöpfung, darunter ein alter Bursche von 80, der mir gerade gegenüber im Poopdeck wohnte. Die Zeremonie der Beerdigung, oder vielmehr der Bewässerung, wurde in der Nacht vorgenommen, so dass Niemand von der

Erschütterung, welche das Überbordwerfen namentlich für die Frauen haben muss, zu leiden hatte.

Unter den Passagieren waren etwa 150 Deutsche und 12 Engländer; die übrigen waren Irländer. Ich war bald der Ratgeber und Fürsprecher aller, und ich darf sagen, dass ich selbst für die lausigen und kratzigen Irländer alles getan hatte, was ich konnte, um sie gegen die Misshandlung der Schiffsleute zu schützen. Das war freilich ein hartes Stück Arbeit: Ein Ausbund von 40 Schurken aus allen Nationen, Italiener, Portugiesen, Spanier, Deutsche, alles Räuber und Diebe, und einige der 5 Offiziere mit ihnen unter einer Decke spielend - der Teufel mag mit solchem Pack fertig werden. Eine Menge der von den Matrosen und einem Steuermann gestohlenen Sachen konnte ich nicht wieder auftreiben und für die Prügel, welche namentlich den Irländern zugeteilt wurden, nie Satisfaktion erhalten. Hätte ich die Verhältnisse so gut gekannt, wie ich sie jetzt kenne, ich würde ganz andere Seiten gegen/mit diesen Schurken aufgespannt haben. Ratet allen, die über Liverpool gehen (dem einzigen Loch, wo man aus Deutschland noch mit Sicherheit durchschlüpfen kann), sich mit guten Fäusten, Messern und Dolchen zu versehen und den ersten Schurken, der sie schlägt, zusammenzustoßen. Das ist das einfachste Verfahren und probatum est! –

Die Seekrankheit hatte ich fast gar nicht und war auf der ganzen Reise sehr gesund. Andere dagegen lagen drei Wochen lang daran darnieder und so schlimm, dass man an ihrem Aufkommen fürchtete. Das war nun freilich eine Folge des stürmischen Wetters. Im Sommer, wo die Stürme nur selten kommen, geht die Krankheit auch schneller vorüber, namentlich auf Schiffen von so großem Umfang wie dieser Great Western. Derselbe misst in der Länge 290 Fuß und ist 35 Fuß breit. Dabei ist er wie alle amerikanischen Schiffe sehr gut und solid gebaut. Wäre die Behandlung eine bessere, die Reise über Liverpool würde allen anderen vorzuziehen sein, auch ihrer Wohlfeilheit wegen.

New York ist eine Stadt des Kots und der Wunder. Nie habe ich ein solches Treiben in den Straßen, eine solche Masse großartiger Bauten und Unternehmungen, nirgends aber auch einen so tiefen Straßenschmutz gesehen, wie hier. Von Christ[2] bin ich sehr freundlich aufgenommen worden. Morgen ziehe ich auf einige Zeit zu ihm hinüber nach Staten Island. Die Tage über war ich hier im Shakespeare-Hotel so sehr von Flüchtlingen, alten Freunden und Reisegefährten umringt und in Anspruch genommen, dass ich den Christ erst gestern Abend hier in seinem Geschäftshaus aufsuchen konnte. Nach 8 Tagen vielleicht gehe ich nach Philadelphia zu Pösche (Brenner) und dann vielleicht auch zu Louis Strack[3] nach Lowell. Die Industrie-Ausstellung wird vor 6 Wochen nicht eröffnet, und ich habe also Zeit, mir die Verhältnisse hier mit Muße zu beschauen. [...].

Als ich diesen Brief eben versiegeln wollte, kamen zwei Gießener, Junkel und Stamm, mich zu begrüßen. Sie führten mich zu Weiprecht,[4] und einen gewissen Kollermann trafen wir auf der Straße. Heute früh sah ich Lehr, den Mechanikus. Allen diesen Leuten ohne Ausnahme geht es insofern gut, als sie ihr

---

2 Die Brüder Georg (1813–1873) und Edward Christ (1815–1856) waren Söhne des Hanauer Seidenfabrikanten Samuel Christ (1777–1870) und lebten wohl seit Längerem in New York. Ihre Schwester Sophie heiratete 1858 Alexander Büchner. Mit der Familie Christ war auch Karl Gutzkow bekannt: Vgl. Gerhard K. Friesen: *„Wir können alle gar nicht Respect genug vor Ihnen haben"*. *Der Briefwechsel zwischen Karl Gutzkow und Luise Büchner 1859–1876*. In: *„Feder und Wort sind Euch gegeben, so gut wie dem Manne!" Studien und Briefe zu Luise Büchners Leben und Werk*. Hrsg. von Elke Hausberg und Agnes Schmidt, Darmstadt 2004, S. 46, 54, 71.
3 Ludwig Strack studierte in Gießen Forstwissenschaft. Seine Schwester Charlotte (1809–1844) war die zweite Frau des Mitbegründers der Gießener Auswanderungsgesellschaft Georg Münch (1801–1879). Vgl. Kickartz, S. 213, FN 63.
4 Hermann Gustav Weyprecht, geb. 1823 in Gießen, kehrte später nach Gießen zurück. Sein Halbbruder, der Medizinstudent Wilhelm W. (1809–1835) war 1834 Mitglied der von Georg Büchner gegründeten *Gesellschaft der Menschenrechte* und Begründer eines der ersten Handwerkervereine in Deutschland. Vgl. Kickartz, S. 214, FN 65.

ordentliches, sorgenfreies Auskommen haben. Weiprecht ist Barkeeper (Kellner) in einer deutschen Bierhalle, Junkel & Stamm arbeiten an den Häusern der neuen Stadt Mount Vernon 15 Meilen von hier; Collermann ist Daguerrotypist.

Gleichwohl sind nicht alle mit ihrer Lage zufrieden. Die Beispiele schnell erworbenen kolossalen Reichtums, welche sie täglich vor Auge sehen, reizt [sic] ihren Appetit nach Geld, und sie möchten ebenfalls schnell reich werden. Dazu aber sind die meisten Deutschen hier viel zu ehrlich oder vielleicht auch nur zu unbeholfen, und es ist daher des Schimpfens auf die durchtriebenen Amerikaner kein Ende. Indessen habe ich noch keinen Deutschen gehört (und ich habe deren bereits einige hundert gesprochen), der seine Übersiedlung hierher bedauert hätte. Ich rate Allen und Jedem, hierher zu kommen, aber vorher tüchtig Englisch zu lernen. Bei einer richtigen Kenntnis der Verhältnisse, die man sich nur durch Kenntnis der englischen Sprache erwerben kann, werden die hiesigen Deutschen bald zu einem soliden Reichtum gelangen als selbst die Amerikaner. Ehrlichkeit währt auch hier am längsten. [...]

„Beilage" zum Brief vom 7. Mai 1853

Monte Christo auf Staten-Island bei New York,
Montag 9. Mai 1853

Ich öffne meinen Brief [von 7. Mai] noch einmal, um Euch zu sagen, wie außerordentlich glücklich ich mich fühle. Heute um 3 Uhr bin ich mit Christ herüber nach Staten-Island gefahren, um von diesem Monte Christo, so heißt das Landhaus Christs, die Wunder dieser neuen Welt kennen zu lernen. Nie habe ich einen prachtvolleren Anblick gehabt als von dem Balkon des Zimmers herab, in welches mich die in diesem Augenblick leider abwesende Frau Christ einlogiert hat. Vor einigen Tagen hat der Graf Rossi, der Mann der Frau Sonntag,⁵ dort geschlafen. Denkt Euch einen lieblichen, mit Blumen und Blütenbäumen übersäten Hügel und daneben ähnliche grüne mit den lieblichsten Landsitzen geschmückte Hügel. Auf dem Gipfel dieses Hügels Christs in einem gar gefälligen und reichen (ich denke italienischen) Stil erbautes Landhaus, ein wahres Feenschloss von außen und von innen, und vor mir liegt in einem ungeheuren Halbkreis die stolze Stadt New York mit ihren tausend Kirchen und Palästen in einer Entfernung von etwa 3 Meilen, zur rechten Long-Island, ebenfalls mit blühenden Landsitzen aufs lieblichste geschmückt: und das Alles eingefasst und umgürtet von dem grünen in der Sonne erglänzenden Meer. Ich habe nie, selbst in der Schweiz, nichts etwas in dieser Weise Großartiges und Lieblicheres und gewiss nichts Wundervolleres gesehen.

Vor einer Stunde war ich mit Christ aus, um die Arbeiten in einer anderen Villa mit anzusehen, welche Christ für den Rossi und seine Frau Sonntag hier ganz nahebei herrichten lässt und auf welcher sie einige der Sommermonate zubringen wollen. Auf dem Heimweg begegnete uns ein alter Kauz, welchen mir Christ als einen ehemaligen Zeitungsschreiber und weiland Redakteur des „Express" vorstellte. Wir setzten uns auf ein Geländer und ich sprach lange mit dem Mann über Politik. Zuletzt fragte ich ihn, was er von einer demokratischen in den beiden Sprachen geschriebenen Zeitung halte. Er lobte meinen Plan sehr und sagte, dass eine solche Zeitung schon seit langem ein Bedürfnis sei und jedenfalls bei Amerikanern und Deutschen den besten Erfolg haben werde. Die Unterhaltung mit

---

5 Henriette Sonntag (1806–1854) war eine gefeierte deutsche Sängerin. Sie verbrachte einen Teil ihrer Kindheit in Darmstadt, wo ihre Karriere als Kinderstar begann. Goethe nannte sie seine „liebe flatternde Nachtigall". 1851 trat sie wiederholtem Male in Darmstadt auf, wo nach einer Vorstellung der Oper „Martha" „eine jubelnde Menge sie zum Hotel Traube begleitete". Seit 1852 gastierte sie in Nord- und Südamerika. 1854 trat sie in Mexiko auf, wo sie an der Cholera erkrankte und am 17. Juni 1854 starb. Vgl. Philipp Schweitzer: *Darmstädter Musikleben im 19. Jahrhundert*, Darmstadt 1975, (*Darmstädter Schriften*; 37), S. 96ff.

diesem Mann, der durch seine Zeitungsschreiberei ein sehr reicher Mann geworden ist (er besitzt auf dieser Insel nicht weniger als 3 Landgüter), hat mich sehr ermutigt ein Zeitungsprojekt wieder aufzunehmen. Ich werde nur im Notfall auf dem Büro Christs in Arbeit gehen. Dort sind kurhessische Leutnants von Adel und studierte Flüchtlinge genug, aber dem Kram kann ich vor der Hand nun einmal keinen Geschmack abgewinnen.

Heute, ehe ich herausfuhr, war Philipp Kunz bei mir. Er ist ein sehr braver Kerl, und es geht ihm jetzt gut; er verdient täglich einen Dollar und kann leben. Ein Dollar ist der Lohn, welchen die meisten männlichen Arbeiter bekommen: Gärtner bekommen 2, Tagelöhner und Handlanger 1 Dollar; die Schneider bekommen von einem Paar Hosen zu nähen 2 Dollar usw. (der Mittagstisch kostet 1/8 Dollar, und sie können sich dabei so satt an Fleisch essen, dass sie für 2 Tage genug haben). [...]

Brief an die Familie

New York, 28. Juli 1853

[...] Ich schrieb Euch zuletzt am Tage vor der Überfahrt nach Staten-Island. Damals kannte ich aber die ganze Herrlichkeit dieses glücklichen Eilands noch nicht. Ich brauchte 14 Tage Zeit, um auf Spaziergängen und Spazierfahrten, die wir täglich machten, die einzelnen Schönheiten der Insel genauer studieren und mich in sie zu verlieben. Wäre Sommerhoff [6] aus Hanau nicht vor jetzt 4 Wochen sehr gefährlich krank hier angekommen, ich säße wahrscheinlich noch ganz verzückt auf Staten

---

6 Friedrich Sommerhof(f) war in Hanau 1848 Vorstandsmitglied des „Demokratischen Vereins" und gehörte 1849 als Mitglied des Rüstungsausschusses zu den Organisatoren des Turner-Zugs nach Baden. Vgl. Kickartz S. 217, FN 72.

Island, ohne die Stadt New York in der ganzen Zwischenzeit nicht zweimal besucht zu haben. Aber denkt Euch den Jammer! Das Schiff „Der Admiral", mit welchem Sommerhoff kommen sollte, war angekommen, wie man uns nach Staten Island sagen ließ. Ich eilte also am andern Morgen früh mit dem ersten Boot in die Stadt, um ihn sogleich nach Monte-Christo hinüber zu bringen. Und wen finde ich statt meines sonst so munteren Freundes? Einen halbtoten, totkranken Mann in einem französischen Emigranten-Hotel, wohin ihn die Franzosen tags zuvor getragen hatten – mit kaum so viel Kraft, dass er mir seine Fata erzählen konnte. Der arme Kerl hatte die ganze Seereise einige 30 Tage im Bett und an der Seekrankheit und am Schiffsfieber zugleich leidend zugebracht, 30 Tage lang beständig gebrochen und fast nichts gegessen. Ich lief sogleich zu einem mir bekannten, sehr geschickten Doktor, und später wurde auch der Hausarzt Christs konsultiert. Ihn hinaus auf die Insel zu bringen, ging nicht an. Ich entschloss mich also sogleich, hier bei ihm in der Stadt zu bleiben und [ihn] so lang zu pflegen und zu bewachen, bis er Kraft genug habe, hinaus zu kommen. Zwar ist das Schiffsfieber – beiläufig gesagt: eine gefährliche Krankheit! – vollständig gewichen, aber es hat sich seit etwa 14 Tagen ein Wechselfieber eingestellt, das aber, Gott lob, auch in den letzten Tagen der Kunst des Arztes gewichen ist. Gefahr ist keine vorhanden, und in

Delmonico's Hotel.

einigen Tagen werden wir beide hier ins Delmonico-Hotel hinüberziehen und zusehen, was dann geschehen soll.
Ich war natürlich während der Krankheit so sehr ans Krankenbett desselben gefesselt und hatte nicht viel Zeit und Gelegenheit, die hiesigen Verhältnisse kennen zu lernen. Gleichwohl ist das in der letzten Zeit mehr geschehen als wenn ich während derselben auf der Insel bloß meinem Vergnügen gelebt hätte. [...]

Brief an die Schwester Luise Eckstein

New York, Dezember 1853

[...] Du siehst aus dem Datum meines Briefes, dass ich noch hier bin – aber Du weißt nicht, was ich seitdem getrieben habe. Höre also. Nachdem die Oper vorüber war, ging gerade der Zollhausmakler, custom house broker, des Hauses Spies, Christ & Comp. durch, und Christ erklärte mir lachend, dass sich jetzt endlich eine zwar traurige, aber doch passende Gelegenheit gefunden habe, mich in das Geschäft zu lancieren. Ich wurde also custom house broker – und war es 3 Wochen lang. In dieser Zeit sind nicht weniger als 37.000 Dollar durch meine Hände gegangen, die ich alle für Zölle bezahlt habe. Mein eigener Verdienst belief sich dabei auf ungefähr 80 Dollar; aber ich hatte Mühe und Ärger noch für 200 – und bin froh, dass ich es mit Einwilligung und Billigung Christs wieder aufgegeben habe. Ich wäre dabei zugrunde gegangen körperlich und geistig. Seit dieser Zeit nun bin ich Hausverwalter bei Christs, wie sie mich scherzweise nennen, doch ich besorge einen Teil der Hausgeschäfte, die eigentlich dem Christ nach amerikanischer Sitte zukämen. Meine Geschäfte bestehen im Wesentlichen darin, zwei oder dreimal in der Woche auf den Markt zu gehen und allerlei wildes Geflügel einzukaufen und die Schlüssel über den Keller zu führen. Ich wünschte mir, ich könnte den Ferdinand [Beckers Schwager] einmal mit auf den Washington-Markt nehmen oder an unsere Tafel ziehen. Er sollte die Augen aufreißen über den Reichtum und Mannigfaltigkeit unseres Vogelwildes, und der Mund sollte ihm wässern über die Schmackhaftigkeit desselben. Von Enten, Feldhühnern, Schnepfen haben wir hier 10 Arten, wo ihr nur eine habt. [...]

Brief an die Schwester Luise Eckstein

New York, 18. März 1861

[...] Dass ich Euch nicht geschrieben, liebes Kind – ich hoffe, Du wirst daraus auch nicht einen Augenblick den Schluss gezogen haben, ich habe Euch vergessen. O, ich dachte jeden Tag an Euch! Und wie oft wollte ich Euch schreiben! Aber wenn man so den ganzen Tag geschrieben hat, wenn man schreiben [muss] täglich Tag und Nacht – denn so eine Zeitung ist ein Ding wie ein kleines Baby, das keine Stunde allein gelassen werden kann – dann bekommt man zuletzt einen gewissen Abscheu vor aller Schreiberei, die nicht gedruckt resp. bezahlt wird – und Privatschreibfaulheit wird dann eine chronische Krankheit, ein Standeslaster, von dem die Zeitungsmenschen alle mehr oder weniger behaftet sind. Dazu kommen bei mir die Gewissensbisse, die mir das Herz zernagten, so oft ich einen Briefbogen für Euch zu Recht legte und vor dem ich mich dann immer in den Kreis meiner Freunde flüchtete. „So sind die Menschen!" „Sie lieben einander und sagen nichts!"

Nachrichten aus Hessen bekam ich immer – in Baltimore, wo ich 2 Jahre (am *Baltimore Wecker*) war durch 500 Biedenköpfer und die Gails[7], die dort wohnen, und in Cincinnati durch den jungen Bork[8] [...].

Du siehst, ich bin jetzt hier in New York, am *Demokrat*, dem weitverbreitesten deutsch-republikanischen Blatt der Vereinigten Staaten.[9] Während der Wahlkampagne, als ich die Umgegend von Cincinnati mit meiner schwarz-republikanischen Stimmung unsicher machte, erhielt ich – wirklich wie aus dem Himmel – einen Zettel von Emil Vogt[10] aus Bern, nach New York zu kommen, wo er in Geschäften für 14 Tage verweilen müsse. Ich eilte sogleich hierher; wir waren zusammen an den Niagara-Fällen und unendlich munter und glücklich. So lange Emil hier war, kümmerte ich mich nicht um Politik; als er fort war, musste ich wieder ins Rad oder vielmehr auf den Stumpf. Sie zahlten mir gute Diäten, 10 Dollars den Tag, aber als die Kampagne glücklich zu Ende [ging], war das Geld fort. Jetzt bin ich am *Demokraten* und erhalte nur 15 Dollar in der Woche, wovon man wohl leben, aber nicht viel ersparen kann. Die Plattdeutschen, welche keinen Wein trinken und Sauerkraut essen, ersparen sich mit 6 Dollar die Woche Häuser und Güter, aber sie leben dann auch danach. [...]

---

7 Becker vertrat im Hessischen Landtag vom Ende 1849 bis zu seiner Auswanderung den Wahlkreis Biedenkopf. Der Gießener Wilhelm Gail (1828–1905) wanderte 1850 nach Amerika aus und gründete in Baltimore eine Tabakfabrik. Vgl. Kickartz S. 63ff und S. 222, FN 79.
8 Sohn des Gießener Arztes Johannes Borck, der 1852 wegen „Verbreitung des sogen. Volkskalender pro 1851" zusammen mit dem Verleger Carl Schild, ehemaliger Verleger des *Jüngsten Tages*, zur Festungshaft verurteilt wurde. Vgl. Kickartz, S. 222, FN 80.
9 August Becker war seit Dezember 1860 Redakteur der Zeitschrift *New Yorker Demokrat*.
10 Emil Vogt (1820–1883), Bruder des berühmten Naturwissenschaftlers Carl Vogt (1817–1895). Becker kannte die Familie Vogt aus Gießen und war außer Emil auch mit seiner Mutter Louise, einer Schwester von Karl und August Follen sowie deren Tochter „Louischen" befreundet. Siehe Briefe von Luise Vogt im Becker-Nachlass im Hess. Staatsarchiv (O 59). Bekannt sind Carl Vogts kritische Äußerungen über Georg Büchner und August Becker in seinen Lebenserinnerungen.

Meine alten politischen Freunde – Dr. Loewe, Fr. Kapp, Wesendock[11]– sind den Tage über beschäftigt wie ich und fahren Abends auf der Pferdeeisenbahn einige Meilen weit in die Vorstädte hinaus, wo sie mit ihren Familien wohnen. Sie haben alle sehr schöne und liebenswürdige Frauen – und bei einer derselben, wenn nicht bei allen, stehe ich sehr in Gnaden. Schenk, der Fritz Otto Schenk,[12] welcher mir so brav am *Jüngsten Tag* geholfen, ohne je auch nur einen Groschen zu erhalten, ist auch am *Demokrat* als Lokalreporter angestellt. Er war die ganze Zeit über in Pennsylvanien unter Irländern und Jagdgängern ganz verwildert, und ich hatte erst vor einem Jahr etwas von ihm gehört. Seine Schwester Bertha ist auch hier sehr glücklich an einen Apotheker Amend verheiratet, und ich speise zuweilen sonntags mit ihnen. [...]

Ich werde Euch unsere Wochenzeitung regelmäßig senden und auch das Sonntagsblatt. Schreibe unter der Adresse

A. Becker, care of Frederick Schwedler Box 4716 New York.

---

11   Friedrich Knapp (1824–1884) 48er aus Hamm lebte seit 1850 in New York, der Arzt Friedrich Löwe (1814–1886), ehemaliger Abgeordnete der Nationalversammlung in der Paulskirche wanderte 1853 nach Amerika aus. Beide kehrten nach der Amnestierung 1863 nach Deutschland zurück. Der 48er Hugo Maximilian Wesendonck (1817–1898), der in Preußen in Abwesenheit zum Tode verurteilt war, lebte seit Anfang der 1850er Jahren in New York. Vgl. Kickartz, 223, FN 83.
12   Fritz Otto Schenk war wie Ludwig und Alexander Büchner Redaktionsmitarbeiter der Zeitschrift *Jüngster Tag*. Vgl. Kickartz, S. 59, 77.

Brief an den Schwager Ferdinand Eckstein

8. Oktober 1861

Lieber Ferdinand!

Morgen gehe ich als Kaplan des Steuben-Regiments nach Newport News, Virginia, 180 Dollar den Monat, inklusive 4 Pferderationen. Louise soll sich nicht ängstigen um mich; auf meinem Degen steht: Du sollst nicht töten. [...]. Wenn ich einen Sack Geld zusammengespart haben werde, besuche ich Euch.

Immer Euer August Becker

7. New Yorker Freiwilligen Regiment, auch Steuben-Regiment genannt

August Becker

Brief an die Schwester Luise Eckstein

Washington D. C., 5. Juni 1864

[...] Ich ging mit dem Steuben-Regiment,[13] für das ich mich besonders interessierte und unter welchem ich viele liebe Freunde hatte, zuerst als bloßer Amateur nach Newport-News am James River in Virginia, wo ich, nur mit einem Stecken bewaffnet, der sg. Schlacht bei Big Bethel[14] beiwohnte. Ein junger Albach von Lich, der erste auf der Regimentsliste, war der erste der in dieser Affäre von den Rebellen getötet wurde. Ich stand dicht daneben. Eine Granate riss ihm im eigentlichen Sinn des Wortes das Herz aus der Brust und schleuderte es an einen Fichtenstamm, an dem es hängen blieb. Im Übrigen war diese erste vom Norden probierte Schlacht eine sehr sehr sonderbare Affäre. Beide Parteien zogen sich voneinander zurück, und im Ganzen hatte unser Corps nur ein Dutzend Tote und Verwundete.

Nachdem ich einmal Pulver gerochen, konnte ich nicht mehr fort vom Regiment. Sie wählten mich zu ihrem Kaplan oder Feldprediger, und ich habe in dieser Eigenschaft – ohne viel zu predigen – die ganze 2jährige Dienstzeit des Regiments bei ihm ausgehalten. Es waren brave, tapfere Jungens, und sie liebten mich sehr, die Gemeinen wie die Offiziere, und sie nannten mich überall den „fighting chaplain". Denn ich war immer mit dabei, liebes Kind, und oft träumte ich nachts in meinem Zelt, ich sei totgeschossen und Du weintest über

Friedhof Fredericksburg

---

13 Im 7. New Yorker Freiwilligen Regiment, auch Steuben-Regiment genannt, dienten fast nur deutsche Emigranten. Vgl. Wilhelm Kaufmann: *Die Deutschen im amerikanischen Bürgerkrieg*, Hamburg 2015 [Nachdr. der Ausg. 1911].
14 Der Schlacht in Big Bethel/Virginia fand am 10. Juni 1861 statt.

mich. Oft ging es mir nahe genug an den Kragen. Bei Malvern Hill[15] wurde der alte brave Weiffert aus Petterweil bei Frankfurt, den ich noch vom Frankfurter Crawall her als Ortsdiener seines Dorfes gekannt hatte und der mit dem Regiment hinter einer Batterie und gerade dicht hinter mir lang auf den Ellenbogen lag, von einem Parrat-Bolzen erschlagen, der mir dicht über die Brust gefahren war. Hätte ich mich nicht auf dem Rücken gelegen – um zu schlafen –, so würde es mich getroffen haben. Wir verloren ein halbes Dutzend Offiziere und einige Dutzend Soldaten in der Affaire. Bei Frederiksburg wurden 14 Offiziere unseres Regiments und die Hälfte der Mannschaft vor meinen Augen niedergeschossen. – O es war schrecklich! Ich hatte so viele liebe und treue Freunde unter den Gefallenen.[16] [...]

Nachdem das Regiment ausgemustert worden war, ging ich auf einige Wochen nach New York und Hoboken zu Kudlichs,[17] die ein ganzes Nest voll allerliebster Kinder haben, die alle nicht höher schwören als bei ihrem Onkel August; und dann, als ich

---

15 Die Schlacht am 1. Juli 1862 zwischen der Unionsarmee und den Konföderiertentruppen bei Malvern Hill, vor den Toren Virginias Hauptstadt Richmond, forderte auf beiden Seiten Hunderte von Toten und Tausende von Verletzten. Vgl. u. a. Stichwort „Malvern Hill" in wikipedia.org.
16 Auf dem Schlachtfeld von Frederiksburg vom 11. bis 13. Dezember 1862 verloren mehr als 5000 Soldaten der Unionsarmee ihr Leben. Vgl. Fredericksburg Battlefields, Fredericksburg and Spotsylvania County Battlefields Memorial National Military Park, Virginia. Produced of Publications Harpers Ferry Center, National Park Center.
17 Hans Kudlich (1823–1917) Sohn eines wohlhabenden Bauers in Österreich, trat 1848 für die Abschaffung der Leibeigenschaft im Wiener revolutionären Reichsrat ein und musste nach der Niederschlagung der Revolution in die Schweiz fliehen. 1854 wurde er in Abwesenheit zum Tode verurteilt. In Bern und Zürich studierte er Medizin und heiratete Luise Vogt, die Schwester von Carl und Emil, vgl. Anmerkung 10. Das Paar wanderte 1853 nach Amerika aus und lebte mit ihren 9 Kindern in Hoboken. Kudlich wurde dort Mitbegründer mehrerer deutscher Vereine und Schulen. Die von ihm mitbegründete „Hoboken-Akademie" war eine der besten deutsch-amerikanischen Schulen seiner Zeit. An den „Bauernbefreier" Kudlich erinnern heute zahlreiche Denkmäler in Österreich, Tschechien und Deutschland. Auch ließ ein Verehrer in Sauk City (Wisconsin) 1990 einen Gedenkstein für Kudlich errichten. Vgl. Homepage *Freundeskreis Bauernbefreier HANS KUDLICH e. V.*

mich von den unglaublichen Strapazen des Krieges erholt, ging ich wieder an meine erste Zeitung, den *Wecker* in Baltimore, den ich seit vorigem September v. J. redigiert habe und eigentlich noch redigiere, obgleich ich jetzt eine Stelle auf dem Generalpostamt, auf der sg. „dead letter office" bekleide. Die Stelle bringt 1200 Dollars, womit man übrigens jetzt bei diesen teuren Zeiten keine großen Sprünge machen kann. [...] Die Beschäftigung ist etwas ermüdend, aber nicht uninteressant. Ich habe die unbestellbaren deutschen und französischen sg. „toten Briefe" zu öffnen und – wo möglich – zurückzusenden. Da aber gar viele sich nur unterzeichnen: „Deine Dich ewig liebende Bertha" oder so, so bin ich genötigt eine Menge Schwüre und Gelübde, die für die Ewigkeit gemeint waren, zu zerreißen und in den Papierkorb zu werfen. Die meisten Briefschreiber „erkreifen" indessen nur die „Fedder" oder die „Fetter", um sich zu sagen, dass sie gesund seien und sich freuen würden, ein Gleiches von ihren Freunden zu hören – sind also in dem Punkt viel besser, wie Dein Bruder, der soviel schreiben muss, dass ihm das Briefschreiben gar nicht zu Herzen geht, aber desto mehr an diejenigen denkt, die ihm teuer sind. [...]

Wenn ich nach Gießen will, muss ich vorher amnestiert werden. Ich habe dort noch eine Rechnung von einigen Jahren Festung abzusitzen. Sprich mit Ferdinand, wie ich's anfangen muss, und schreibe mir. Ich bin jetzt merkwürdig konservativ geworden, und die Radicalissimi, ein Name, den ich ihnen angehängt habe, schelten mich einen Reaktionär. Ich bin für Max von Mexiko und schreibe eine englische Broschüre darüber.[18] Denke Dir nur, was für ein Geschrei die Kerle erheben werden! [...]

---

18 Der Habsburger Maximilian (1832–1867) war der jüngere Bruder von Kaiser Franz Joseph von Österreich. Auf Betreiben von Napoleon III. wurde er 1864 als Kaiser von Mexiko inthronisiert. Nach dem Sieg der Truppen von Ex-Präsidenten Juárez wurde Maximilian am 19. Juni 1867 standrechtlich erschossen. Eine unter Beckers Namen erschienene Schrift zu Maximilian ist bibliographisch nicht nachweisbar. Vgl. Kickartz, S. 230, FN 97.

Brief an die Schwester Luise Eckstein

Cincinnati, 9. Juni 1870

Meine liebe teure Schwester!

Endlich muss ich Dir denn doch schreiben. Meine Frau will mich nicht ziehen lassen, ehe ich mich dieses ihr schon hundert mal gegebenen Versprechens entledigt. Ich gehe nämlich übermorgen auf Heckers Farm in Illinois, um mich dort von einem Rheumatismus zu kurieren, der mir schon seit 7 Monaten den rechten Arm lähmt, wie Du aus dieser Handschrift ersehen kannst. Sonst bin ich gesund, aber das Schreiben fällt mir schwer und schmerzt sehr. [...]

Meine Frau heißt Lina Fix und ist die Tochter des Wirts „zum roten Haus" in Weißenburg im Unterelsaß. Die Eltern leben noch und wohnen hier bei mir in meinem Haus. Wir haben uns nämlich hier ein hübsches Backstein-Haus gebaut mit einer Aussicht über die ganze Stadt und leben sehr glücklich. Meine kleine Frau ist natürlich viel jünger als ich. Sie ist 31 Jahre alt, hat eine spitze Nase und so kleine Hände und Finger wie Du und ist ganz hübsch, wie sie sich einbildet.[19]

Ich werde mich, wenn ich wieder gesund und fett bin mit ihr und der anderen Sippschaft photographieren lassen und Dir die ganze Bescherung übersenden. [...]

An dem *Cincinnatti Volksblatt* bin ich nicht mehr, sondern an einer anderen neugegründeten Zeitung, dem *Cincinnati Courier*, den sie Dir ja wohl regelmäßig zugesendet haben werden.

Dass ich Dir nicht längst geschrieben, hatte auch darin Grund, dass ich Dich mit meinen sämtlichen Völkern durch den

---

19 Der 54jährige Becker heiratete 1865 die Witwe seines Namenvetters und Freundes Gottfried Becker. Sie brachte drei Kinder in die Ehe. Ihr einziges gemeinsames Kind, Wolf Becker wurde im Oktober 1866 in Cincinnati geboren. Vgl. Kickartz, S. 80.

Besuch zu überraschen gedachte. Ich hatte mich beim Antritt der gegenwärtigen Regierung um ein Konsulat in der Schweiz beworben, und Carl Schurz hatte sich alle Mühe um mich gegeben, aber es waren der hungrigen Antragungen zu viel, und so ward nichts aus der Geschichte. [...]

Grüße und küsse mir Deinen Mann und Deine Kinder tausendmal und sei selbst gegrüßt von all den Meinen und Deinem treuen

August B.[20]

---

20 Dieser Brief ist Beckers letzte Mitteilung an die Familie in der Nachlassakte. Er starb nach schwerer Krankheit am 26. März 1871. Die Nachrufe in den deutschamerikanischen Zeitungen zeugen allesamt von seiner Beliebtheit unter den deutschen Emigranten. Vgl. HStAD O 59 August Becker.
Die Erinnerung an Becker hielt an: Neun Jahre nach seinem Tod übte die Baltimorer Zeitung *Der Deutsche Correspondent* scharfe Kritik an Karl Franzos, dem Herausgeber von Georg Büchners Schriften, weil er Becker mit den Worten „Verdorben, gestorben" abkanzelte: „Über Büchners braven, vor neun Jahren in Cincinnati gestorbenen Jugendfreund August Becker, welcher wegen Teilnahme an den hessischen Freiheitsbestrebungen in den dreißiger Jahren sechs schreckliche Jahre unter dem gräulichen Untersuchungsrichter Georgi im Kerker zubringen musste, während Georg Büchner ins Ausland entkommen war, bringt Dr. Franzos nur die schändliche Mitteilung *‚verdorben, gestorben'.*" Damit habe der Herausgeber einen Mann abgefertigt, der „auch in der achtundvierziger Freiheitsbewegung eine bedeutende Rolle in seiner hessischen Heimat spielte und noch nach jener Revolution eine hervorragende Stellung in dem hessischen Abgeordnetenhaus einnahm; einen Mann, der darauf in Amerika als deutscher Journalist in Baltimore, New York und Cincinnati so rühmlich für das Deutschtum gekämpft und einige deutschamerikanische Gedichte, darunter das wunderschöne von der *Amsel* geschaffen hat, die an innerem Werte hoch über den meisten neuen Dichtungen in Deutschland stehen. Dr. Franzos hat da eine schmähliche Nachlässigkeit und einen schmachvollen Undank zugleich begangen." Vgl. *Der Deutsche Correspondent*, Baltimore, v. 14. Oktober 1880.

Persönliches über August Becker[1]

Eine böse Überschrift! Wird vielleicht einer oder der andere unserer Leser denken und im Hintergrund derselben persönliche Anfeindungen und Gehässigkeit als Bassermannsche Gestalten erblicken. Diese Besorgnis wird ein kurzes Wort der Verständigung beseitigen. In der Abteilung *Persönliches* beabsichtigen wir, Mitteilungen über glückliche oder unglückliche Ereignisse im Leben hervorragender Männer der Zeit, Federzeichnungen in weiteren Kreisen bekannter Hessen und Nekrologe zu geben.

Wir beginnen die Reihe der Skizzen mit dem Kaplan des Steuben-Regiments. Wie? Hören wir fragen, was ist das für ein Regiment? Doch kein Hessisches? Die haben ja keine geistlichen Führer. Und was hat die „Hessische Landeszeitung" schon in der Probenummer mit Kaplanen zu schaffen? Nur ruhig! Huldigen wir „dem besonnenen, dem wahren Fortschritt", wie ihn die Blätter des Stillstandes und Rückschrittes so dringend am Schluss jedes Vierteljahres empfehlen, um die Gelder ihrer Abonnenten flüssig zu machen. Das Steuben-Regiment ist doch ein Hessisches Regiment, wenn es auch die Nummer 7 des Staates New-York führt und als erstes deutsches Regiment im Sommer 1861 ins Feld rückte. Denn für die Herren Rebellen des Südens sind alle deutschen Krieger des Bundesheeres „Hessen" in Erinnerung des Krieges von 1776–83. Den Namen Steuben aber führt das Regiment zum ehrenden Gedächtnis des deutschen Generals Fr. Wilhelm v. Steuben, des taktischen Schöpfers der amerikanischen Armee während des Unabhängigkeitskrieges. Da nun nach amerikanischer Ordnung jedes Regiment

---

1 *Hessische Landeszeitung*. Organ der Fortschrittpartei. Druck und Verlag von C. W. Leske, Darmstadt. Probenummer von 24. Dezember 1862, S. 2. Der Artikel ist nicht namentlich gekennzeichnet, könnte jedoch vom Verleger Carl Friedrich Julius Leske stammen, der Verwandte in den Vereinigten Staaten hatte. Unter der Überschrift „Persönliches" findet man in der Zeitung häufig Berichte aus Amerika.

seinen Feldprediger hat, so sind wir glücklich und fern von Überstürzung beim Kaplan besagten Steuben-Regiments, dem Gegenstand dieses Artikels, angelangt.

Dieser Seelsorger aber ist ein in Hessen wohlbekannter und in die Geschichtstafeln des Landes eingetragener Mann. In Folge des Weidigschen Prozesses widmete er sich, auf äußere Veranlassung, dem Studium des Gefängniswesens, stieß in die Posaune des *Jüngsten Tages* und war sogar Abgeordneter zum außerordentlichen Landtage von 1849–50. Es ist nämlich kein Anderer als – August Becker von Gießen, der, wenn auch nicht wie der lange Peter von Itzehoe die Feder mit der Kugelbüchse, doch mit einem Revolver vertauscht hat, um im Notfall einer zu vertraulichen Annäherung eines Südländers an seine Person vorzubeugen.

Der Verfasser dieser Zeilen lernte Augustum im Jahre 1856 in Philadelphia kennen, wo dieser, als Redakteur des Baltimorer *Wecker*, für die Wahl Frémonts zum Präsidenten der Vereinigten Staaten als Redner auftrat.[2] B. gehört also zur Partei der Republikaner und bekämpft die Demokraten, was ihm in Deutschland unglaublich erschienen sein würde. Aber die Amerikaner sind ja unsere Gegenfüßler, was Wunder, dass europäische Begriffe dort auf den Kopf gestellt werden? Die sogenannten Demokraten Amerikas waren damals und sind heute noch die Begünstiger der Sklaverei, die Partei der Republikaner aber die Gegner derselben. So ist es gekommen, dass B. heute ein loyaler Verteidiger der bestehenden Regierung geworden und hoch im Herzen der Alte geblieben ist. Die Anstrengungen der Republikaner um die Oberhand schlugen im Jahr 1856 fehl, James Buchanan, der unterwürfige Diener der Negerbarone, wurde Präsident, und August zog sich grollend, wie Achilles in sein Zelt, nach Cincinnati in das Redaktionsstübchen des *Republikaner* zurück, von wo er seine Donnerzeile

---

2 Vgl. Thomas Langes Essay *Alexander Büchner und die Neue Welt* in diesem Band.

ins Heerlager der Sieger schleuderte. Im Jahre 1860 kehrte er nach New York zurück und übernahm das Fernrohr des *Beobachter am Hudson*, dessen Gläser er mit derselben Sicherheit rein zu halten wusste wie andere Gläser auch. Die Wahlkampagne jenes Herbstes rief ihn als Volksredner der republikanischen Partei wieder auf die Bühne, und als die Rebellion ausbrach, war er einer der Tätigsten in Begründung des Steuben-Regiments, dem er auch bald als Kaplan nach Fort Monroe an der Mündung des Jamesflusses nachfolgte.

Dort nahm er als Gast Anteil an dem unglücklichen Treffen bei Groß-Bethel, war später Zeuge vom Kampfe der beiden Dampfer Merrimac und Monitor und beschäftigte sich mit Schnitzen von Pfeifenköpfen aus knorrigen Ästen, während er über irgendeine Kapuzinerpredigt an seine kriegerische Gemeinde nachdachte. Dieses Stillleben wurde jedoch im Mai dieses Jahres gestört, das Steuben-Regiment stieß zur großen Armee M'Cleellan's[3] vor Richmond. Die Leiden dieses Marsches und des Lagerlebens in den Sümpfen des Chickahominy,[4] wo das Regiment in der Folge der schlechten Verpflegungsanstalten nur Kaffee und Schiffszwieback bezog und nach der ungeheuren Hitze des Tages sich nachts, ohne Zelte, auf den feuchten Fieberboden niederlegte, hat B. selbst in galgenhumoristischen Briefen an die New Yorker Presse erzählt.[5]

In der siebentägigen Schlacht bis 2. Juli litt das Regiment beträchtlich, und dicht neben dem Kaplan wurden mehrere Steubener verwundet und getötet, ihn selbst, das „ausgejätete Unkraut", wie er sich wohl scherzhaft nannte, beschützte das bekannte Sprichwort.

---

3 George Brinton McClellan (1826–1885) war Oberbefehlshaber des Unionsheeres im Amerikanischen Bürgerkrieg.
4 Bei Chickahominy River in der Nähe von Virginias Hauptstadt Richmond fanden Mai und Juni 1862 mehrere Gefechte und Kämpfe statt. Sowohl die Unionsarmee als auch die Konföderierten Truppen erlitten schwere Verluste an Menschenleben und Material. Vgl. Beckers Brief von 5. Juni 1864.
5 Bisher noch nicht nachgewiesen.

Hoffen wir darum, dass es ihm bis ans Ende in seine Obhut nimmt gegen tückische Fieber und feindliche Kugeln, dann haben wir jedenfalls eine interessante Geschichte des 7. New-Yorker Regiments zu erwarten, zu der er seit Langem bereits den Stoff sammelt.⁶

---

6   Ein Teil aus Beckers *„Erinnerungen eines Feldpredigers aus dem amerikanischen Bürgerkrieg"* erschien unter dem Titel „Der Maulesel-General Baloon" in der Gießener Morgenblatt von 18. Juni 1866.

Luise Büchner

Weibliche Ärzte in Amerika[1]

„Eines schickt sich nicht für Alle"

Je schärfer und schneidender die Frauenfrage in die Gegenwart eintritt, um so interessanter wird dieses Thema jedem Einzelnen werden, wo er an der subjektiven Erscheinung selber zu ermessen vermag, wie weit eine Frau, die den engen Umkreis von Haus und Küche verlässt, noch im Stande ist, damit ihre alt hergebrachten und ihre von der Natur vorgeschriebenen Pflichten zu vereinigen, und ob sie denselben absolut untreu werden und den Nimbus ihrer Weiblichkeit verlieren muss, wenn sie sich den sogenannten männlichen Erwerbszweigen zuwendet. – Der größten Fülle solcher subjektiven Erscheinungen begegnen wir ohne Zweifel in Amerika, als dem Lande, wo die individuelle Freiheit nicht allein am weitesten entwickelt ist, sondern wo auch häufig der Mangel männlicher Kräfte die Frau zu Leistungen und Beschäftigungen hingedrängt hat, welche die Europäerin, im Vollgenuss aller Kulturzustände, erst viel später und durch das Beispiel der Amerikanerinnen veranlasst, anzurühren wagt.

Aus dem reichen Material, welches ein amerikanisches Werk und persönliche Mitteilungen uns zur Verfügung stellen, wählen wir eine Anzahl von Frauen heraus, die sich auf verschiedenen Gebieten, die früher der Frauenwelt fern lagen, als tüchtig, einflussreich und bahnbrechend erwiesen haben. *„Unsere Entwicklung ist unser Schicksal"*, sagte unsere geistreiche Rahel,[2] und die tiefe Wahrheit dieses Wortes möge sich bewähren bei

---

1 Quelle: *Der Frauen-Anwalt*, Okt. 1872, S. 204–212. Nachdruck in *Die Frau: Hinterlassene Aufsätze, Abhandlungen und Berichte zur Frauenfrage*, Halle 1878, S. 251–262.
2 Rahel Varnhagen (1771–1833)

einer Übersicht über die Entwicklung dieser verschiedenen Frauen, die nicht Leichtsinn, nicht Emanzipationssucht, sondern der tiefe Ernst des Lebens auf die Pfade geführt, die sie wandelten und zum Teil noch heute wandeln. So aber, wie von jeher einzelne Vorgänger durch ihr eigenes Auftreten die herannahende Wandlung vorher feststehender Ideen angekündigt haben, so wird auch hier die Zeit lehren, ob das Tun und Lassen dieser Frauen nur ein ephemeres gewesen, oder ob sie Pioniere der Zukunft werden sollen.

Was wir jetzt Lebenden darüber denken, ist gleichgültig; ist die neue Phase des Frauenlebens in sich berechtigt und gesund, so wird sie bestehen und sich fortentwickeln, ist sie falsch und unwahr, so wird sie zu Grunde gehen. Betrachten wir also objektiv, ohne Vorliebe und ohne Hass, diese Bilder aus dem amerikanischen Frauenleben, die wir der Sphäre des Lehrers, des Arztes, des Bildhauers, des öffentlichen Redners, des Agitators für allgemeine nationale Zwecke und Ziele usw. entnehmen.

Wir wenden uns vorerst dem Berufszweige zu, dessen Aneignung seitens der Frauen gegenwärtig das meiste Aufsehen macht und die lebhafteste Diskussion erregt, wir meinen das Studium der inneren und äußeren Medizin durch weibliche Studenten. Da bis jetzt nur wenige Universitäten in Amerika, und auch diese nur ausnahmsweise, weibliche Studenten annehmen – in Europa geschieht es nur in Zürich und an den russischen Universitäten – so hat man nicht allein in New York, sondern auch in andern bedeutenden Städten der Union, namentlich in Philadelphia und Boston, Privatschulen für weibliche Mediziner eingerichtet, die mit Anatomiesälen und überhaupt mit allem versehen sind, was das Studium der Medizin erfordert.

Es ist die Feder eines geistlichen Herrn, welcher wir den Lebensabriss von Mrs. Clemence Lozier, Dr. med., verdanken, und bemerkenswert sind einige Worte aus der Einleitung, die er der Biographie vorausschickt. Er sagt, gerade nicht neu, aber immer doch des Hörens wert: Die Pflege der Kranken hat man von den ältesten Zeiten an den Frauen überlassen. Wollten sie diese Mission zurückweisen, wollten sie ihren Standpunkt neben dem Leidenden aufgeben, so würde der Erfolg des Arzneimittels, sowie die Anstrengung des Arztes auf die Hälfte ihres Wertes herabsinken. Und doch, während ihr Beruf zur Krankenpflege anerkanntermaßen so ungemein wichtig ist, verweigert man ihnen im Allgemein die Freiheit, sich das geistige Verständnis für ihre Beschäftigung zu erwerben. Während der menschliche Körper von dem Moment der Geburt an bis zum Tode ihrer Hauptsorge anvertraut ist, sollen sie Nichts von der wunderbaren Organisation seines inneren und äußeren Baues wissen. Während die Anwendung der Arzneimittel ihrer Pflichttreue und Wachsamkeit überlassen bleibt, soll es ihnen verweigert sein, deren Eigenschaften zu kennen, ja nicht einmal die Namen derselben teilt man ihnen mit, noch sollen sie sich einen Begriff machen von deren natürlicher Wirkung.

Trotzdem werden Hunderte unserer Leserinnen den Kopf schütteln mit dem Ausruf: *„Und ich würde mich und meine Familie doch niemals einem weiblichen Arzt anvertrauen!"* Denn von der Vorstellung der Unfehlbarkeit eines Mannes kann sich ein deutsches Frauengemüt so schnell noch nicht losmachen; aber, so fragen wir dagegen, warum gibt es selbst unter den Gebildetsten immer noch eine erkleckliche Anzahl, die sich unbedenklich einem Wasser- und Wunderdoktor anvertrauen, den Jakobi'schen Wundertrank und den Balsam Bilfinger anwenden oder durch ein altes Weib Sympathie gebrauchen, sich von ihm in den Mund hauchen und mancherlei sonstigen Hokuspokus vormachen lassen?

Man wird darauf schnell mit der Antwort bereit sein, dass dies auch seine Berechtigung habe, dass diese Leute oft wirksame Heilmittel der Natur kennen, welche sie erfahrungsmäßig richtig anwenden, und dass man sich durch das Übrige nicht dürfe stören lassen. Nun, genau so mag es auch in Amerika gewesen sein; so mag man gerne bei dem Mangel an Ärzten, wie einst im Mittelalter, zu solchen gewandert sein, welche im Besitz wirksamer Arzneimittel waren. Aber der kräftige Boden Amerikas, der nichts weiß von Privileg und zünftigem Wesen, hat aus diesem Bedürfnis heraus ganz naturgemäß zuerst den wissenschaftlich gebildeten weiblichen Arzt erzeugt, der doch ohne Zweifel ein ganz anderes Vertrauen verdient, als ein somnambuler Schäfer oder eine alte um Mitternacht Kräuter suchende Hexe.

Clemence Lozier[3] ist geboren am 11. Dezember 1813 zu Plainfield im Staat New Jersey, als die jüngste von dreizehn Kindern. Ihr Vater – David Harner [richtig Harned, AS] – war Farmer und sein Name zu jener Zeit wohl bekannt in der Kirche der Methodisten, zu der er gehörte, und in der seine Brüder sich als Prediger auszeichneten. Ehe die Familie nach New Jersey kam, lebte sie einige Jahre in Virginien, wo damals sich noch zahlreiche Indianerstämme, die sich durch ihre Befähigung und ihre Kenntnisse auszeichneten, aufhielten. Mrs. Harner [richtig Harned, AS], eine eifrige Quäkerin und von missionarischem Geiste beseelt, verkehrte viel mit ihnen. Von ihnen erhielt sie wertvolle Belehrungen, und selbst eine reiche Beobachtungsgabe entfaltend, wozu sich noch eifriges Lesen gesellte, machte sie sich fähig, mit Glück die Kranken der Umgegend ärztlich zu behandeln. In späterer Zeit brachte sie sieben Jahre in New York zu, wo sie praktizierte unter dem Rat und Beistand zweier ärztlicher Vettern, welche ihr große Hochachtung zollten. Auch der älteste Sohn wurde Arzt, und so, auf dem natürlichen Wege, durch das Beispiel der Mutter geleitet, sehen wir die Tochter

---

3 Clemence Sophia Harned Lozier (1813–1888)

später denselben Pfad betreten, und es scheint uns gerade bei diesem Verhältnisse besonders bemerkenswert, wie natürlich und durch die Umstände hervorgerufen die beiden Frauen auf den ärztlichen Beruf hingewiesen wurden.

Clemence wurde schon früh eine Waise und auf der Akademie von Plainfield erzogen. Bereits im Jahre 1830 verheiratete sie sich in New York an Mr. Lozier; aber da dessen Gesundheit sehr bald zu schwinden begann, eröffnete sie in ihrem eigenen Hause eine Schule, welcher sie elf Jahre lang vorstand. Viele ihrer Zöglinge und deren Kinder wurden später ihre Patienten. Sie war eine der ersten Lehrerinnen in der Stadt, welche Anatomie, Physiologie und Gesundheitslehre als unumgängliche Zweige des weiblichen Unterrichts einzuführen suchten; während dieser Zeit las sie beständig medizinische Bücher unter der Leitung ihres Bruders. Waren ihre Zöglinge krank, so wurde sie in der Regel früher gerufen als der Arzt, und in gewöhnlichen Krankheitsfällen beschränkte man sich auf ihre Verordnungen. Als Mitglied einer wohltätigen Gesellschaft besuchte sie während sieben Jahren häufig die Wohnungen der ärmsten Klassen und verordnete ihnen Arzneien in Krankheitsfällen. So war ihr in ungewöhnlichem Maße die Gelegenheit zu Teil, die schlimmsten Formen von Frauen- und Kinderkrankheiten zu beobachten.

Im Jahre 1837 starb ihr Gatte, und sie setzte ihre gewöhnliche Beschäftigung noch eine Weile fort, stets das Ziel dabei im Auge behaltend, sich wissenschaftlich für den ärztlichen Beruf auszubilden. Um 1849 machte sie ihren ersten Kursus an dem Central-College des Staates New York in Rochester und promovierte in Syrakus im Jahre 1853, nachdem es ihr an verschiedenen andern Fakultäten abgeschlagen wurde, weil weibliche Studierende nicht aufgenommen werden könnten.

Nach New York zurückgekehrt fing sie sogleich an zu praktizieren und fuhr damit unausgesetzt fort. Obgleich großmütig bis zum Übermaß, indem sie in unzähligen Fällen ihre Kunst umsonst ausübte, konnte ihr Einkommen sich mit dem der ersten Ärzte in New York messen. Sie besann sich niemals, auch die schwierigsten Fälle anzunehmen, und zeichnete sich namentlich durch ihre chirurgische Geschicklichkeit bei solchen Operationen aus, welche durch Frauenkrankheiten notwendig gemacht sind. Sie hat deren hundertundzwanzig sehr schwieriger und über tausend leichterer Natur ausgeführt. Nicht minder waren viele namhafte Ärzte stets bereit, mit ihr zu konsultieren, sowie auch ihre Dienste häufig außerhalb der Stadt in Anspruch genommen wurden.

Auf einer Reise, welche sie 1867 nach Europa unternahm, kamen ihr hervorragende Männer mit größter Zuvorkommenheit entgegen, und überall öffneten sich ihr die Pforten der Hospitäler und öffentlichen Krankenanstalten.

Schon um 1860 begann Mrs. Lozier in ihren Privatzimmern einen ärztlichen Kursus für ihre weiblichen Patienten und Freundinnen. Drei Jahre setzte sie ihn fort, während welcher Zeit sich eine Lesegesellschaft für ärztliche Literatur bildete, gleichfalls mit dem Zweck, dahin einschlagende Kenntnisse den Frauen zu vermitteln.

Aber dies alles genügte dem strebsamen Geist dieser Frau noch nicht; sie dachte schon seit langem an die Gründung einer medizinischen Lehranstalt. In den Zuhörerinnen ihres Salons, denen sie nur die einfachste Belehrung über familiäre Verhältnisse gab, sah sie den sich heranbildenden Kreis für ein förmliches Kolleg. In gleicher Weise hoffte sie auf die pekuniäre Unterstützung ihrer Patienten oder der Familien, denen sie sich in solchem Sinne nützlich erwies. Schritt für Schritt und mit unerschütterlicher Energie verfolgte sie diesen Plan. Ihre eigene Erfahrung sowohl, als die einiger Andern, welche gleichfalls mit Männern studiert hatten, belehrten sie darüber, dass eine vollständige Ausbildung in medizinischen Dingen den Frauen nur dann in größerer Ausdehnung gegeben werden könne, wenn zugleich das natürliche weibliche Zartgefühl dabei geschont werde. Sie verneinte entschieden das gemeinschaftliche ärztliche Studium für Männer und Frauen und verwarf alle Vorschlä-

New York Medical College for Woman (1873)

ge, die ihr bezüglich eines solchen gemeinsamen Unterrichts gemacht wurden. Die Feinfühligkeit, welche Mrs. Lozier gerade in diesem heiklen Punkte bewies, muss die Achtung und Anerkennung dieser Frau gewiss in hohem Grade steigern.

Die über Amerika hinziehenden Kriegsjahre ließen auch ihren Plan nicht so schnell zur Ausführung kommen, bis man endlich 1863 zur Organisation ihrer Lehranstalt schritt. Die Lesegesellschaft verwandelte sich in eine Collegien-Assotiation; alle vorbereitenden Schritte wurden getroffen, Professoren wurden erwählt und angestellt, und Mrs. Lozier verpflichtete sich, außer ihrem Beitrag auch für alle finanziellen Ausfälle des ersten Jahres aufzukommen. Sie war überglücklich, sich endlich am Ziele ihrer Wünsche und Hoffnungen zu sehen, und bis zu ihrem Tode[4] hat sie diesem Etablissement nicht allein alle Mühe und Sorgfalt, sondern auch beträchtliche Geldmittel zugewen-

---

4 Hier irrt sich Luise Büchner: Clemence Lozier starb am 26. April 1888, also 11 Jahre nach Luise Büchners Tod.

det. Bei allen diesen Bestrebungen wurde sie aufs Wackerste unterstützt durch ihren Sohn, Dr. W. Lozier, welcher gleichfalls ein gesuchter Arzt New Yorks ist.

So waren es zumeist auch die Charaktereigentümlichkeiten dieser Frau, welche sie bei ihrem Beruf unterstützten. Von immer gleicher, sanfter Gemütsart, wirkte sie schon durch ihr bloßes Wesen, durch die Sympathie und das Vertrauen, das sie erweckte, wohltätig auf ihre Patienten ein, wobei sie mit tiefem Verständnis der Frauennatur und des weiblichen Organismus stets durch möglichst milde Mittel zu helfen und zu heilen suchte. Bemerkenswert war dabei der Mangel an Ehrgeiz und Selbstliebe, der sie charakterisierte, sie hatte, wie dies freilich bei allen bahnbrechenden Menschen sein muss, immer die Idee, nicht ihre Person im Auge, und in diesem Sinne äußerte sie sich vor einer ihrer schwierigsten Operationen gegen eine Freundin: *„Ich bin entschlossen, sie zu unternehmen, um der guten Sache willen und im Interesse der Frauen."*

Diese Devise der mutigen Frau hat denn auch ihre Früchte getragen. Sie hatte die Freude, noch viele andere den Pfad betreten zu sehen, den sie, mit unter den ersten, beschritten, und mögen es ihr jetzt auch andere an Befähigung, Talent und Wissen voraustun, so gehört sie doch zu den Pionieren dieses Berufs; und von diesem alleinigen Gesichtspunkte aus haben wir ihr Bild zu betrachten. Auch ihren Nachfolgerinnen waren auf diesem Pfade keine Rosen gestreut, auch sie hatten mit Widerwärtigkeiten jeder Art zu kämpfen, aber Dank ihren Bemühungen, die in gleicher Weise dahin gingen, ihren Mitschwestern, sowie Mrs. Lozier getan, Stätten der Bildung zu schaffen oder zu eröffnen, wird dieser Pfad von Tag zu Tag ebener und breiter. In Amerika üben heute bereits über d r e i h u n d e r t weibliche

Ärzte ihren schweren Beruf mit gutem Erfolg aus.

Von denen, die noch *vor* Mrs. Lozier oder gleichzeitig mit ihr sich in New York als Ärzte für Frauen und Kinder niederließen, nennen wir vorerst die beiden Schwestern Blackwell, deren Lebenslauf jedoch schon näher und ausführlicher in Deutschland bekannt ist.[5] Die Älteste von ihnen, Elisabeth, hat in wahrhaft heldenmütiger und viel schwierigerer Weise, als Mrs. Lozier, ihre Laufbahn begonnen. Auch sie hat rein im Interesse der Idee diesen Beruf ergriffen. Ohne natürliche Vorliebe dafür, ohne überhaupt daran zu denken, reifte ihr Entschluss unter den Klagen einer Freundin, die, unter einem schweren Übel leidend, es laut bejammerte, dass weder sie, noch andere weibliche Mitleidende von einer Frau könnten behandelt werden und sich einem Mann anvertrauen müssten.

Im Jahre 1853 schon haben die Schwestern Blackwell in New York ein *Hospital für Frauen und Kinder* gegründet; sich einige Jahre später mit einer Berlinerin, Dr. Maria Zakrzewska,[6] verbindend, haben sie dieses Hospital bedeutend erweitert, mit einer Apotheke verbunden; und während mehrerer Jahre wurde

---

5 Elisabeth (1821–1910) und Emily (1826–1810) Blackwell. Vgl. Luise Büchners Aufsatz *Doctor Elisabeth: Zur Würdigung höhern Frauenberufs.* Siehe Anmerkung 29 in Agnes Schmidt: *Ich kann alles hören* …in diesem Band.
6 Marie Elisabeth Zakrzewska (1829–1902) war eine in Deutschland geborene Ärztin für Gynäkologie. In Boston war sie mit der Familie von Karl Heinzen befreundet. Unter seinem Einfluss wurde sie politisch tätig und setzte sich für die Abschaffung der Sklaverei und Frauenrechte ein. Vgl. Daniel Bessner: *Zarte Hände. Terrorismus, Frauen und Emanzipation im Werk von Karl Heinzen.* In: Christine Hikel (Hrsg.) *Terrorismus und Geschlecht: Politische Gewalt in Europa seit dem 19. Jahrhundert*, Frankfurt 2012, S. 75, Anmerkung. Vgl. auch die Anmerkung Nr. 31 in Ludwig Büchner: *Aus dem Lande der Freiheit* in diesem Band.

"The anatomy lecture room at the Woman's Medical College of New York Infirmary." Frank Leslie's Illustrated Newspaper, April 16, 1870.

es die einzige Bildungsstätte hinsichtlich praktischer Erfahrung für weibliche Studenten, da ihnen alle anderen Hospitäler verschlossen waren, so dass Boston und Philadelphia ihnen die Schülerinnen ihrer neubegründeten Arzneischulen zuschickten.

Die beiden Blackwells haben nicht allein in Amerika, sie haben auch in Europa sehr umfassende Studien gemacht, und sie dringen beständig mit großem Recht darauf, dass diejenigen Frauen, welche den ärztlichen Beruf wählen, auch alle Studien dafür machen, die man nur irgendwie vom Mann verlangt. Entgegen ihrer Kollegin, Mrs. Lozier, verwarfen sie die Trennung beider Geschlechter beim Studium und gaben nur widerwillig ihre Zustimmung zu einem einseitigen weiblichen Collegium. Die ältere Schwester, Elisabeth, wirkt, wie bekannt, schon seit mehreren Jahren in London, während Emily in New York geblieben ist.

An Mrs. Lozier und das Schwesternpaar Blackwell schließt sich ein dritter weiblicher Pionier für den neuen Beruf, welche sich ihre Kenntnisse erst in höherem Alter und ganz auf autodidaktischem Wege erwarb. Miss Harriot Hunt,[7] schon um 1805 geboren, eine Bürgerin Bostons und mit allen Vorzügen und Schattenseiten der intelligenten, strebsamen und energischen Bevölkerung dieser Stadt begabt, war im Wohlstand geboren und erzogen und errichtete nach dem Tode ihres Vaters, welcher die Familie in etwas bedrängten Umständen zurückließ, im Verein mit einer Schwester eine Schule, welche indessen ihrem

---

7 Harriot Kezia Hunt (1805–1875).

strebsamen Geist nicht genügte, und die nur eine Durchgangsbeschäftigung für eine höhere Mission betrachtete. Auch sie führte der Zufall, wenn man es so nennen darf, auf den ärztlichen Weg; ihre Schwester wurde von schweren Leiden ergriffen, und da kein Arzt zu helfen vermochte, fingen die Schwestern von selbst an, die Natur des Übels zu studieren. Es ist bekannt, wie solche Studien von Laien in der Regel das Übel durch die Qualen der Einbildungskraft noch verschlimmern, nicht so bei diesen Schwestern, die das Gift in der Blume ließen und nur den Honig herausnahmen. Dieser Honig war das wachsende Interesse, welches von da an Harriot und Sarah Hunt für die Wunder der Natur und namentlich des menschlichen Organismus ergriff. Ein intimer Verkehr mit der Familie eines Arztes, dessen Frau ihrem Mann bei der Praxis mit an die Hand ging – Harriot war deren Sekretär und wohnte bei ihnen – gab ihr Gelegenheit zu weiteren Studien. Im Laufe derselben war sie auf einen Weg geführt, den die heutige Medizin in ihrer neuesten Phase zu betreten beginnt. Sie suchte stets die Krankheitsursachen zu erforschen und dieselben zu verhindern. Sie sagt selbst: „*Das Wort <u>Verhinderung</u> der Krankheit schien stets das große Wort zu sein, und Alles, was sich nur auf Heilung bezieht, dagegen unbedeutend.*"

1835 begannen die beiden Schwestern vereint solche zu behandeln, die sich ihnen anvertrauen wollten. Langsam, aber sicher wuchs der Glaube an ihre Kunst, und 1843 wurde durch ihre Anregung in Charlestown eine physiologische Gesellschaft für Damen gebildet, in welcher zweimal im Monat über dahin einschlagende Themata gelesen und diskutiert wurde.

Boston 1836

Endlich versuchte Harriot Hunt um 1847 ihrem Streben den eigentlichen professionellen Hintergrund zu geben und bat um die Erlaubnis, am *Harvard-College* Vorlesungen zu hören. Sie war damals zweiundvierzig Jahre alt. Die Erlaubnis wurde verweigert, und erst drei Jahre später, nachdem sie sie noch einmal nachgesucht und das Beispiel von Emily Blackwell, die man in Geneva aufgenommen, geltend gemacht, erteilt. Die Studenten des Harvard-College benahmen sich jedoch so unfreundlich, dass Harriot Hunt freiwillig wieder zurücktrat.

Im Jahre 1853 erteilte ihr das ärztliche Frauen-College zu Philadelphia den Ehrentitel *Doctor medicinae*, und wir sehen nun die unerschrockene Frau noch in anderer Weise, und zwar als öffentliche Rednerin auftreten in den verschiedenen Staaten der Union, stets das nämliche Thema behandelnd: *„Das Weib ist berufen zum Arzt seines eigenen Geschlechts!"*

Harriot Hunt lebt und wirkt heute noch in Boston, ihrer Vaterstadt. Als sie fünfundzwanzig Jahre lang praktiziert hatte, feierte sie, von zahlreichen Freunden umringt, ihre silberne Hochzeit mit ihrem so teuer erkauften Beruf, und wir sollten denken, eine solche Feier sei auch jeder Ehre wert. Jedenfalls lagen hinter ihr nur Jahre reinsten Glücks.

Harriot schrieb einer Freundin: *„Mein Haar ist silberweiß, aber mein Leben ist mir kostbar! Wie ein Jahr um das andere hingegangen ist, so habe ich Blumen und Früchte gesammelt, welche das nahende Alter verschönern und erheben!"* Wie wohltuend lautet solch ein Wort gegenüber so vielen verfehlten Frauenleben, die, weil den Haltpunkt der Ehe nicht gefunden, während ihres ganzen Daseins ohne Halt- und Mittelpunkt geblieben sind.

Eine bemerkenswerte Erscheinung dürfte es sein, wie diese Frauen unsere deutschen Romane Lügen strafen, in denen solche, die ihnen ähnlich einen bis dahin männlichen Beruf gewählt, als Atheisten und Freigeister hingestellt werden. So gleichgültig es nun an und für sich ist, was eine Frau, die ihr Leben so edel und hingebend ausfüllt, glaubt oder nicht glaubt, ist es doch erwähnenswert, wie Mrs. Lozier von ihrem Biographen ihres hohen, religiösen Sinnes wegen gepriesen wird, und wie er hervorhebt, dass sie stets bei ihren Erfolgen zunächst Gott dafür gedankt habe. Miss Harriot Hunt aber gehört sogar der kleinen und fast nur in Amerika bestehenden Sekte der Swedenborgianer[8] an, welche sich auf den reinsten Spiritualismus stützt und ihre Kraft aus den drei magischen Worten ableitet: Wahrheit, Güte, Liebe! – Worte, die in der Tat auch ohne direktes göttliches Zutun ihre Macht niemals verfehlen werden.

Wir schließen damit diese Skizze, welche den deutschen Frauen die drei namhaftesten Pioniere für die Ausübung ärztlicher Kunst durch Frauen vorzuführen versucht. Noch ließen sich andere interessante Namen und Lebensläufe auf diesem Gebiet nacherzählen, doch sei es für dieses Mal genug.

[Ludwig Büchner, Herausgeber von Luise Büchners Schriften aus dem Nachlass unter dem Titel *Die Frau – Hinterlassene Aufsätze, Abhandlungen und Berichte zur Frauenfrage* (1878) fügte dem Aufsatz seiner Schwester folgende Anmerkung bei (S. 262ff.):]

Über das in obigem Aufsatz erwähnte New Yorker Hospital für Frauen und Kinder, mit welchem seit 1865 eine Anstalt zur Erziehung weiblicher Ärzte verbunden ist, berichtet *Der Frauenanwalt* vom 25. Juli 1877 Folgendes: „Das mit dem Hospital für Frauen und Kinder in Verbindung stehende Woman's Medical College (medizinische Schule für Frauen) in New York hat im April d. J. wiederum zwölf Schülerinnen mit dem Zeugnis der Reife entlassen, welche, in ihre Heimat zurückkehrend, daselbst ihre Praxis als Ärztinnen beginnen werden. Bei dieser Gelegenheit veröffentlicht das Woman's Journal die folgenden Mitteilungen über die Entstehung der Schule:

---

8 Die Swedenborgianer sind Anhänger des schwedischen Naturphilosophen und Visionärs Emanuel Swedenborg (1688–1772), der für die Erneuerung der Kirche eintrat.

„Das Woman's Medical College des New Yorker Frauen- und Kinder-Hospitals wurde im Jahre 1865 ins Leben gerufen, nachdem die andern medizinischen Colleges der Stadt sich endgültig entschieden hatten, zu ihren Vorlesungen und Kliniken Frauen n i c h t zuzulassen. Diejenigen, welche sich hauptsächlich um die Einrichtung der Anstalt verdient gemacht haben, leihen derselben noch fortdauernd ihre Unterstützung und gehören dem Lehrkörper an, der die weiblichen Ärzte Dr. Mary Putnam-Jacobi, Drs. Elisabeth und Emily Blackwell und Dr. Mercy N. Baker zu seinen Mitgliedern zählt. Der vollständige Lehrkursus der Schule währt drei Jahre und umfasst alle drei Zweige der Arzneiwissenschaft; die Schülerinnen wohnen während ihrer Studienzeit im Hospital und haben somit Gelegenheit, das Gelernte durch praktische Erfahrungen bestätigt und beseitigt zu erhalten. Außerdem müssen diejenigen, welche das Examen ablegen und ein Diplom von der Anstalt erhalten wollen, noch drei Jahre unter Leitung eines tüchtigen Arztes studiert, und eine befriedigende Dissertation über irgendein medizinisches Thema geschrieben haben. Erst mit Vollendung des einundzwanzigsten Jahres werden Kandidatinnen zum Examen zugelassen.

Was das mehrfach erwähnte Hospital anbetrifft, so ist dasselbe ebenfalls aus ganz kleinen Anfängen hervorgegangen und hat, mehr und mehr an Ausdehnung und Bedeutung gewinnend, in den zwanzig Jahren, die es nunmehr besteht, unbeschreiblich viel Gutes geleistet. Gegenwärtig befindet es sich in einem schönen eigenen Gebäude am Livingstone Platz Nr. 5, das Raum für fünfunddreißig Patientinnen bietet und außerdem Wohnungen für das Beamtenpersonal, die dirigierenden Ärzte und die Studentinnen der medizinischen Schule enthält. Die gewöhnlichen Patientinnen zahlen pro Woche nur fünf Dollars und erhalten im Falle des Unvermögens auch unentgeltliche Verpflegung; Patienten, die besondere Zimmer wünschen, können dieselben zum Preise von zehn bis fünfzehn Dollars erhalten. Außer den bereits genannten weiblichen Ärzten sind auch männliche Ärzte und Wundärzte und darunter die ersten Autoritäten, welche New York auf diesem Gebiete aufzuweisen hat, als konsultierende und praktizierende Ärzte im Hospital tätig und fungieren gleichzeitig als Lehrer und Examinatoren bei der medizinischen Schule. Im letzten Jahre sind im Hospital selbst über zweihundert Patienten verpflegt worden, während die Zahl derjenigen, welche zur Konsultation dahin kamen, sich auf siebentausend belief."

Luise Büchner

Paris in Amerika[1] - [Buchrezension]

In den letzten Jahren mögen wenige so merkwürdige und lesenswerte Bücher die Presse verlassen haben, wie dieses Werk des berühmten Rechtsgelehrten Laboulaye am Collège de France, der sich zuerst unter der bescheidenen Anonymität eines Doktor Lefebvre verbarg.[2] Abweichend von der gewöhnlichen Reservation anderer Autoren gestattet er ausdrücklich die Übersetzung in alle fremden Sprachen, und wir können nur wünschen, dass dieses „hohe Lied der Demokratie" von einem Pol zum andern in allen Zungen nacherklingen möge. Eine enthusiastischere Verherrlichung des *Self-Governement*, der Kraft und Gewalt, die von der Majestät eines gebildeten und aufgeklärten Volkes ausgeht, ist wohl noch nie in so realistischer und jedermann fasslicher Form dargestellt worden. Ohne Zweifel sind die amerikanischen Zustände vielfach idealisiert, aber die Grundtöne sind doch richtig, und wo in Europa hätte der Verfasser auch nur annähernd das Vorbild gefunden, dessen er bedurfte?

---

1 Diese Buchrezension ist entnommen aus dem 2. Band von Luise Büchners *Nachgelassenen belletristischen und vermischten Schriften*, Frankfurt am Main, Sauerländer, 1878, S. 262–276. Die genaue Entstehungszeit dieses zu Büchners Lebzeiten vermutlich unveröffentlicht gebliebenen Textes ist nicht zu ermitteln.
2 Zum Autor des hier von Luise Büchner rezensierten Buches siehe Anmerkung 30 in Agnes Schmidt: *Ich kann alles hören* …in diesem Band. Vgl. auch Cordelia Scharpf: *Luise Büchner* … S. 256f.

Während Montesquieu in seinen *lettres persanes* einen halbzivilisierten Morgenländer in geistreichster Weise über die französischen Zustände räsonieren und philosophieren lässt, ist es hier im Gegenteil der Franzose, der, im Bewusstsein ein Glied der zivilisiertesten Nation der ganzen Welt zu sein, auf dem Boden Neuenglands seine Beobachtungen anstellt und überraschendste Entdeckungen macht. Mit seinem Takte hat der Verfasser den Schauplatz seiner Erzählung in jene Staaten verlegt, die in ihrer sozialen wie politischen Entwicklung am weitesten vorangeschritten sind. Jeder Maßstab, den er von Daheim mitgebracht, schrumpft in nichts zusammen, gegenüber jenen Verhältnissen und Zuständen, die, wahrhaft frei, wahrhaft auf das Wohl des ganzen Volkes berechnet, einen Gegensatz zu dem alternden Europa bilden, wie er schlagender und eindringlicher wohl noch niemals dargestellt wurde.

Wem es noch nicht klar geworden, dass das westliche Europa in hundert Jahren entweder ein Weideplatz für die Pferde der Kosaken und Tartaren sein wird oder unter dem Hauch der Demokratie eine Wiedergeburt durchmachen muss, die es allein dazu befähigen kann, eine Kulturstätte der Zukunft zu werden, mag es aus dem Buche von Laboulaye einsehen lernen.

Wir lesen und lesen und fühlen nach jeder gelesenen Seite mehr, wie „Europa langsam hinter uns versinkt". Denn was der Franzose da ausspricht und empfindet, die bitteren Sarkasmen, die gleich Blitzen mit einem Schlag ganze Abgründe enthüllen, der tiefe, sittliche Ernst, mit dem er die Verkehrtheit und Unsitte brandmarkt – gilt uns dies Alles nicht ebenso gut, wie dem Nachbarvolke, sind wir nicht in mancher Beziehung noch übler dran, als dieses?

In jedem deutschen Hause sollte *Paris in Amerika* von Männern und Frauen gelesen und beherzigt werden, wenn auch die Übersetzung nicht im Stande ist, den Duft des Originals, die Grazie des Ausdrucks, die feinen, sarkastischen Wendungen, die oft durch ein einziges Wort herbeigeführt werden, wiederzugeben.

Zur Bestätigung dessen, was wir gesagt, lassen wir einige Bruchstücke und nähere Andeutungen folgen.

Doktor Lefebvre, ein Pariser Kind *pure sang*, besucht in Paris die Vorstellung eines amerikanischen Geistersehers und Beschwörers; er kritisiert mit köstlichem Humor und mit der ganzen Schärfe eines Ungläubigen die spiritualistische Schwindelei, bis ihm der Wundermann, aufs höchste erzürnt, anbietet, ihn über Nacht mit ganz Paris nach Massachusetts zu versetzen. Die Wette wird angenommen, und der Doktor erwacht am nächsten Morgen in Amerika, *„in einem Land ohne Regierung, ohne Gesetze, ohne Armeen, ohne Polizei, in mitten eines ungesitteten, heftigen und habsüchtigen Volkes!"*. Er fühlt sich verloren! Alles um ihn her hat sich verändert; das kasernenartige Haus, welches er in Paris bewohnte, ist in ebenso viele kleine Häuser zerlegt, als es Mieter besaß, und deren Einwohner nun seine Nachbarn sind. Alle sind Yankees geworden, ebenso seine Freunde, seine Frau und seine Kinder, nur er allein, *„unter Larven die einzige fühlende Brust"*, fühlt sich noch als Kind des alten, glorreichen Paris, hat die Fähigkeit behalten, diese nüchterne amerikanische Welt, die nur darnach trachtet, Geld und Zeit zu gewinnen, mit dem Auge des zivilisierten Franzosen zu betrachten.

Wie ärgert ihn schon die häusliche Einrichtung! Er schellt nach Feuer, da sich nirgends Holz noch Kohle findet – man zündet ihm im Kamin eine Gaslampe an! Er schellt nach Wasser, das er vergebens sucht, und überzeugt sich, dass er nur die Röhren vor seinem Toilettentisch zu öffnen braucht, um es in Menge zu haben! Er fragt nach einem Badehaus, und man weist ihn in ein zierliches Kabinett neben seinem Schlafzimmer, wo er Alles findet, was er braucht.

Etwas verblüfft und kopfschüttelnd macht er sich auf, seine Gattin zu suchen, die er endlich – *mirabile dictu* – in der Küche findet, einen *pie* knetend und sich mit der Köchin über die Mahlzeit beratend. Nicht unangenehm berührt, erkundigt er sich nach seinen Kindern. Die erwachsende Tochter wohnt einem Kurs über Anatomie bei, der sechzehnjährige Sohn bereitet sich auf einen Vortrag vor, den er am Abend über die moralische Entwicklung der Frauen zu halten gedenkt. Zugleich teilt die Mutter dem erstarrten Vater mit, seine Tochter habe sich nach eigenem Wunsch und weil sie ihn liebe, mit dem Sohn ihres Nachbars verlobt, und sein Sohn sei entschlossen, einen Beruf zu erwählen und sich selbständig zu machen.

Köstlich werden die Entrüstung und die Einwendungen des Vaters geschildert, bis sie unterbrochen werden durch die Tochter, welche ihm den Bräutigam vorstellt, und den Sohn, welcher mit einem früheren Hausbewohner ankommt und dem Papa erklärt, dass dieser ihn zu einer Handelsreise nach Kalkutta engagiert habe.

Welche Gegensätze zu Frankreich – die Tochter heiratet aus Liebe, der Bräutigam spricht nur von seiner Neigung und kein Wort von dem Heiratsgut, und der Sohn verlangt zu arbeiten, statt zu flanieren! Dem guten Doktor wird es angst und bange, aber er beruhigt sich endlich, indem er fühlt, dass er in Amerika etwas gefunden, was er in Paris nie besessen – *eine Familie*!

Eine Feuerbrunst ruft ihn und die Anwesenden auf die Straße; der natürliche Mut des Franzosen erwacht in ihm, er rettet ein Kind aus den Flammen und ist von diesem Augenblick an ein öffentlicher Charakter, der als solcher mit dem ganzen öffentlichen Leben der Stadt, mit der Presse, der Verwaltung, den Schulen, der Kirche, der Armen- und Gesundheitspflege in Berührung tritt. Er findet zwei große Lehrmeister in den Redakteuren Truth[3] (Wahrheit) und Humbug; der erstere bekämpft seine Vorurteile in ernster und schwungvoller, der letztere in humoristischer oder sarkastischer Weise. So wird ihm eine Binde nach der andern von den Augen genommen, immer schöner, immer deutlicher entwickeln sich die Zustände eines Landes vor ihm, das sich selbst nach den Gesetzen der Vernunft, der

---

3 Im Originaltext steht durchgehend „Pruth", vermutlich hat der englischunkundige Setzer das Wort falsch gelesen!

Humanität und der Brüderlichkeit verwaltet. In herrlichen und, was mehr ist, in richtigen Worten kennzeichnet Truth dem Doktor Lefebvre die Grundidee des jungen Staates, nachdem diese mit echt europäischer Weisheit behauptet hat, dass die Presse nicht vollkommen frei sein dürfte, weil es *gefährliche Wahrheiten* gäbe, die erschrecken.

„Wie", ruft Truth aus, „fühlen Sie nicht, dass für Leute unsres Schlages die Wahrheit das Leben und die Lüge der Tod ist? Sehen Sie sich um, wo sie wohlhabende, aufgeklärte und ehrliche Länder finden? Sind es nicht diejenigen, wo ein Jeder das Recht hat, die Wahrheit zu sagen, die ganze Wahrheit, ohne Auswahl der Personen, ohne Respekt vor Vorurteilen, Privilegien und Missbräuchen? Suchen Sie die armen, die unwissenden, die sittenlosen Länder auf, sind es nicht diejenigen, wo unter allen Formen die offizielle Lüge herrscht? Betrachten Sie die Größe Englands, das Wachstum Amerikas, den zunehmenden Reichtum Australiens! Welche Kraft hat in einem Zeitraum von achtzig Jahren die Bevölkerung der Vereinigten Staaten von drei Millionen auf einunddreißig Millionen Menschen erhöht! Täuschen Sie sich nicht darüber – *es ist die Wahrheit*! Lassen Sie die Politiker Systeme aufbauen und Regierungsformen kombinieren; betrachten Sie die lebendigen Institutionen der freien Völker, die Schulen, die Assoziationen, die Rednerbühne, die Presse, was sind sie anders als Instrumente, um die Wahrheit zu verbreiten und ihr alle Herzen zu gewinnen? Zählen Sie die Zeitungen eines Volkes und bestimmen Sie ihm danach seinen Rang auf der Stufenleiter der Zivilisation, dies ist ein Thermometer, der niemals trügt. Warum? Weil die Wahrheit nur unter einem anderen Namen das lebendige Gesetz ist, welches die sittliche Welt regiert. Es gibt natürlich Wechselwirkungen zwischen den Menschen, ebensowohl wie zwischen den Dingen. Diese Wechselwirkungen erkennen und würdigen, heißt die Wahrheit erkennen und würdigen!"

Mit dem schlagendsten Sarkasmus werden darauf alle Einwendungen des Doktors wegen der Zügellosigkeit der Presse widerlegt, und jenes bekannte Gesetz über öffentliche Angriffe auf das Privatleben, das vor wenigen Monaten im gesetzgebenden Körper zu Paris so lebhafte Debatten hervorrief, hier, ehe es dort entstanden, in einer Weise beleuchtet, die dem sittlichen Gefühle des Verfassers zur höchsten Ehre gereicht.

Truth hat dem Doktor angeboten, das von ihm redigierte Blatt zu übernehmen, und er wohnt einer Zusammenstellung desselben bei. Das Inhaltsverzeichnis, welches, auf eine große Tafel gedruckt, vor dem Redaktionsbüro ausgehängt wird, ist höchst eigentümlich zusammengesetzt, aber jede Artikel hat nur die Tendenz, die Wahrheit zu enthüllen, den Unterdrückten zu ihrem Recht zu verhelfen. Die letzte Annonce lautet: *Verurteilung des Bürgermeisters der Stadt.* Der Doktor kann seine Entrüstung darüber nicht verbergen.

„Wie", ruft er aus, „Ihr erlaubt Euch mit Allen zu spielen, was ich gewohnt bin, als geheiligt zu betrachten! Das Privatleben muss verschlossen sein, hören Sie wohl mein Herr, hermetisch verschlossen."
„Wer behauptet das?" fragte Humbug mit eigentümlicher Miene.
„Herr Humbug", rief ich, „es ist Herr Royer-Collard, ein großer Metaphysiker, der niemals eigne Gedanke hatte, aber der die Ideen anderer in Bronze gegossen und auf Erz gegraben hat. Es ist dieser erhabene Weise, der das goldene Wort gesprochen, welches man in jedem Redaktionsbüro aufhängen sollte: Das Privatleben muss fest verschlossen sein!"
„Euer großer Metaphysiker hat eine Dummheit gesagt", antwortete Humbug. „Kann man einen Menschen teilen? Ist man ein Schurke im Privat- und ein Fabricius im öffentli-

chen Leben? Was ist Privatleben? Wo fängt es an? Wo hört es auf? Wenn man einen tollen Hund anzeigt, ist dies ein Angriff auf das öffentliche oder das Privatleben? Wenn unsre Marine durch unverschämte Lieferanten bestohlen wird, ist es das öffentliche Leben, welches man angreift, indem man den Dieb denunziert?"

„Mein Herr", erwiderte ich diesem Unverschämten, „Sie denken nicht an das, was ich Ihnen alles antworten könnte; ein Wort genügt. Der Bürgermeister von Paris hat einer unglücklichen Schwachheit nachgegeben. Vielleicht ist er in die Schlingen einer gewöhnlichen Sirene gefallen, ganz gewiß hat er diesen Fehler noch in der Eigenschaft als Municipalbeamter begangen. Wozu dieser Lärm, diese Skandal, diese Brandmarkung eines Mannes, dessen Verwirrung Sie am Ende nichts angeht."

„Wozu?" sagte Truth mit einer Kälte, die eines Robespierre würdig gewesen, „um ihn seine Demission einreichen zu machen! Wie, wollen Sie, dass wir in unsern Familien die Heilighaltung der Ehe, den Abscheu vor dem Laster predigen, angesichts des Ehebruchs, der auf dem Stadthaus thront? Dies geht nicht an. Es ist die Ehre des Privatlebens, die uns für die öffentliche Tugend bürgt, sonst ist die Politik nur eine Komödie, wo jeder eine Maske trägt, eine Rolle spielt und sich damit amüsiert, von Gewissen, von Rechten, von Pflichten zu sprechen, ohne ein Wort von dem zu glauben, was er sagt. Mögen Völker, die noch Kinder sind, sich in diesen gefährlichen Possen gefallen, in Amerika nimmt man alles ernsthaft. Mögen unsere Libertins, wenn es ihnen gefällt, ihre Gesundheit ruinieren und ihr Geld jenseits des Atlantischen Oceans verzehren, bei uns muss man *respectabel sein, um respectiert zu werden.*"

„Hier ist ein Brief des Bürgermeisters", sagte ein Bürodiener, „er reicht seine Entlassung ein."

„Herr Truth", rief ich aus, „noch ist es Zeit, halten Sie mit dem Druck des Journals inne, lassen Sie eine Verurteilung verschwinden, die nur einen einfachen Bürger angeht, einen Ausspruch, der einen Mann entehrt, und eine Familie unglücklich macht. Streichen Sie aus ihrem Inhaltsverzeichnis diese Zeilen! Gibt es denn nur Catone in Amerika? Sie, die immer vom Evangelium reden, haben Sie nicht die Geschichte der Ehebrecherin gelesen? Im Namen des Himmels, seien Sie menschlich!"

„Ich bin weder menschlich, noch grausam", antwortete Truth mit eisigem Ton, „ich bin keine Person, ich bin ein Journal, d.h. ein Echo, eine Photographie. Das Inhaltsverzeichnis bleibt wie es ist; es tut mir leid für den Schuldigen, aber auch ich habe eine Mission zu erfüllen – ich *unterhandle nicht mit der Wahrheit!*"

„Aber diese Mission", rief ich entrüstet, „haben Sie sich selbst gegeben!"

„Ist sie darum weniger heilig? Begreifen Sie doch meine Aufgabe. In einer Gesellschaft, die nur mit sich und ihren eigenen Interesse beschäftigt ist und sich dennoch selbst regiert, wie erhält sich in ihr die Freiheit? Wie wachsen und verbreiten sich edelmütige Gedanken? Wie wird das Recht und die Tugend geschützt? Wie das Verdienst belohnt? Nur durch die Presse! Wir Journalisten, wir sind das Echo der Gesellschaft, ein furchtbares Echo, eine weithin schallende Trompete, die jeden Lärm verstärkt, ihn bis an das Ende des Reiches verbreitet und die verstocktesten Gewissen aufweckt. Alles dient uns, das Gute, wie das Böse; das Gute, um die Herzen in Freude und Nacheiferung aufschlagen zu machen, das Böse, um sie mit Entrüstung und Abscheu zu erfüllen. Gestern haben Sie eine gute Tat vollbracht, morgen weiß es die ganze Welt; heute erleben wir einen öffentlichen Skandal, die Justiz verurteilt den Mann, die Presse bestraft das Verbrechen und lässt es von der ganzen Nation hassen und verabscheuen. Je tiefer der Sturz, umso schärfer die Lektion. Unsere Härte wird eine Familie betrüben und einige zarte Seelen verletzen, aber sie wird Tausende von Männern, welche die Straflosigkeit ermutigt hätte, vor einer ähnlichen Schwachheit bewahren".

Diese eine Probe mag dem Leser genügsam beweisen, von welchem hohen Gesichtspunkt Laboulaye die Aufgabe der Presse betrachtet, und folgen wir ihm aus dem Büro des Redakteurs auf die Tribüne, den Markt, in die Volksversammlung, wo für die Wahl des Doktors Lefebvre als Municipalbeamter agitiert wird, so finden wir auch dort nicht eine Seite, die nicht von Wahrheit, von Leben, von Sarkasmen sprudelte – welche Hiebe auf Herrn Hausmann, welche Lehren für Völker, die sich *ein* Recht der Gemeindeverwaltung nach dem anderen haben entreißen lassen!

Der folgende Tag, ein Sonntag, führt uns dann in der natürlichsten Weise von dem *politischen* auf das *kirchliche* Gebiet. Die Familie des Doktors bereitet sich zum Kirchengang vor, aber jedes Familienglied, bis herab auf die Dienerschaft, sucht ein andres Gotteshaus und einen andern Prediger auf; er selbst entschließt sich einer Versammlung der freien Gemeinde beizuwohnen, wo sein Freund Truth predigen wird. Die Schwierigkeit ist nur, den rechten Tempel zu finden, unter der Unzahl von Kirchen, welche die Hauptstraßen der Stadt schmücken. Eine alte Frau, die er befragt, zählt ihm in der Geschwindigkeit dreiundzwanzig Kirchen verschiedener Bekenntnisse auf, an denen er vorübergehen muss, ehe er zu der vierundzwanzigsten, dem Ort seiner Bestimmung, gelangt ist. Da ihm noch Zeit übrig bleibt, besucht er im Vorübergehen einige dieser Kirchen und betritt zuletzt einen Tempel des Buddha. Waren die christlichen Kirchen alle mit Menschen angefüllt, so ist dieser dagegen leer; vor dem Götzenbild des Buddha, der unbeweglich in seiner runden Nische sitzt, drehen zwei kleine Knaben die bekannte Gebetmaschine. Nach einer Weile erscheint ein Bonze, der ihn um eine Gabe anspricht; der Doktor knüpft ein Gespräch mit ihm an, persifliert den Götzendiener, den er aus tiefster Seele verachtet, und ist wütend, als jener ihm bemerkt, dass man mit demselben Recht in Paris einen buddhistischen Tempel verlangen dürfe, mit dem die Franzosen in Peking eine Kapelle erbauten. Endlich ruft ihm der Chinese zu:

„Du bist kein Yankee! Seit Du hier bist, beobachte ich Dich. In dem Angesicht des Sachsen ist etwas vom Stier und vom Wolf, in dem deinigen vereinigt sich der Affe und der Hund. Du hast Furcht vor der Freiheit, Du schwatzest von dem, was Du nicht verstehst, und Du machst Phrasen. Du bist ein Franzose!"
Da jener voll Erstaunen schweigt, fährt er fort:
„Darfst Du Dich Eurer Anzahl berühmen zum Beweis, dass Ihr den wahren Glauben besitzet? Die Zahl spricht für uns. Wie viel Katholiken seid Ihr? Hundert und dreißig Millionen. Wie viele Christen? Höchstens dreihundert Millionen. Wir sind fünfhundert Millionen Buddhisten. Unser Glaube erstreckt sich von Kamtschatka bis an das weiße Meer; er sänftigt wilde Stämme, er befriedigt die Chinesen und Japanesen, die bereits zivilisierte Völker waren, als Europa ein Wald und Amerika eine Wüste gewesen. – Du sprichst von Eurem Alter? Denkst Du nicht daran, dass der Buddhismus schon zur Zeit Alexanders seine Konzilien abhielt, und dass die Inschriften des Königs Açota, auf die Felsen des Indus eingegraben, der Welt die Barmherzigkeit und die Aufopferung predigten? Aber lassen wir die Zahl und die Dauer bei Seite, dies mögen glückliche Zufälle sein! Welches ist die Religion, die zuerst die freiwillige Armut, die Hingebung gepredigt? Weißt Du es nicht, dass Fô fünfhundert verschiedene Existenzen hatte, und dass er sich in jeder seiner Fleischwerdungen geopfert hat? Er machte sich zum Lamm für den Tiger, zur Taube für den Falken, zum Hasen für den hungernden Jäger. Kennst du nicht die heilige Geschichte des Vessantara, der aus Liebe sein Weib und seine Kinder hingegeben hat? Sind wir nicht die einzige Genossenschaft, die sich aus Abscheu vor dem

des Fleisches und der Blutes der Tiere enthält? Treibe ich nicht mein Wasser durch einen Filter, um das Leben eines unsichtbaren Insektes zu schonen?

Eure Kirchengeschichte, Ihr Christen, ist eine Reihenfolge von Streitigkeiten, Kriegen und Hinrichtungen: Heute Opfer, seid Ihr morgen Henker! Bei uns Buddhisten gibt es nur Märtyrer. Seit zweitausendvierhundert Jahren hat man oft unser Blut vergossen, hat man uns aus Indien verjagt – unsere Hände sind immer rein geblieben!"

Endlich schließt der Bonze seine Entgegnung, aus der wir deutlich genug unsern deutschen Philosophen *Arthur Schopenhauer* heraushören, mit den schönen Worten:

„Endigen wir also mit der Herrschaft der Gewalt, endigen wir mit der Unwissenheit und der Verachtung, lassen wir jedem Glauben seinen freien Lauf, lassen wir die Vernunft das Werk vollenden, welches Gott uns anvertraut. Im hellen Tageslicht verschwinden alle Schatten. Öffnet die Welt dem freien Wort; ich habe den Glauben an die Freiheit, weil ich den Glauben an die Wahrheit habe!"

„Du bist nur ein Chinese", antwortet ihm der Doktor majestätisch und verlässt den Elenden voll Verachtung, um endlich seinen Freund Truth zu hören, der eine Predigt über die Macht der Wahrheit hält, die ihn im tiefsten Innern erschüttert und die den Redner zu einer Bewegung hinreißt, welche ihm beinahe tödlich wird. Der Doktor nimmt ihn in einem Nebenzimmer in die Arme und ruft ihm zu: „Unglücklicher, Sie töten sich!", aber jener legt ihm den Kopf auf die Schulter und flüstert: „Mein Freund, tun wir unsre Schuldigkeit, alles Übrige ist Eitelkeit!"

In diesem hinreißenden Ton ist das ganze Buch geschrieben; doch werfen wir, ehe wir dasselbe verlassen, noch einen Blick auf die amerikanische Schule! Von seinen Freunden begleitet, begibt sich der Doktor nach einem Schulgebäude, das sich groß und stolz auf einem Hügel erhebt, und bei dessen Anblick er in die Worte ausbricht:

„Wenn ich mich in einem zivilisierten Lande befände, so würde ich sagen, dies ist die Gendarmeriekaserne oder das Hotel des Präfekten; bei diesem Volk aber ohne Polizei und ohne Regierung ist es nur der Palast des ABC, die Schule! Man kann eine Nation nach ihren Gebäuden beurteilen."

Mit sprachlosem Erstaunen aber betrachtet er die innere Einrichtung dieses Schulpalastes, diese Säle, diese Höfe und Gärten, den ganzen Apparat für den Unterricht, vor allen Dingen aber die Schüler selber. Knaben und Mädchen besuchen gemeinschaftlich dieses Haus, sie genießen den gleichen Unterricht, der ihnen von Frauen erteilt wird. Jeder Schüler sitzt abgesondert für sich an einem wohleingerichteten Schreibpult, während die Lehrerin sich auf einer erhöhten Estrade befindet. Ein junger Geistlicher führt den Doktor herum, begegnet seinen teils erstaunten, teils entrüsteten Einwendungen und sagt ihm in Bezug auf die weiblichen Lehrer das schöne Wort:

„Die Kindheit gehört der Frau; es ist dies ein natürliches Gesetz, welches wir das Verdienst hatten zu würdigen und anzuwenden".

In schönster Ordnung verläuft die Unterrichtsstunde, welcher der Doktor beiwohnt, und die seine eigene Tochter erteilt; in den übrigen sieben Klassen das gleiche Bild, aber die Tendenz, die jede Stunde belebt, ist das Bestreben, die Gefühle des Patriotismus, der Vaterlandsliebe in den jungen Seelen zu erwecken und zu stärken. Gymnastische Übungen, welche die gesamte Schuljugend dann ausführt, überwältigen die letzten Bedenken des Doktors, der endlich in lautes Entzücken ausbricht und seinen Gefährten fragt;

„Wo bin ich, wo hat man mich hingebracht? Dieses elegante Haus, diese luxuriösen Tische, diese schöngebundenen Bücher, alles hier gehört ohne Zweifel einem Privatetablissement, wo man nur reiche Kinder erzieht?" – „Lieber Freund," antwortet ihm der Geistliche, „Ihr befindet Euch in der Primarschule des zwölften Arrondissements. Wir besitzen achtzig Häuser dieser Art in unserer guten Stadt Paris, und noch reichen sie nicht aus."

„Sehr wohl, aber wie kann der Sohn des Armen diesen kostspieligen Unterricht genießen?"

„Wo kommen Sie her? Wissen Sie nicht, dass dieser Unterricht *gratis* erteilt wird? Wir sind die Söhne jener Puritaner, die, kaum ans Land gestiegen, Schulen errichteten, um den Satan zu bekämpfen, *denn dies ist der wahre Name der Unwissenheit.* Das Dämonische in uns ist das Tier, das Göttliche ist der Geist. – Die Schule ist der Gegenstand unsrer Liebe und unsrer Schwäche; sie bildet die große Ziffer in unserm Budget, sie ist für uns das, was in andern Staaten, die sich für zivilisiert halten, durch den Krieg und die Marine verschlungen wird!"

„Großer Gott", dachte der Doktor, „wenn diese Leute nicht verrückt sind, was sind dann wir?"

Wiederum hört er mit wachsendem Erstaunen, wie das Geld für die Schule von der Gemeinde bewilligt wird, wie man die Steuer dafür, trotzdem sie stets wächst, mit Enthusiasmus bezahlt, wie keine Konfession die andre unterdrücken kann, weil jeder Religionsunterricht aus der Schule ausgeschlossen ist. Man überlässt diesen der Kirche und den Sonntagsschulen. Es ist die höchste Ehre, einen Posten in der Schulverwaltung zu übernehmen. Es herrscht kein Schulzwang, *„aber"*, so ruft der junge Geistliche aus, *„wer möchte seine Kinder zur Unwissenheit verdammen, wer würde so töricht oder so strafbar sein, nicht nutzen von der öffentlichen Munifizenz zu ziehen, wenn die Gemeinde alles liefert, selbst die Bücher, das Papier* *und die Federn!"* So wird das goldene Wort zur Wahrheit, welches der junge Mann schon an einer früheren Stelle ausgesprochen:

„Mein Freund, streuen wir die Bildung mit vollen Händen aus, verbreiten wir das Licht nach jeder Seite, wenn wir nicht wollen, dass das Volk ewig von Scharlatanen düpiert werde, welche mit seinen edelsten Leidenschaften und seinen besten Instinkten spielen!" und endlich vollendet er seinen Triumph über den schon fast Besiegten mit den herrlichen Worten:
„Die Gelehrsamkeit wie die Künste bilden den Luxus der alten Nationen, wir besitzen sie noch nicht! Wir sind Emporkömmlinge, wir bedürfen vielleicht noch eines Jahrhunderts, ehe uns die Muße zu Teil wird, eine rein geistige Kultur besitzen zu dürfen; aber ich darf behaupten, dass wir das wenigst unwissende Volk sind, welches die Sonne je beleuchtet hat. Blicken Sie um sich, hier gibt es keine Bauern, sondern Farmer, keine Tagelöhner, sondern Arbeiter. Wenn er die Schmiede verlässt, legt der Arbeiter ein Gesellschaftskleid an und wohnt einer Vorlesung über Washington oder über die neuesten Entdeckungen Livingston's bei. Sein Nachbar, der Goldarbeiter, wird eine Zeichenschule besuchen oder einen Kursus für Chemie. Trotz ihrer geschwärzten Hände sind Beide Gentlemen; sie lieben die Freuden des Geistes ebenso sehr, wie Sie dieselben lieben. Sehen Sie nach dem Westen, betreten Sie ein Blockhaus; die Frau des Pioniers wird Sie empfangen, während sie gerade beschäftigt ist, Brot zu kneten oder Butter zu stoßen. Warten Sie bis zum Abend, diese nämliche Frau wird sich an das Piano setzen, sie wird von Politik, von Moral, vielleicht von Metaphysik mit Ihnen reden. - Wir können nicht allen das materielle Wohlsein vermitteln, aber wir geben der Gesamtheit die Schätze, welche weder Motten noch Rost fressen, wir machen selbst dem Ärmsten die intellektuellen Genüsse

erreichbar, die in jedem Alter und jeder Lebenslage Kraft und Trost verleihen."

Doch genug! Mögen diese wenigen Proben den Leser umso begieriger machen, das ganze Buch kennen zu lernen. Mögen sie, nachdem sie mit dem Doktor Lefebvre die Woche durchgemacht, während deren ihn der Zauberer nach Amerika versetzte, am Ende derselben ebenso durchdrungen sein, wie er, von der Trefflichkeit eines Landes, dem sittlichen Zustand eines Volkes, das sein eigner Herr und Meister ist. – Leider muss der arme Doktor schwer für seinen Enthusiasmus büßen. Nach Frankreich zurückversetzt, weiß er sich dort noch schwerer zu Recht zu finden, als an seinem ersten Tag jenseits des Ozeans. Seine Frau ist wieder eine Salondame, sein Sohn ein kleiner Stutzer und Faulenzer, die Tochter das prüde Produkt einer Klostererziehung. Seine Freunde, aufs Neue in Franzosen verwandelt, erklären ihn für wahnsinnig, wenn sie hören, was er ihnen von einem Land mit freier Presse, unbestechlicher Justiz, freier Kirche, unabhängiger Schule und Volksbewaffnung erzählt. Der Arzt, den man herbeigerufen, bringt ihn nach Charenton,[4] erklärt in einem Brief an Madame Lefebvre den Zustand ihres Gatten für unheilbar und sagt an dessen Schluss:

„Vom Liebeswahnsinn kann man genesen, wenn man jung ist, die Alten sterben daran; der Wahnsinn des Ehrgeizes wird zuweilen durch das Alter und die Verachtung der Menschen geheilt – der Freiheitswahn aber dauert ewig!"

---

4 Das Hospiz zu Charenton ist eine im 17. Jahrhundert in Frankreich gegründete Krankenanstalt, die neben „armen Kranken" auch „Irre" aufnahm. Zu den berühmten Patienten gehörten der Dichter Paul Verlaine und der Marquis de Sade.

Armer Doktor Lefebvre, wie viele sind vor Dir in Charenton eingesperrt! Wie viele werden noch nach Dir dort eingesperrt werden!

Ludwig Büchner

„Louis Büchner, der vielgenannte Verfasser von „Kraft und Stoff", ist vor einigen Tagen nach Amerika abgedampft, wo er auf Einladung in verschiedenen Städten Vorlesungen halten wird. Eine Minimaleinnahme von fünfzehntausend Dollars ist ihm dort garantiert worden. Wir freuen uns, den Lesern der Gartenlaube dabei mittheilen zu können, dass Louis Büchner in einer Reihe von Briefen unter dem Titel *Aus dem Lande der Freiheit: Amerikanische Reise- und Vorlesungsbilder* seine Erlebnisse und Erinnerungen in unserer Zeitschrift veröffentlichen wird."

[Anzeige in der *Gartenlaube* Nr. 38/1872/, S. 628.]

Ludwig Büchner

Aus dem Lande der Freiheit[1]

Erster Brief[2]

„Amerika, du hast's doch besser
Als unser Continent, der alte!
Hast keine verfallenen Schlösser
Und keine Basalte!
Dich stört nicht im Innern
Zu lebendiger Zeit
Unnützes Erinnern
Und vergeblicher Streit!"

---

1 Anmerkung der Redaktion der Gartenlaube: Wir benachrichtigten unsere Leser bereits früher, daß der berühmte Verfasser von „Kraft und Stoff" (Ludwig Büchner) behufs Vorlesungen nach Amerika berufen worden sei und uns von dort aus regelmäßige ‚Reisen und Vorlesungsbilder' senden würde. Heute beginnen wir mit einem Vorbericht, dem nun baldigst die Schilderungen des geistreichen Naturforschers folgen werden.
2 Veröffentlicht im Heft 44/1872, S. 725–726.

Besser, als mit diesen berühmten Versen des Altmeisters Goethe, kann der Gegensatz zwischen dem mit riesiger Gewalt emporstrebenden neuen Weltteile Amerika und dem alten und vielleicht auch alternden Europa nicht wohl bezeichnet werden. Was Amerika fehlt – ist die historische Erinnerung, und wenn dieses auf der einen Seite als ein Mangel bezeichnet werden darf, so ist es doch auch auf der andern Seite ein großer Vorteil, indem es den Weltteil nötigt, stets vorwärts, nie rückwärts zu blicken, ähnlich einem Menschen, welcher ein neues Leben angefangen hat und durch keine Erinnerung an seine Vergangenheit mehr gestört sein will. Daraus erklärt sich denn auch das hastige, nie ruhende Vorwärtsstreben des Amerikaners, welches durch keine Rücksicht auf hinter ihm Liegendes gelähmt und durch die Großartigkeit seines Weltteils selbst, durch das Ungebundene und Riesenhafte der ihn umgebenden Natur unterstützt wird. Im Gegensatz dazu gleicht unser Europa einer schon etwas alternden, durch viele Schicksalsschläge und bittere Erfahrungen vorsichtig und ängstlich gemachten Matrone, welche ihr ferneres Leben in möglichster Ruhe zu genießen wünscht. Dennoch ist und bleibt sie die Mutter des jungen Riesen im Westen und übertrifft ihn weit durch Erfahrung und Weltkenntnis nicht bloß, sondern auch durch den seit lange aufgehäuften Besitz zahlreicher geistiger und materieller Schätze. Namentlich in geistiger Beziehung empfindet Amerika, welchem seine fieberhafte Tätigkeit im Erwerben weder Zeit noch Muße zur Einkehr der Geister in sich selbst lässt, tief seine Abhängigkeit von dem durch Jahrtausende alte Kultur und Wissenschaft getragenen Europa; und dieses eigentümliche Verhältnis mag mit dazu gewirkt haben, dass in Folge einer besonderen Verkettung von Umständen und folgend einer Jahre hindurch sich wiederholenden Einladung der Verfasser dieser Briefe sich am 11. September dieses Jahres auf dem von Hamburg nach New-York segelnden Dampfer der Hamburger Paketfahrt-Actiengesellschaft „Thuringia" wiederfand, nachdem er von seinen Lieben in der

Heimat einen dieses Mal nicht gerade leichten Abschied genommen hatte.[3]

Main-Neckar-Bahnhof Darmstadt 1846

Denn als er auf dem Perron des Darmstädter Bahnhofes an demselben Tage, als der Kronprinz des deutschen Reiches[4] unter ungemessenem Jubel der Bevölkerung dort einzog, umwogt von drängenden Menschenmassen, seinen vier blühenden Kleinen[5] zum letzten Male in das Auge geschaut hatte, nicht wissend, ob und ob er sie so wiedersehen würde, da durfte er sich der Tränen nicht schämen, welche sich ihm mit Gewalt in das Auge drängten. Aber der brausende Zug führte ihn rasch davon und ganz anderen Lebensinteressen entgegen, als den bisher gewohnten. In der Jugend nimmt man solchen Wechsel leicht und mit Vergnügen entgegen; in einem gewissen Alter dagegen wird es schwer, allem, was uns an das Leben und an das gewohnte Leben knüpft, für längere Zeit Lebewohl zu sagen.

---

3 Die Hamburg-Amerikanische Packetfahrt-Actien-Gesellschaft (HAPAG) wurde am 27. Mai 1847 von angesehenen Reedern und Kaufleuten in Hamburg gegründet.
4 Kronprinz Friedrich (1831–1888), der als Friedrich III. nach dem Tod seines Vaters 1888 nur 99 Tage als Kaiser regierte. Seine Frau Viktoria war die ältere Schwester von Prinzessin Alice von Hessen-Darmstadt. Luise Büchner kannte das Prinzenpaar sehr gut, siehe Luise Büchners Brief an Karl Gutzkow am 26. 10. 1873. In: Feder und Wort sind Euch gegeben, so gut wie dem Manne!" Studien und Briefe zu Luise Büchners Leben und Werk. Hrsg. Elke Hausberg und Agnes Schmidt, Darmstadt 2004, 79f.
5 Ludwig und Sophie Büchner (1836–1920) hatten vier Kinder: Mathilde (1860–1934), Georg (1862–1944), Elisabeth (1864–1939) und Wilhelm (1866–1914).

Und so bin ich also für beinahe ganze vierzehn Tage auf den Raum eines Schiffes beschränkt, das zwar nicht zu den kleinen gehört, sondern bei einer Breite von circa fünfzig und einer Länge von drei- bis vierhundert Fuß nicht weniger als tausend und mehr Menschen Unterkunft gewährt, neben ungeheuren Massen von Gepäck, Proviant, Fracht, Steinkohlen etc., und in dessen Bodenraum man hinabblickt, als ob man beinahe auf einer Kirchturmspitze stände. Aber wäre das Schiff auch zehnmal so groß als es wirklich ist, auf dem unendlichen Ozean gleicht es doch nur einer Nussschale, mit welcher Wind und Wetter spielen. Auch ist der Raum, über den der Einzelne an Bord eines solchen Riesenbaues zu verfügen hat, ein gar geringer; und in der Schlafkoje, wenn sie auch dem sogenannten oberen Salon der mit großem Luxus ausgestatteten ersten Kajüte angehört, muss man sich in Gesellschaft eines Gefährten mit einem Räumchen begnügen, das uns zu Hause als eine Art von Gefängnis erscheinen würde. Einer näheren Beschreibung des Schiffes und seiner Einrichtungen darf ich mich übergehen, da gerade die „Thuringia", auf der ich die Reise machte, vor nicht langer Zeit einer eingehenden Schilderung in diesen Blättern gewürdigt worden ist.

Als uns am Morgen des 11. September ein kleiner Dampfer von Hamburg aus nach dem weiter hinaus in der Elbe ankernden Ozeandampfer gebracht hatte, tobten Wind und Regen um die Wette mit dem Geräusch des dem Schlot entströmenden Dampfes und dem donnernden Krachen der Riesenmaschine, welche das Schiff bewegte, und die Gefühle, mit denen die meisten Passagiere bald darnach in die wogende Nordsee hinausfuhren, mögen wohl nicht die angenehmsten gewesen sein. Die gefürchtete Seekrankheit ergriff alsbald ihre zahlreichen Opfer, und der um fünf Uhr stattfindende Mittagstisch fand von der ganzen Bevölkerung der oberen Kajüte nur zwölf, der Abends gereichte The gar nur fünf Personen beisammen; unter ihnen ich selbst, der ich trotz starker nervöser Anlage bis jetzt noch nie von Seekrankheit zu leiden hatte.

Der folgende Abend zeigte eine gänzlich veränderte Scene. Der Wind hatte sich gelegt, der Himmel war rein und der zunehmende Mond ergoss sein mattes Licht über die weißen Kreidefelsen der englischen Küste, an der wir mit einer Geschwindigkeit von dreizehn englischen Meilen in der Stunde dahinjagten. Die Stadt Dover sahen wir im vollen Lichterglanze vor uns liegen, auf der andern Seite zeigten sich entfernte französische Leuchtfeuer. Schon Freitagmorgen vor sechs Uhr fuhren wir in den Hafen Havre ein, wo die Hamburger Post-Schiffe vierundzwanzig Stunden liegen zu bleiben pflegen, um Kohlen und neue Passagiere einzunehmen, und wir suchten uns während dieser Zeit beim schönsten Wetter (die Sonne brannte so heiß wie im Juli) die Zeit in der schönen Stadt Havre mit ihrem prächtigen, jetzt in eine förmliche Festung verwandelten Hafen so gut als möglich zu vertreiben. Sonntag Morgens um sechs Uhr war das Schiff schon wieder in Bewegung und begann jene dreitausend englische Meilen weite Reise über den atlantischen Ocean, welche an Einförmigkeit und Langeweile in der Regel nichts zu wünschen übrig lässt und den Reisenden dazu verurteilt, entweder in sich selbst oder in seiner Schiffsgesellschaft oder in Betrachtung der auf dem Schiffe vor sich gehenden Szenen Befriedigung seiner geistigen Bedürfnisse zu finden. Zum Ersteren lassen Einem das beständige Lärmen des Schiffes und Natur und Menschen wenig Muße, daher man sich umso lieber an die letztgenannten Auskunftsmittel wendet. Bekanntlich dienen die Bremer und Hamburger Schiffe nicht bloß als

Passagier-, sondern auch als Auswanderer-Schiffe, und die Szenen, welche sich auf und in dem für Auswanderer bestimmten Vorderteil des Schiffes oder sogenannten Zwischendeck abspielen, sind gar mannigfaltiger Art und die bekannten und oft geschilderten.

Natürlich ist hier von dem vielgerühmten Komfort der Kajüten, der übrigens auch schon in der zweiten Kajüte auf ein sehr bescheidenes Maß reduziert ist, nichts zu entdecken, und der Aufenthalt eigentlich nur bei gutem Wetter, wo man sich auf Deck aufhalten kann, erträglich. In der Tat ist dann auch das Deck der Lieblingsaufenthalt der Zwischendecker, welche sich in nicht zu kalten Nächten, in ihre Bettdecken eingehüllt, wie Wollsäcke, daselbst zum Schlafen niederlegen. Liebende und ihre Verliebtheit offen zur Schau tragende Pärchen, schreiende und sich wälzende Kinder, alte zusammengekauerte Mütterchen bilden die Staffage, während das für die Bewohner der zweiten Kajüte bestimmte Deck ein Mittelding zwischen erster Kajüte und Zwischendeck bildet und die eigentlich lustige Gesellschaft, soweit eine solche überhaupt möglich ist, vorstellt. Man hört bisweilen das Leben auf einer solchen Seereise als ein lustiges und angenehmes schildern; in Wirklichkeit aber leidet es an einer unvergleichlichen Einförmigkeit und Langeweile, und die letzten Tage werden beinahe allen Passagieren zu einer Marter und namentlich den armen Seekranken.

Das Wetter begünstigte übrigens unsere Reise mehr, als man es im Monat September erwarten konnte, und so liefen wir schon am 24. September in die Bai von New York ein, deren malerische Umgebung schon so oft geschildert worden ist. Man sieht die berühmten amerikanischen Flachboote nach allen Seiten umher schießen, um den ungeheuren Verkehr zwischen dem von zwei Meeresarmen umströmten New York und den dasselbe an den gegenüberliegenden Uferseiten umgebenden Städten oder Vorstädten zu vermitteln, und sieht sich alsbald selbst durch ein solches Boot von dem in Hoboken gelegenen Landungsplatz der Hamburger Dampfer nach der Riesen-

Die Bai von New York. (Nach Photographie.)

stadt versetzt, deren aller Beschreibung spottendes Getöse und Gedränge uns sofort den Eindruck der Weltstadt macht und uns erkennen lässt, dass wir uns inmitten eines der großen Centralpunkte des Weltverkehrs befinden. Selbst das vielbeschriebene Gedränge der Londoner City scheint durch das unbeschreibliche Treiben in den unteren Teilen des New Yorker Broadways übertroffen zu werden. Im Übrigen unterscheidet sich New York in seinem äußeren Anblick nicht viel von dem Ansehen europäischer Städte und verrät seinen jugendlichen Ursprung und seine rapide Entwicklung vielleicht nur dadurch, dass die großartigsten Prachtbauten, welche jeder Metropole zur höchsten Zierde gereichen würden, in der Regel flankiert sind von kleinen, unansehnlichen Häuschen oder Baracken, wie man sie sonst nur in Landstädten zu sehen gewohnt ist. Auch seine quadratische Bauart unterscheidet es wesentlich von alten, aus allmählicher Agglomeration ent-standenen Städten. Endlich gibt ihm die fast auf jedem Schritt sichtbare Mischung von deutschem und amerikanischem Wesen ein eigentümliches Gepräge. Die Zahl der in New York lebenden Deutschen ist bekanntlich eine so große, dass New York als die drittgrößte deutsche Stadt bezeichnet zu werden pflegt. Was übrigens die Deutschen hier treiben, wie sie leben und bemüht sind, deutsches Wesen und deutschen Geist zu pflegen und unter sich aufrecht zu erhalten – davon werde ich den Lesern der Gartenlaube in einem meiner nächsten Briefe berichten.

Zweiter Brief[6]

„Wie gefällt Ihnen Amerika?" – „Wie gefällt Ihnen New York?" – Dieses sind die Fragen, welche hier Jedermann, namentlich jeder Amerikaner, an den Fremden richtet, nachdem er kaum einige Tage im Lande ist. Natürlich erwartet der Fragende keine andere als eine möglichst lobende oder enthusiastische Antwort; denn der Amerikaner ist stolz auf sein Land und noch stolzer auf dessen bedeutendste Stadt *New York,* in welcher sich nach seiner Meinung alles konzentriert, was die moderne Civilisation Großes und Schönes aufzuweisen hat. Und in der Tat mag er in mancher Beziehung nicht Unrecht haben. Die so oft beschriebene, unvergleichliche Lage der riesigen Stadt auf einer langhingestreckten, von zwei Meeresarmen umfassten Insel, welche ihrerseits wieder von größeren und kleineren Inseln oder Halbinseln umgeben ist, an deren Ufern sich Neben- oder Schwesterstädte ausbreiten, welche an Größe mit den europäischen Hauptstädten wetteifern; die ungeheuren Häfen (vielleicht die größten der Welt), in denen sich die Schiffe aller Länder und Nationen zu Hunderten und aber Hunderten wiegen und auf denen die bekannten Ferrys oder Flachboote, welche Tausende von Menschen neben vielen Wagen und Pferden auf einmal aufnehmen, zur Vermittlung des Verkehrs nach allen Richtungen umherschießen; die alle Begriffe übersteigende

---

6 Veröffentlicht im Heft 46/1872.

Größe des Verkehrs in der sogenannten unteren oder dem Meere zugekehrten Seite der Stadt, welche selbst das betäubende Gewühl der Pariser Boulevards oder der Londoner City hinter sich lässt; die große Menge verschwenderischer Prachtbauten und der überall zu Tage tretende enorme Reichthum; die gar nicht enden wollende und stundenweit in die Länge sich erstreckende Ausbreitung der Stadt selbst und so manches Andere machen New York ohne Zweifel zu einer der ersten Städte der Welt! Ob aber auch zu einer der schönsten, wie der Amerikaner meint, ist eine Frage, die nicht so unbedingt zu bejahen sein dürfte. Dazu fehlt New York, wie Amerika überhaupt, gerade dasjenige, was die alte Welt auszeichnet und was in meinem ersten Briefe als das hauptsächlichste Unterscheidungsmerkmal zwischen Europa und der neuen Welt betont wurde – die *historische Entwicklung* nämlich.

Auf jedem Schritte, den der frischangekommene Europäer hier tut, fällt es ihm auf, dass er sich nicht in einer *gewordenen*, sondern in einer *gemachten* Stadt befindet, welche überdem die Spuren der mit ihrem rapiden Wachsthum notwendig verbundenen *Unfertigkeit* in einer verzweifelt deutlichen Weise an der Stirn trägt und sich nicht entblödet, den Wanderer in ihren Straßen, wenige Schritte von ihren glänzendsten Avenuen entfernt, über Moraste, Grashügel, Düngerhaufen, Ziegenställe, Pferdeschuppen, ungesprengte Felsenmassen u. dgl. stolpern zu lassen. Nur das untere, dem Meere in Form eines stumpfen Kegels zugekehrte Drittel oder eigentliche Geschäftsviertel der Stadt lässt Fertigkeit und, da es den ältesten Teil bildet, auch eine gewisse Mannigfaltigkeit wahrnehmen, während von dort aufwärts jenes regelmäßige Quadrat- oder Blockwesen amerikanischer Städte beginnt, welches sich in endloser Einförmigkeit immer weiter und weiter erstreckt. Die Straßen haben keine Namen mehr, wie in der unteren Stadt, sondern werden nur nach fortlaufenden Nummern gezählt; und während vor zehn oder zwanzig Jahren die Stadt sich nur bis zur zehnten oder elften Querstraße erstreckte, reicht sie jetzt bis zur einhundertundfünfzigsten oder noch weiter und ist bis weit über die zweihundertste Straße hinaus angelegt.

Teilweise unterbrochen wird dieses Häusermeer, in welchem in der Regel ein Haus genau so aussieht wie das andere, allerdings auf eine angenehme Weise von der neunundfünfzigsten bis zur hundertzehnten Straße durch den berühmten, in englischer Manier angelegten Centralpark oder Centralgarten, welcher den Stolz der New-Yorker bildet und wohin alltäglich bei schönem Wetter der berühmten fünften Avenue oder Längsstraße entlang die eleganten Carossen der „oberen Zehntausend" wallfahren. Einen organischen Mittelpunkt, wie Paris oder Wien, besitzt unter solchen Umständen New York selbstverständlich nicht, wenn man nicht gerade den die ganze Stadt der Länge nach durchziehenden und die elegantesten Läden beherbergenden berühmten, endlos langen Broadway dafür gelten lassen will, und die berühmten Flaneurs der Pariser Boulevards oder der Wiener Ringstraße sind hier unbekannte Dinge. Ebensowenig kennt man hier die dem *dolce far niente*, dem süßen Nichtsthun, gewidmeten Kaffeehäuser, welche in jenen Städten den Mittelpunkt der eleganten Welt bilden. Für solche Zerstreuungen hat der Amerikaner keine Zeit; er rennt, jagt, tobt vom Morgen bis zum Abend unaufhörlich nach jenem Dinge, was man hier den „almighty dollar" oder den allmächtigen Dollar nennt, und der stille, behagliche Lebensgenuss unserer europäischen Kleinstädte ist für ihn meist ein unbekanntes Ding. Freilich sind auch die Anforderungen, welche das materielle Leben hier an den Einzelnen stellt, so unverhältnismäßig groß, dass ihnen in der Regel nur durch die größten persönlichen Anstrengungen genügt werden kann.

Dass unter solchen Umständen für die Einkehr des Geistes in sich selbst oder für geistige und wissenschaftliche Arbeit überhaupt nicht viel Zeit oder Muße übrigbleibt, ist selbstverständlich. Doch hat unter diesem Umstande die Werthschätzung geistiger Arbeit bei den Amerikanern nicht Not gelitten; und die Art, wie der Verfasser dieser Briefe schon in der ersten

Zeit seines Hierseins bei Gelegenheit der dritten Jahresfeier des *American liberal Club (Amerikanischer Verein der Freigesinnten)* am 5. Oktober aufgenommen und ausgezeichnet wurde, lieferte ihm den besten Beweis dafür, welcher Anerkennung sich namentlich *deutsche* Geistesarbeit unter den Amerikanern selbst erfreut.[7] Dazu kommt, dass Amerika den Mangel eigener Tätigkeit auf diesem Felde durch eine bei uns beinahe unerhörte Opferwilligkeit und Freigebigkeit für wissenschaftliche und bildende Zwecke überhaupt zu ersetzen versteht. Wir können uns kaum vorstellen, was z. B. für Schulzwecke in diesem Lande durch bloße private Hülfe und Unterstützung geleis-

Cooper Union/ Institut

---

7 The New York Liberal Club was a lecture and debate group founded in New York City in 1869 by prominent New York City intellectuals. The Club included individuals like Horace Greeley, Stephen Pearl Andrews, and James Parton. Victoria Woodhull and David and Jane Croly also counted themselves as friends of the Club. In Club meetings, members and guests lectured on and debated important topics of the day focusing on religion, science, and social reform (https://aha.confex.com/aha/2014/webprogram/Paper13306.html).

tet wird; und als ich gestern das berühmte *Cooper-Institut*[8] besuchte, musste ich mir mit Beschämung gestehen, dass etwas der Art in Europa nicht gefunden werden kann. Eine bloß durch die Opferwilligkeit eines einzigen reichen Mannes gegründete großartige Bildungsanstalt, welche jedermann jederzeit unentgeltlich zur Verfügung steht und deren starke Benutzung zeigt, welch nützliches Werk ihr Begründer geschaffen hat. Namentlich das riesige, die Zeitungen und Literaturblätter beinahe der ganzen gebildeten Welt neben mancherlei anderen Bildungsmitteln enthaltende Lesezimmer war so stark besucht, dass es schwer halten mochte, einen bequemen Platz zu finden.

Was freilich die eigentliche höhere und Universitätsbildung oder die Vorbereitung für gelehrte Berufsarten angeht, so leidet dieselbe in Amerika noch unter viel und mancherlei schweren Mängeln oder Gebrechen, deren veranlassende Momente allerdings der Amerikaner (wie ich glaube mit Unrecht) bis jetzt noch für untrennbar von republikanischer Freiheit hält. Ganz dasselbe gilt auch für eine nicht geringe Anzahl politischer Gebräuche oder Herkommen, deren allenfallsiger Nutzen im Sinne republikanischer Freiheit doch durch ihre sonstigen großen Nachteile sehr in den Schatten gestellt wird. Dahin gehören z. B. der Wechsel oder die Absetzbarkeit der Staatsbeamten bei dem Wechsel des Präsidenten; oder die Wählbarkeit der richterlichen Beamten; oder die Abwesenheit des Schulzwangs; oder die ausgedehnteste Anwendung des allgemeinen Stimmrechts, selbst da, wo den Massen, die dieses Recht ausüben, alle Vorbedingungen für nützliche Anwendung desselben abgehen, oder wo es ihnen durch Korruption und Parteiumtriebe verkümmert wird. Selbst die Wahl des obersten Beamten der Republik, des

---

8 Die Cooper Union/Institut wurde 1859 durch den Industriellen und Erfinder Peter Cooper gegründet. Cooper, der keine geregelte Ausbildung genossen hatte, machte es sich zur Aufgabe, Bildungsmöglichkeiten auch für ärmere Bevölkerungsschichten zu schaffen. Die Cooper Union begann als Institut für Erwachsenenbildung und als Tagesschule für Frauen mit Kursen in Fotografie, Telegrafie, Schreibmaschine und Kurzschrift. Diskriminierung aufgrund von Rasse, Religion oder Geschlecht war ausdrücklich verboten. (Quelle: wikipedia).

Präsidenten, dessen persönliche Macht größer ist, als die eines wirklich konstitutionellen Monarchen oder der Königin von England z. B., ist in der diesjährigen Wahlperiode – einer der wichtigsten, welche das Land jemals erlebt hat – durch heimliche Parteiumtriebe derart in falsche Bahnen geleitet worden, dass dem wählenden Volke nur noch die Wahl zwischen zwei Kandidaten übrig geblieben ist, von denen der Eine so wenig den Beifall der Gebildeten hat, wie der Andere, und dass das Land unter allen Umständen – ob *Grant* oder *Greeley* – einer vierjährigen Mißregierung entgegensieht. Rechnet man dazu, dass die Urheber der großartigsten und unverschämtesten Diebstähle, welche jemals am Geldbeutel des Volkes begangen worden sind, oder die ehemaligen Väter der Stadt New York zum Teil noch frei hier herumlaufen, und dass die Korruption oder Bestechlichkeit in Staats-, Stadt-, Beamten- und Journalistenkreisen, sowie in den Kreisen der politischen Führer allgemein bekannte und zugestandene Sache ist, so muss man zugeben, dass trotz Freiheit und Republik doch noch etwas faul sein muss „im Staate Dänemark".

Alles dieses spricht natürlich nicht im Geringsten gegen den Wert republikanischer Konstitutionen überhaupt; im Gegenteil zeigen sich diese in einem umso glänzenderen Lichte, je mehr sie das Land befähigen, solche Abnormitäten ohne wesentliche Beeinträchtigung seiner Interessen oder seiner riesigen Entwicklung zu überdauern – ein Verhältnis, an welchem sogar eine unglückliche Präsidentenwahl nicht viel zu ändern im Stande sein wird. Hat doch Amerika sogar die traurigen Folgen des unseligen Bürgerkrieges in einer Weise überlebt und überdauert, die einem monarchischen Staate kaum zuzutrauen möglich ist, und die so unendlich schwierige und scheinbar unlösliche Sklavenfrage so gründlich aus der Welt geräumt, dass man ihre Folgen gegenwärtig, wenigstens in den nördlichen Staaten, fast nicht mehr empfindet. Es müssen in New York eine große Menge von Schwarzen leben, denn fast der fünfte oder sechste Mensch, dem man auf der Straße begegnet, ist ein Schwarzer oder eine Schwarze; aber in gesellschaftlicher Beziehung verspürt man davon nicht den geringsten Nachteil, sondern nur Vorteil, da Schwarze zu allen möglichen Geschäften und Dienstleistungen brauchbar und willig sind, wenn sie auch, bis jetzt wenigstens, nur diejenige gesellschaftliche Rangstufe einnehmen konnten, die ihnen ihre geringere Anlage und Bildung zuweist. Freilich darf man dabei nicht vergessen, dass der unter Weißen geborene und im Umgang mit ihnen aufgezogene Neger ein anderes Wesen ist, als der Neger der afrikanischen Wildnis.[9]

Rechnet man dazu die ungeheuren Menschenmassen, welche Europa alljährlich aus sich ausstößt und an das amerikanische Ufer wirft, und welche ebenfalls die große Republik des Westens trotz so vieler abnormer und widerhaariger Elemente in sich aufzunehmen und zu verdauen genötigt ist, so wird man zugeben müssen, dass nur ein auf die Grundsätze der Freiheit und Gleichberechtigung gegründeter Staat solche Aufgaben so glücklich zu lösen im Stande ist. Aber dieses hindert nicht, dass nicht Gutes durch Besseres ersetzt werden kann; und wenn nicht alle Anzeichen trügen, so werden die diesjährigen Erfahrungen nicht wenig dazu beitragen, um einer politischen Agitation Bahn zu brechen, welche früher oder später zur Abschaffung des Instituts der amerikanischen Präsidentschaft[10] überhaupt führen wird. Wenigstens habe ich bis jetzt hier kaum Einen gebildeten Deutschen gesprochen, der nicht im Prinzip die Unzweckmäßigkeit und das Unrepublikanische der Präsidentschaft anerkannte; und die Eröffnung des Feldzugs gegen

---

9 Ludwig Büchner vertritt hier zwar die Meinung, dass Schwarze durch mehr Bildung eine höhere Stelle in der Gesellschaft einnehmen könnten, gleichzeitig teilt er das rassistische Vorurteil seiner Zeitgenossen über die Inferiorität der schwarzen Bevölkerung. Vgl. Meyers Konversations-Lexikon (Leipzig 1908, Bd. 12) Stichwort ‚Neger': [...] Von Charakter heiter, eitel, gefallsüchtig, lügenhaft und sinnlich, aber sehr gelehrig, machen sie europäische Erzeugnisse mit großer Geschicklichkeit nach, eignen sich fremde Sprachen schnell an und sind in den Schulen rasch auffassende Schüler [...].
10 Hierzu vermerkte der Redakteur der Gartenlaube in einer Fußnote: Keinen Präsidenten? Was dann?

die Präsidentschaft als solche wird noch im Laufe dieses Monats durch eine gut vorbereitete Massenversammlung der Deutschen geschehen, welche überhaupt in Allem, was sich mehr auf ideelle Politik, als auf bloße politische Drahtzieherei bezieht, das treibende Element in Amerika zu bilden scheinen. Viel mag dazu neben der mehr zum Idealistischen neigenden Natur des Deutschen auch der immer noch fortdauernde Einfluss der sogenannten Achtundvierziger, oder der in jenem Jahre aus Deutschland vertriebenen Republikaner beitragen. Zu bedauern ist dabei freilich, dass sich Deutsche und Amerikaner hier immer noch einander viel fremder gegenüberstehen, als man draußen anzunehmen geneigt ist, und dass es genug Deutsche in guten Stellungen hier gibt, welche zu amerikanischem Leben so gut wie keine Beziehung haben, ja nicht einmal englisch reden oder verstehen, obgleich sie schon viele Jahre hier sind. Auf der andern Seite ist es auch wieder sehr anzuerkennen, dass die deutsche Geselligkeit sich hier in der Fremde in noch hervortretenderer Weise geltend macht, als zu Hause, und dass es geradezu zahllose Vereinigungsgelegenheiten jeder Art und jeden Zweckes für Deutsche gibt.

Eine der hervorragendsten, wenn nicht die hervorragendste Gelegenheit dieser Art bietet der New Yorker Turnverein,[11] welcher gesellige, bildende und Schulzwecke in gleicher Weise verfolgt und soeben mit Erbauung eines Turnhauses fertig geworden ist, dem sich kaum ein ähnliches in Deutschland an die Seite zu stellen im Stande sein wird. Praktisch, wie man in Amerika immer ist, hat man die Zinsen des enormen Baukapitals dadurch zu decken gewusst, dass man die nicht einmal sehr großen, aber zweckmäßig eingerichteten Kellerräume des in

---

11 Der New Yorker Turnverein wurde von Sigismund Kaufmann (1825–1889) u. a. gegründet. Er war 1859 auch Gründungsdirektor der deutschen Sparkasse und in den 1870er Jahren Präsident der New Yorker „Deutschen Gesellschaft", deren vorrangige Aufgabe der Schutz der deutschen Einwanderer war. Kaufmann war auch Präsident des Nationalen Turnerbundes. Vgl.: Manfred Körner: „Für die Freiheit Aller, für die Einheit des Vaterlandes": Hessische Achtundvierziger in den USA, in AHG 57/1999, S. 55ff.

einer frequentierten Straße gelegenen Gebäudes an einen Wirth um die für unsere Begriffe unfassliche Pachtsumme von zehntausend Dollars jährlich vermietet hat. Darnach können Sie sich einen ungefähren Begriff von der Kostspieligkeit des New Yorker und des amerikanischen Lebens überhaupt machen, in welchem ein Dollar noch nicht so viel bedeutet, als ein halber Thaler bei Ihnen oder ein Gulden in Süddeutschland. Wer daher hier Geld verdient und es in Europa verzehrt, tut gut. Wer es aber umgekehrt machen wollte, wäre ein Thor; und wenn die reichen Amerikaner im Sommer Europa besuchen, so ist es bei ihnen nicht selten ebenso sehr auf Ersparnis, wie auf Vergnügen abgesehen. Doch damit genug für heute aus dem Lande, in welchem uns so vieles nicht Wunder nehmen oder befremden wird, sobald wir nicht vergessen, dass wir uns mitten in einer riesigen, wenn auch noch ganz jugendlichen Entwicklung befinden; und dass Menschen, Geld, Zeit und Kraft nur insoweit geschätzt werden, als sie sich dieser Entwicklung dienstbar zu machen verstehen.

Dritter Brief[12]

Vorlesungen in Amerika. – Überall Partei. – Politische Versammlungen. – Die „Mache" der öffentlichen Meinung. – Vielleicht Monarchie und Religionskrieg. – Amerikanische Kieselacks. – Ein priesterlicher Räuber. – Klöster im Lande der Freiheit.

Es sind beinahe vier Wochen verflossen, seit ich Ihnen das letzte Mal schrieb. Aber Sie müssen mich entschuldigen, da alsbald nach der Präsidentenwahl im Anfang des Monats November das Vorlesungswesen meine Kräfte der Art in Anspruch nahm, dass kaum Zeit für etwas Anderes übrig blieb. Ein Vor-

---

12 Veröffentlicht im Heft 52/1872, S. 861–863.

leser oder Lecturer, wie der englische Kunstausdruck lautet, hat es hier nicht so bequem, wie in deutschen Städten, wo Alles, was sich für eine Vorlesung oder Vorleser interessiert, an demselben Punkte zusammenströmt. Hier ist es umgekehrt, und ein Vorleser muss sich mit Rücksicht auf die riesigen Entfernungen innerhalb New York's und seiner Schwesterstädte bequemen, an zehn oder zwölf verschiedenen Punkten seine Vorträge zu wiederholen, und dabei selbstverständlich Zeit und Kräfte zuzusetzen. Da geht es denn von einer Car (Pferde-Eisenbahn-Wagen) in die andere; von einer Ferry (Fährboot) in die andere, bis man endlich müde und zusammengerüttelt am Bestimmungsorte anlangt und schließlich jenem vielköpfigen Ungeheuer, welches man Publikum nennt, gegenübersteht, bisweilen an einem eleganten, mit Blumen oder Teppichen umrahmten Lesepult, bisweilen an einem alten wackeligen Tisch, den man nicht berühren darf, ohne das auf demselben stehende Glas Wasser zum sanften Überschwappen zu bewegen. Dabei ist man in der Regel noch nicht fertig mit dem Hinunterschlucken jener kleinen Ärgernisse, welche das Anbringen oder Aufhängen einer Anzahl von zu der Vorlesung nötigen Tafeln oder sonstigen Gegenständen an passender Stelle bei der Unverständigkeit der Bediensteten oder dem Mangel an dazu nötigen Materialien im Gefolge hat; oder man hat noch kaum eine Minute Zeit gehabt, sich von unzähligen Begrüßungen, persönlichen Vorstellungen und der Anstrengung unaufhörlichen Händeschüttelns zu erholen – und schon steht man auf der sogenannten Plattform, um dem aus den verschiedensten Elementen gemischten Zuhörerkreise innerhalb des unsagbar kurzen Zeitraums von ein bis zwei Stunden mitunter die schwierigsten Probleme der Wissenschaft oder der realistischen Forschung klar und verständlich zu machen, eine Aufgabe in der Tat, welche, wie es scheint, zu den schwierigsten gehört, die der menschliche Geist sich stellen kann.

Aber wie verschieden spiegelt sich denn auch das Gesagte wieder in den vielen verschiedenen Gehirnen, welche mit Auge und Ohr die Worte des Redners in sich aufnehmen! Dem einen ist der Vortrag zu gelehrt, dem andern zu ungelehrt; dem einen gibt er zu viel, dem andern zu wenig; dem einen ist er zu lang, dem andern zu kurz; dem einen ist er zu materialistisch, dem andern ist er nicht materialistisch genug; der eine will Witze, der andere will keine; der eine hat schon alles gewusst, der andere nicht alles verstanden. Zarte Damengemüter fühlen sich beleidigt von einigen für die Zwecke des Vortrags unentbehrlichen, aber doch an sich höchst unschuldigen anatomischen Erörterungen; während starkgeistige Frauen und energische Frauenrechtlerinnen darüber mitleidig die Achseln zucken und sich sehr in ihren Rechten gekränkt fühlen, wenn man sie von einem Vortrage ausschließt, welcher die Aufgabe hat, die berühmte oder berüchtigte Seelensubstanz-Theorie an den Tatsachen der Zeugung und Vererbung zu prüfen. Endlich ist man fertig und wird von dem gestrengen Publikum-Richter mit dem üblichen Applaus entlassen.

Aber von Ruhe ist darum keine Rede; denn nun geht das Vorstellen und Händeschütteln erst recht los. Ist auch dieses glücklich überstanden, so folgt die letzte, aber auch härteste Prüfung, durch welche der betreffende Verein oder das betreffende Comité, welches den Redner eingeladen hat, den praktischen Beweis dafür zu liefern sucht, dass die neuerdings so oft gehörte Behauptung, der Materialismus der Wissenschaft und der Materialismus des Lebens seien himmelweit verschiedene Dinge, unrichtig ist. Ist man schließlich nach unerhörten Anstrengungen auch mit diesen sinnlichen Genüssen fertig geworden und hat eine Anzahl von Toasten angehört und beantwortet, so darf man sich endlich um oder nach Mitternacht aus diesem Zauberkreis entfernen, um abermals mittelst einer kleinen Reise den schützenden Hafen des heimischen Hauses zu erreichen. Andern Morgens erwacht man mit etwas dumpfem Kopfe, um beim Frühstück die Zeitungen zur Hand zu nehmen und die während der Nacht gedruckten Berichte über dasjenige zu lesen, was man Abends vorher da oder dort verübt oder angestellt hat, und sich davon zu vergewissern, ob man es den gestrengen Herren Repräsentanten der öffentlichen Meinung recht gemacht oder nicht.

Dieser „Kreislauf des Lebens" wiederholt sich dann denselben oder den folgenden Abend in ähnlicher oder nahezu gleicher Weise und mit stets gleichem Erfolge; und ein gewissenhafter Vorleser sieht sich dabei vor allem andern zu der Frage an sich selbst veranlasst, ob und welchen wirklichen Nutzen oder nützlichen Einfluss seine so fortgesetzte Tätigkeit auf die Geister seiner Zuhörer auszuüben im Stande ist.

Das allgemeine Interesse des Volkes, wie der Gebildeten, an öffentlichen Vorträgen nimmt sowohl in Europa wie in Amerika mit jedem Jahre mehr zu, was wohl nicht der Fall sein könnte, wenn die Erfahrung gegen ihre Nützlichkeit sprechen würde. Mag auch vieles und manches dabei sogenannte Modesache

Der Arbeitspalast der „New-Yorker Staatszeitung" in New-York.

sein, so doch nicht alles; und jedenfalls dürften sie ein gutes Gegenmittel gegen jene Verflachung der Bildung abgeben, welche durch das, wenigstens in Amerika, in einem riesigen Maßstabe überhand nehmende Zeitungs-Wesen herbeigeführt zu werden droht. Es gibt in Amerika, selbst bis in die untersten Schichten der Bevölkerung herab, kaum jemanden, der nicht täglich eine oder mehrere Zeitungen liest, und daraus erklärt sich denn auch deren immense Verbreitung. Tägliche Auflagen amerikanischer Zeitungen von weit über Hunderttausend sind bei den hervorragenderen Blättern (wie Times, Herald, Tribüne, World, Evening Post u. s. w.) etwas Gewöhnliches. Deutsche Zeitungen machen selbstverständlich kleinere Auflagen; aber doch trägt die in New York und im Osten verbreitetste deutsche Zeitung, die *New Yorker Staatszeitung*[13] ihrem Besitzer fabelhafte Summen ein und hat ihn veranlasst, mitten im belebtesten Teile der Stadt für seine Zeitung eine Heimstätte zu erbauen, welche an Pracht, Ausdehnung und Kostspieligkeit mit den schönsten europäischen Palästen zu wetteifern im Stande ist.

Was den Inhalt betrifft, so steht freilich die deutsche Presse der Vereinigten Staaten der amerikanischen weit nach und bezieht ihre besten Sachen in der Regel aus europäischem Nachdruck; auch ist die Eifersüchtelei und gegenseitige Bekämpfungswut unter den Organen deutscher Zunge nachgerade bis auf einen fast unerträglichen Höhepunkt gediehen. Aber nicht bloß in der Presse, sondern auch im Leben hat sich die alte deutsche Uneinigkeit hier leider in hohem Grade erhalten und

---

13 Die *New Yorker Staatszeitung* wurde 1834 von deutschen Einwanderern gegründet und erscheint auch heute noch. Zurzeit von Ludwig Büchners Vortragsreise war Oswald Ottendorfer (1826–1900), ein 48-er, editor-in chief, der mit der Witwe seines Vorgängers, Anna Uhl (1815–1884) verheiratet war. Anna Uhl, in Würzburg geboren, wanderte 1837 in die Vereinigte Staaten aus, wo sie Jakob Uhl, einen „Frankfurter Wachenstürmer", seit 1845 Besitzer der New Yorker Staatszeitung heiratete. Nach dem Tod ihres Mannes 1852 leitete sie die Zeitung allein. Mit ihrem zweiten Mann machte sie die Zeitung zu einer der angesehensten Zeitungen der Vereinigten Staaten. Vgl. Karl J. Arndt/May E. Olson: *Die deutschsprachige Presse Amerikas*, München 1976, S. 399.

steht allem Gemeinschaftlichen, mit vereinten Kräften zu Erreichenden hindernd im Wege.

Arrangiert z. B. an einem bestimmten Orte eine Partei eine Vorlesung, so wirkt ihr die andere entgegen, mag auch die Sache selbst noch so sehr mit ihren Prinzipien harmonieren, und umgekehrt. Freilich muss man zur Entschuldigung sagen, dass hier alles Partei ist, und zwar nicht bloß bei den Deutschen, sondern ebenso bei den Amerikanern. Ich besuchte bei Gelegenheit der Präsidentenwahl (welche jetzt vorüber ist und ein Ihnen ohne Zweifel längst bekanntes Ergebnis geliefert hat)[14] mehrere politische Versammlungen und überzeugte mich zu meinem nicht geringen Erstaunen, dass man eigentliche Volksversammlungen im europäischen Sinne hier gar nicht kennt, und dass alle derartige Versammlungen nur sogenannte Parteiversammlungen sind, welche auf den Unbefangenen mehr den Eindruck einer großen theatralischen Schaustellung, als einer Volksbefragung machen. Alles ist vorher abgekartet und abgemacht, die Rollen sind verteilt, die Liste des Präsidenten und zahlloser Vicepräsidenten liegt gedruckt vor und die Zuhörer spielen nur die Rolle von Statisten, welche an passenden Stellen durch Händeklatschen ihren zustimmenden Gefühlen Ausdruck geben und schließlich die vorgelesenen Resolutionen ohne Widerrede annehmen dürfen. Zwischendurch erklingen jene in Amerika

---

14 Die Wahl fand am 5. November 1872 statt. Der amtierende Präsident Ulysses Grant (1822–1885), Kandidat der Republikanischen Partei gewann die Wahl gegen den Kandidaten der Demokraten Horace Greeley (1811–1872), der kurz nach seiner Niederlage starb (siehe Büchners vierten Brief). Grants Präsidentschaft war durch Korruptionsskandale bis dahin unbekanntem Ausmaß geprägt, die bis in seine persönliche Umgebung reichten, auch wenn ihm selbst keine Korruption unterstellt wurde. Für das Amt der Präsidenten kandidierte auch Victoria Woodhull (1838–1928) als Kandidatin der Equal Rights Party, dies, obwohl sie damals das für die Präsidentschaft erforderliche Mindestalter von 35 Jahren noch nicht erreicht hatte und Frauen als Kandidaten ohnehin ausgeschlossen waren. Frauen besaßen damals noch nicht einmal das aktive Wahlrecht, das sie erst 1920 bekamen! Zur Zeit der Präsidentschaftwahl saß Victoria Woodhull allerdings im Untersuchungsgefängnis. Vgl. Antje Schrupp: *Das Aufsehen erregende Leben der Victoria Woodhull (1838–1927)* – die erste Frau, die Präsidentin von Amerika werden wollte, Königstein (Helmer) 2002.

bei keiner Festlichkeit oder öffentlichen Gelegenheit fehlenden ohrenzerreißenden Töne, welche von einer im Hintergrunde postierten Musikbande herrühren; auch sieht man von Zeit zu Zeit einen Gesang- oder sonstigen verbündeten Verein mit Fahnen, Transparenten und mit klingendem Spiele zur Tür hereinziehen. Auf der Plattform aber sitzen mit ernsten, unbeweglichen Mienen die sogenannten „prominenten" Männer der Partei und blicken darein wie Catone und Sokratesse. In den Reden selbst aber schwirrt es von lauter Grant's, Greeley's, Kukluxen, Copperheads, Carpetbaggers und wie alle die merkwürdigen politischen Bezeichnungen heißen mögen, in denen sich ein europäisches Gehirn unmöglich zurechtzufinden vermag, und jeder Ausfall auf den feindlichen Kandidaten findet den reichlichen Beifall der Statisten, unter denen Manche nicht bloß mit den Händen, sondern auch mit den Armen und Füßen arbeiten. Unterhalb der Plattform sitzen die Reporter oder Berichterstatter der Zeitungen, denen von Zeit zu Zeit ein Blatt von oben hinabgereicht wird und welche folgenden Tages das Ganze in verschönernder Perspektive dem obersten Richter, dem Gesamtpublikum, vorlegen.

Während dieser Vorgänge im Innern hat die Partei draußen vor dem Lokal auf einer vor dem Hause errichteten Plattform ein gleiches Vergnügen für dasjenige Publikum arrangiert, welches den freien Himmel den beengenden Räumen des Versammlungssaales vorzieht – ein Vergnügen, welches überdem durch Raketen, Böllerschüsse, bengalische Lichter etc. auf einen möglichst hohen Grad zu bringen versucht wird. Am meisten kommt dieses Vergnügen der lieben Straßenjugend zu Gute, welche hier als ein Teil des souveränen Volkes der unbeschränktesten Willensfreiheit genießt und nicht bloß in Wahlzeiten, sondern jederzeit (unglaublich, aber wahr!) ihre abendlichen Mußestunden mit Anzünden von großen Straßenfeuern zweckmäßig auszufüllen sucht. Die Herren Jungens suchen und stehlen dabei alles denkbare Brennmaterial aus der nächsten Umgebung zusammen, und wenn dann die Flammen lustig zum Himmel emporschlagen, oft in nächster Nähe der unaufhörlich passierenden Straßen-Eisenbahnwagen, so hockt die kleine Bande um das Feuer und stiert wollüstig in die Glut oder führt einen indianermäßigen Rundtanz um dieselbe auf. Niemand denkt daran, sie in diesem gefährlichen Vergnügen zu stören; und es wäre eine dankbare Aufgabe für einen Psychologen, zu untersuchen, ob die häufigen, großartigen Brände und die zahllose Menge kleinerer Brände in amerikanischen Städten nicht in einem inneren und psychologischen Zusammenhange mit dieser in der amerikanischen Jugend fortwährend genährten Feuerlust stehen.

Überhaupt ist die Geduld und Langmut des amerikanischen Publikums im Ertragen von Missständen und selbst Unbequemlichkeiten, trotz alles Republikanismus, eine geradezu grenzenlose und für europäische Begriffe unerhörte. Man lässt sich nicht bloß die Straßenfeuer der Jugend und zahllose Missstände der Straßenpolizei ruhig gefallen, sondern man lässt sich auch tagtäglich ohne Murren in den sogenannten Cars oder Straßen-Eisenbahnwagen in einer Weise zusammenpferchen, dass die berüchtigten Schrecken eines Sklavenschiffs dahinter zurückstehen müssen. Diese lammartige Geduld mag denn auch viel zu der politischen Korruption beigetragen haben, welche ich Ihnen in einem meiner früheren Briefe geschildert habe, und eine Hauptursache dafür sein, dass in keinem andern Lande so sehr wie hier die öffentliche Meinung ein Resultat der sogenannten „Mache" ist, obgleich man das Gegenteil voraussetzen sollte. Geld, Zeitungen und öffentliche Kundgebungen scheinen in dieser Beziehung neben heimlichen Wühlereien allmächtig zu sein, und nur wenn es die politischen Faiseurs von Zeit zu Zeit allzu arg machen, bäumt sich das öffentliche Bewusstsein dagegen auf. So bei der diesjährigen Wahl des Newyorker Mayors oder Bürgermeisters, für dessen Amt ein Irländer, Namens *O'Brien,* ein würdiger Nachfolger von *Tweed* und Genossen, große Aussicht hatte gewählt zu werden. Aber er unterlag seinem in allgemeiner Achtung stehenden Gegenkandidaten

Havemeyer. Diese Wahl fand gleichzeitig und gemeinschaftlich mit der Präsidentenwahl am 5. November statt und verlieh der ganzen Wahlkampagne, welche im Übrigen außerordentlich still vorüberging, ein erhöhtes Leben. Ich besuchte einige sogenannte Polls oder Wahllokale an verschiedenen Punkten der Stadt und fand dieselben weit stiller als bei ähnlichen Gelegenheiten in Deutschland. Die Jungen, welche vor den Wahllokalen herumlungerten und Zettel anboten, erschienen beinahe zahlreicher als die Wähler selbst. Am meisten Leben entfaltete sich gegen Abend, wo bereits teilweise Wahlresultate aus den Provinzen eintrafen und dem souveränen Volke durch eine große erleuchtete Tafel, welche eine der großen Zeitungen auf der Höhe eines Hauses am Unionsplatze hatte anbringen lassen, nach und nach, sowie sie eintrafen, bekannt gemacht wurden. Zwischendurch brachte die nach Art der Nebelbilder sich stetig verändernde Scheibe Anzeigen hiesiger Firmen; und so oft eine der einen oder anderen Partei günstige Nachricht auf derselben erschien, wurde sie von deren Anhängern mit Hurras begrüßt, welche sich übrigens nicht einmal durch besondere Kräftigkeit auszeichneten. Als endlich Grant[15] als Sieger aus dem Wahlkampfe hervorging, war der Jubel ein allgemeiner, und die politischen Gegner, welche sich noch Tags vorher mit Erbitterung bekämpft hatten, reichten sich versöhnt die Hand. Als einzige Nachwehen bleiben nur die großen Summen zu verschmerzen, welche die Anhänger der durchgefallenen Kandidaten und diese selbst für die Zwecke ihrer Wahl unnütz ausgegeben haben, sowie einige Beulen, welche sich die Herren Irländer aus Liebe zur Freiheit (d. h. zu ihrer eigenen) einander an die Köpfe geschlagen haben. Für vier Jahre hat das Land nun wieder politische Ruhe, soweit nicht die durch den Ausfall der Wahl nötig gewordene Neubildung oder Umänderung der politischen Parteien dieselbe zu stören geeignet ist. Die unnatürliche Ver-

---

15 Ulysses S. Grant (1822–1885) war der 18. Präsident der Vereinigten Staaten von Amerika (1869–1877).

bindung der Demokraten und Südländer mit den Greeleyiten fiel natürlich sofort mit der Beseitigung Greeley's über den Haufen[16]; und es wird nunmehr alles darauf ankommen, ob und wie die republikanische Partei ihren Sieg zu benutzen wissen wird. Wahrscheinlich werden sich ihre Anstrengungen zunächst auf Beseitigung der Wahlmännerwahlen und auf Einführung eines direkten Wahlmodus für die Präsidenten der Republik, sowie vielleicht auch auf Einführung des Frauenstimmrechts richten. Doch davon später!

Übrigens fehlt es hier nicht an Leuten, welche es für möglich halten, dass ein energischer Präsident aus der Republik eine Monarchie machen könne (eine freilich höchst unwahrscheinliche Sache), sowie es auch nicht an solchen fehlt, welche für die Vereinigten Staaten einen zukünftigen Religionskrieg prophezeien. Ein Religionskrieg in unserer Zeit, und obendrein in einer Republik, würde freilich ein Anachronismus der kolossalsten Art sein. Wenn man aber sieht, wie tief hier das religiöse Leben in alle Verhältnisse eingreift und wie gross der Hass zwischen Katholiken und Protestanten ist, so kann man ein solches Ereig-

---

16 Horace Greeley (1811–1872) war ein US-amerikanischer Zeitungsverleger, Gründer der New York Tribune, Politiker und Gegner der Sklaverei. Er trat auch für Frauenrechte ein. Als Präsidentschaftskandidat der Demokraten verlor er gegen Ulysses Grant die Wahl. Kurz nach der Niederlage starb er (siehe Ludwig Büchners vierten Brief).

nis wenigstens nicht als außerhalb des Bereiches der Möglichkeit liegend ansehen.

Vor einigen Tagen besuchte ich West-Point, die berühmte Militärschule der Vereinigten Staaten, aus welcher bekanntlich die meisten der großen Generale des Südens hervorgegangen sind. Diese in jeder Beziehung musterhaft eingerichtete Anstalt liegt einige Meilen von New York am Hudson aufwärts und hat einen der reizendsten Flecke der Erde inne. Ein bogenförmig vom Hudson umflossenes, sehr geräumiges Hochplateau ist rings von einem unvergleichlich schönen Gebirgspanorama eingerahmt, welches nur da, wo man den Hudson aufwärts blickt, eine Lücke zeigt. Der Blick in diese Lücke liefert das malerischste Bild, das man sehen kann; und keine Phantasie könnte die ganze Szenerie ansprechender gestalten, als sie wirklich ist. Der von einer Menge kleiner, im Sonnenschein blinkender Segelboote belebte Fluss ist auf beiden Seiten von mehrfach vorspringenden Bergreihen eingerahmt, ähnlich wie der berühmte Königssee in Bayern, während sich im fernen Hintergrunde eine zweite sonnenbeglänzte, mit freundlichen Wohnhäusern belebte Landschaft öffnet.

Nachmittags bestiegen wir zur besseren Übersicht das Fort Putnam, ein altes, auf hohem Berge gelegenes, aus dem Kriege mit den Engländern stammendes und jetzt in Trümmern liegendes Bergschloss, wahrscheinlich die einzige Bergruine Amerikas. Entbehrte der Hudson nicht der malerischen und romantischen Verzierung alter Schlösser und verfallener Burgen, so könnte er sich durch seine Naturszenerie unserm Rheine an die Seite stellen, den er überdem in seinen unteren Teilen durch seine seeartige Ausbreitung in Bezug auf Großartigkeit übertrifft.

Die vortreffliche Einrichtung der sogenannten Palastwagen auf der neben dem Flusse herlaufenden Eisenbahn, welche mit großen Spiegelscheiben versehen sind, ermöglicht dem Reisenden, auch mittelst der Eisenbahn die landschaftlichen Schönheiten der Gegend zu genießen – eine Einrichtung, deren Einfüh-

West-Point

rung unseren rheinischen Eisenbahnen sehr zu empfehlen sein dürfte. Freilich ist der Naturgenuss in Amerika unzertrennlich von einem Kunstgenuss, den man glücklicherweise in Europa mehr oder weniger entbehren muss, ein Genuss, der unwillkürlich an die berühmte Geschichte von Kieselack erinnert. Denn so, wie es Kieselack verstand, seinen Namen überall und selbst an den unzugänglichsten Stellen der Erdoberfläche anzubringen, so verstehen es die amerikanischen Maler oder Weißbinder, nicht bloß alle Straßenecken oder Bretterschuppen, sondern gewissermaßen die ganze Natur mit den widerwärtigen Anzeigen der New Yorker Shopkeeper oder Pflasterschmierer zu beklecksen.[17]

---

17 Joseph Kyselack (1795–1831) war ein als Sonderling bekannter Reiseschriftsteller, der durch seine Manie, seinen Namen überall, selbst an den höchsten Felsen der von Touristen besuchten Gegenden, in großen Buchstaben anzubringen, zu einer typischen Figur geworden. Vgl. Lexikoneintrag in *Meyers Großes Konversations-Lexikon*, Band 11. Leipzig 1907, S. 906

In riesengroßen Buchstaben und in allen möglichen Farben und Verzierungen prangen diese Anzeigen an allen Wegen, Straßen, Zäunen, Abhängen und selbst an den scheinbar unzugänglichsten Felsenklippen. Der Matador dieses Anzeigenhumbugs scheint gegenwärtig der glückliche Erfinder oder Besitzer des nach seiner Meinung weltberühmten *Centaur-Liniment* zu sein; und man kann sicher sein, auf allen Wegen und Stegen in und um New-York diesem Centaur-Liniment an jedem Punkte zu begegnen, der nur die leiseste Möglichkeit bietet, eine in die Augen fallende Inschrift auf demselben anzubringen.[18] Auch dieses Recht eines halbverrückten Kerles, in seinem persönlichen Interesse die halbe Natur zu verklecksen, deren Schönheiten doch wohl für *Alle* da sein sollen, gehört hier zum Wesen der persönlichen Freiheit, welche aber im Grunde nur möglich ist durch die grenzenlose Lammsgeduld aller Übrigen.

Lassen Sie mich diesen Brief mit der Erzählung einer netten Anekdote beschließen, welche zeigt, dass die berühmte Smartness der Amerikaner (ein Ding, wofür wir im Deutschen keinen Ausdruck besitzen) sich auch in religiösen Dingen geltend zu machen versteht. Als ich in *Hudson-City*[19], einer auf dem linken Ufer des Hudson New York gegenüber, auf einer langhingestreckten Anhöhe gelegenen Schwesterstadt New Yorks, in welcher sehr viele Deutsche wohnen, und von deren Höhen herab man einen prachtvollen Blick über New York und seine Umgebung genießt, eine Vorlesung hielt, waren die Gemüter der Bewohner dieser guten Stadt noch aufgeregt über den Schurkenstreich eines angeblichen Dieners Gottes, welcher zur größeren Beförderung der Frömmigkeit eine Sonntagsnachmittagsbetstunde eingerichtet hatte. Während nun die Gläubigen um ihn versammelt waren und seinen frommen Worten lausch-

---

18 Die im Jahre 1871 von Charles Henry Fletscher gegründete Centaur Company warb für seine Salbe Centaur Liniment und andere Medikamente auf Wänden und Brücken in den USA. Die Firma gilt als Erfinderin des Massen-Marketings.
19 Hudson City wurde 1870 in Jersey City eingemeindet.

ten, erbrachen seine Spießgesellen die Häuser der in der Betstunde Anwesenden und raubten sie aus. Ging die Sache nicht schnell oder glücklich genug von Statten, so empfing der Mann Gottes durch die Fenster des Betsaales gewisse Zeichen, welche ihn veranlassten, die fromme Andacht bis zu dem glücklichen Austrage des Geschäfts zu verlängern. Bekam er endlich Nachricht, dass alles gelungen sei, so entließ er mit einigen salbungsvollen Worten seine fromme Herde, welche keine Ahnung davon hatte, wer ihr den feinen Streich gespielt hatte, bis ein Zufall die Sache an das Licht brachte.

Auch an Klöstern, Mönchen und Nonnen, diesen werthvollen Errungenschaften europäischer Vergangenheit, fehlt es in diesem freien Lande nicht; und wenn man den europäischen Mönchen des Mittelalters nachrühmt, dass sie es stets verstanden hätten, ihre Nester an den schönsten Punkten des Landes aufzubauen, so ist dieses eine Tugend, welche ihre amerikanischen Herren Kollegen auch heute noch auszuüben verstehen. Als ich vor einigen Sonntagen bei *Friedrich Lexow*,[20] dem Herausgeber des weit verbreiteten *Belletristischen Journals*, auf seinem schönen Landsitze in *Union-Hill*, der einen prächtigen Ausblick nach dem Festlande hin gewährt und mit seinen freundlichen Gärten, Wiesen und Wäldern ganz den Eindruck einer deutschen Landschaft macht, einen ruhigen Tag fern von dem Toben der Weltstadt zubrachte, gewahrte ich, ungefähr

---

20 Der Journalist und Schriftsteller Friedrich Lexow (1827–1872) wurde in Schleswig-Holstein geboren. Wegen „aufrührerischer Tätigkeit" erhielt er 1848 eine langjährige Gefängnisstrafe. Frühzeitig entlassen, wanderte er 1853 in die Vereinigten Staaten aus, wo sein Cousin Rudolf Lexow die erfolgreiche *New Yorker Criminalzeitung* redigierte. Friedrich Lexow erweiterte die Zeitung mit einem literarischen Beiblatt. Die Zeitung hieß fortan *New Yorker Criminal-Zeitung und Belletristisches Journal*. Friedrich Lexow starb am 3. Dezember 1872, also kurz nach dem Zusammentreffen mit Ludwig Büchner. Vgl. Dobert, E. Wolf: *Deutsche Demokraten in Amerika. Die Achtundvierziger und ihre Schriften*, Göttingen 1958, S. 147; Daniel Nagel: *Von republikanischen Deutschen zu deutsch-amerikanischen Republikanern: Ein Beitrag zum Identitätswandel der deutschen Achtunvierziger in den Vereinigten Staaten 1850–1861*, St. Ingbert 2012., S. 578f.

zwanzig oder dreißig Schritte von dem Hause entfernt, auf dem höchsten und schönsten Punkte des Höhenzuges ein neues, stattliches, etwas im mittelalterlichen Stile gehaltenes steinernes Gebäude. Als ich fragte, was das für ein Gebäude sei, erhielt ich zur Antwort: „Ein Kloster!" – und als ich erstaunt weiter fragte: „Sind denn auch Mönche darin?" so hieß es: „Freilich!" Und ich verbesserte mich selbst in Gedanken, indem ich bereute, so dumm gefragt zu haben, und sagte zu mir: „Warum sollte es in Amerika keine Mönche geben, da ja hier das Prinzip der persönlichen Freiheit herrscht?" Und damit leben Sie wohl bis zu meinem nächsten Briefe!

Vierter Brief[21]

Die Nationalitäten in Amerika. – Ein Tanzkränzchen einer kirchlichen Secte. – Der Brand in Boston. – Wissenschaftliches Leben und Mäßigkeitsgesetze daselbst. – Die Chancen der Arbeiter in Amerika. – Aneignungen deutscher Sitte. – Volksbibliothek, Lese-Anstalt und kunstindustrielle Institute in Boston und New-York. – Schurz als Redner. – Die Töchter Greeley's.

In dem soeben erschienenen Buche von D. F. Strauß, *Der alte und der neue Glaube*, welches vollständig mit der bisherigen religiösen Weltanschauung bricht und sich beinahe ganz auf materialistische Standpunkte stellt, sagt der berühmte Theologe, indem er gegen das Ende seiner Schrift auch die Politik in den Kreis seiner Besprechung zieht, von *Amerika* Folgendes: „Unter den Schäden, an denen das Volk der Vereinigten Staaten Nordamerikas krankt, ist einer der tiefsten der Mangel des nationalen Charakters. Auch unsere europäischen Nationen sind Mischvölker: in Deutschland, Frankreich, England haben sich keltische, germanische, romanische, slawische Bestandtheile vielfach übereinander geschoben und bunt durch-

---

21 Veröffentlicht im Heft 4/1873, S. 64–67.

einander gemengt. Aber schließlich haben sie sich doch durchdrungen, sich im Hauptkörper der Nationen (gewisse Grenzstriche abgerechnet) zu einem neuen Produkte, eben der jetzigen Nationalität jener Völker, neutralisiert. In den Vereinigten Staaten hingegen brodelt und gärt der Kessel, in Folge unaufhörlichen Zuschüttens neuer Ingredienzien, immerfort; die Mischung bleibt ein Gemisch und wird kein lebendiges Ganzes. Das Interesse an dem gemeinsamen Staate kann das Nationale nicht ersetzen; es hat, wie tatsächlich vorliegt, nicht die Kraft, die Einzelnen aus der Enge ihrer Selbstsucht, ihrer Geldjagd zu idealen Bestrebungen zu erheben; wo kein Nationalgefühl ist, da ist auch kein Gemüt."[22]

Sind auch in obigen Sätzen die Farben etwas stark aufgetragen, so hat doch der scharfsinnige Denker, obgleich er Amerika nicht aus eigener Anschauung kennt, im Ganzen richtig gesehen. Die Amerikaner selbst gestehen zu, dass sie in Folge der ununterbrochenen Zufuhr fremder Bestandtheile in ihrem Leben als Nation wesentlich behindert sind. Engländer, Irländer, Skandinavier, Deutsche, Niederländer, Slaven, Italiener, Franzosen, Spanier, Afrikaner etc., – allerdings unvereinbare Elemente zum Brodeln und Gären genug! und genug, um das Zustandekommen eines einzigen nationalen Gusses unmöglich zu machen.

Und dennoch sind diese Elemente wieder unentbehrlich zum Bestehen der Union und zum Zustandekommen ihrer riesigen Entwicklung. Wer sollte die zahllosen Eisenbahnen bauen, wenn es nicht die Irländer täten? Wer sollte die große Klasse der Dienstboten bilden, der Kutscher, Bedienten, Aufwärter, Kellner, Köche und Köchinnen, der Mägde etc., wenn nicht Irländer, Neger, und zum Teil auch Deutsche sich dazu hergeben würden? Kein Amerikaner würde als Herrschaftskutscher eine Peitsche in die Hand nehmen oder einem anderen Menschen die

---

22 Der Theologe und Schriftsteller David Friedrich Strauss (1808–1874) lebte Ende der 1860er Jahren in Darmstadt und war öfters Gast im Hause Büchner. Auf Einladung von Prinzessin Alice von Hessen hielt er Vorträge über Voltaire im Schloss und widmete die gedruckte Fassung dieser Vorträge der Prinzessin.

Stiefel putzen. Für alle derartigen Geschäfte macht ihn sein persönlicher Stolz, sein Freiheitgefühl untauglich; und es würde in der Tat schwer sein, sich den Zustand der amerikanischen Gesellschaft ohne die einwandernden Elemente vorzustellen. Bekanntlich ist die *irische* Einwanderung die stärkste; und so große Nachtheile dieses auch aus der einen Seite in den großen Städten durch den Einfluss der Irischen auf die Stadt- und Staatswahlen, sowie durch ihre katholischen Neigungen haben mag, so bereitet doch andererseits gerade das irische Element als solches die wenigsten Schwierigkeiten, weil sich der Irländer am raschesten und leichtesten amerikanisiert. Am nächsten kommt ihm hierin der Deutsche, welcher ebenfalls, wenn unter Amerikanern lebend, leicht und bald zum Amerikaner wird. In fast allen deutschen Familien, in denen ich zu verkehren Gelegenheit hatte, fand ich, dass die Kinder, wenn sie nicht schon in einem gewissen Alter aus Deutschland gekommen waren, lieber und leichter englisch als deutsch redeten; und dies erklärt sich mit Leichtigkeit aus dem Einflusse der Schule. Auch sind Ehen zwischen Amerikanern und Deutschen sehr häufig, in welchem Falle das ganze Hauswesen rasch den amerikanischen Charakter anzunehmen pflegt.

Das ungünstigste Mischungselement als solches bildet ohne Zweifel der *Neger*, dessen körperlicher Einfluss bei der Mischung fast noch den des Weißen zu übertreffen scheint. Wenigstens sieht man oft genug Menschen mit fast weißer Hautfärbung, welche dennoch den charakteristischen Typus der Neger-Physiognomie im vollsten Maße besitzen. Die Eigenschaften der Mischlinge werden im Allgemeinen nicht gerühmt; doch werde ich darüber im Süden, wo die Mischlinge häufiger sind, genauere Informationen einzuziehen suchen. Übrigens ist auch ihre Fortpflanzungsfähigkeit keine unbegrenzte.[23]

---

23 Ludwig Büchners Charakterisierung einzelner Nationalitäten und Bevölkerungsgruppen ähnelt der von den meisten Reisenden aus Europa im 19. Jahrhundert. Vgl. Undine Janeck: *Zwischen Gartenlaube und Karl May. Deutsche Amerikarezeption in den Jahren 1871–1913*, Aachen 2003.

Verschwindend ist bezüglich der Rassen- oder Völkermischung der eingeborene Indianer, dessen gänzliches Aussterben im Gebiete der Union nur noch eine Frage der Zeit ist, obgleich sich gerade in der letzten Zeit die Indianergrenzen wieder sehr unruhig gezeigt haben. Aber das Indianerwesen und der Indianercharakter wird darum nicht verloren gehen, weil dieses Wesen, wie es scheint, ein notwendiges Produkt des Landes, des Klimas, des Bodens ist und sich bei den Eingewanderten nach Verlauf einiger Zeit geradeso geltend macht, wie bei den Eingeborenen. Es ist hier eine allgemein anerkannte und zugestandene Tatsache, dass, wie überhaupt der Angelsachse in Amerika bekanntlich ein anderes Wesen geworden ist, als in der alten Heimat, sich seinem ganzen Charakter etwas Indianerhaftes aufgeprägt hat.[24] Ich glaube dies sogar zu bemerken, als ich vor einiger Zeit einem amerikanischen Damenkränzchen beiwohnte und die Bewegungen der tanzenden Damen beobachtete. Abgesehen von der Toilette, welche von der unserer europäischen Damen bei ähnlichen Gelegenheiten sehr differiert und eine gewisse phantastische, mehr durch Farbenzusammenstellung, als durch die Farben selbst getragene Düsterheit repräsentierte, war die Art des Tanzens eine von der unsrigen ganz verschiedene und mehr gleitende als hüpfende. Mit der eigentümlichen, an den Amerikanerinnen so viel gerühmten Grazie ließen sie nicht bloß die Füße, sondern den ganzen Körper an dem Tanze teilnehmen und bogen denselben rasch, aber leise und schlangenartig und unter fortwährendem Auf- und Niedergleiten zwischen ihren Tänzern hindurch, so als ob ein Indianer unhörbar das Lager seiner Feinde zu beschleichen im Begriffe sei. Daher auch Contretänze mit vielen Variationen, wobei jenes Biegen, Schmiegen und Schleichen möglich ist, hier viel beliebter sind als unsere Rundtänze, welche übrigens ebenfalls von den Amerikanerinnen zum Teil in jener eigentümlichen

---

24 Ludwig Büchners Beschreibung über das „Indianerhaftes" Wesen der Amerikaner hat in den Vereinigten Staaten große Empörung ausgelöst. Vermutlich hat auch diese Aussage zum Abbruch der Veröffentlichung seiner Reisebriefe geführt.

Manier getanzt werden. Mit Sinnlichkeit hat diese Manier, wie man vielleicht denken könnte, nichts zu tun, da die Hinneigung der Frauen zu den Männern in Amerika, wenigstens in den zuerst von den Puritanern besiedelten sogenannten Neu-England-Staaten (zu denen man Connecticut, New-Hampshire, Rhode-Island, Massachusetts, Maine, Vermont rechnet) oder in der eigentlichen Heimat der sogenannten Yankees, bedeutend geringer sein soll, als in den meisten anderen Ländern, und da hier sehr über Unfruchtbarkeit der Ehen, wenigstens in den Städten, geklagt wird. Rechnet man dazu die in großen Städten leider immer mehr in Aufnahme kommende und von der Gerechtigkeitspflege nicht hinlänglich verfolgte Sitte künstlicher Unfruchtbarkeit, so kann man der angelsächsischen Rasse bei dem riesigen Wachstum des Landes keine allzu glänzende Zukunft versprechen, und es wäre möglich, dass dieser eine Umstand hinreichen würde, um dieselbe mit der Zeit und im Laufe der Jahre dem fruchtbaren und obendrein durch fortwährende Einwanderung sich rekrutierenden deutschen Elemente gegenüber in Nachtheil zu bringen. Doch ist dies eine Sache der Zukunft und schwer vorherzusagen.

Nebenbei gesagt, war die amerikanische Gesellschaft, in der obige Beobachtungen gemacht wurden, die einer religiösen Gemeinschaft, welche den radikalsten oder fortgeschrittensten Kirchenstandpunkt repräsentiert, den es in New York gibt. Die sonntägliche Andacht ist mehr eine philosophische, als eine religiöse und wird von Herren Frothingham[25] geleitet, welcher sehr freisinnigen Ideen huldigt und nach dem berühmten Beecher[26] für den besten Kirchenredner New Yorks gilt. Die feingebildetsten Elemente der Stadt sollen zum Teil der Gemeinschaft angehören.

---

25 Octavius Brooks Frothingham (1822–1895) war ein prominenter Prediger der Unitarierkirche.
26 Henry Ward Beecher (1813–1887), berühmter Prediger der presbyterianischen Kirche, Bruder der Schriftstellerin Harriet Beecher-Stowe, Autorin des Antisklavereiromans Onkel Toms Hütte.

In der zweiten Hälfte des Dezembers las ich in Boston, welche Stadt durch ihr großartiges Brandunglück in den letzten Wochen die Aufmerksamkeit der halben Welt auf sich gezogen hat.[27] Übrigens verschwindet der ungefähr eine englische Quadratmeile große Brandplatz, welcher ein trostloses Bild der Verwüstung und Verwirrung darbietet, im Vergleich mit der Größe der sehr ausgedehnten Stadt, welche durch ihre unvergleichlich schöne Lage zwischen dem Meer und einer dasselbe in gewisser Entfernung begrenzenden sanften Hügelkette sich vor den meisten amerikanischen Städten auszeichnet. Dazu kommt, dass Boston als die älteste der amerikanischen Städte auch durch ihre Bauart einigermaßen an europäische Städte erinnert und sogar (eine in Amerika fast unerhörte Eigentümlichkeit) einige krumme und enge Straßen aufzuweisen hat. Auch in geistiger Beziehung scheint Boston an der Spitze der amerikanischen Städte zu stehen und hat den Ehrennamen des amerikanischen Athen erhalten.

27 Am 9. November 1872 vernichtete eine verheerende Feuersbrunst Bostons Innenstadt.

Hier wirkt und lebt in der Vorstadt Cambridge der berühmte *Agassiz*, der Humboldt Amerika's, welchen die Amerikaner wie eine Art wissenschaftlichen Herrgott verehren, und dem sie ungeheure Summen für Reisen, wissenschaftliche Arbeiten, Anlegen von Sammlungen etc. zur Verfügung gestellt haben. Freilich hat er zum Dank dafür seine Wissenschaft dem amerikanischen Puritanismus anbequemt und gebärdet sich als heftiger Gegner Darwin's, Huxley's etc.[28] Dass es übrigens auch unter den hiesigen Amerikanern nicht an Widersachern des Puritanismus fehlt, beweist das Erscheinen eines sehr verbreiteten atheistischen Wochenblattes, des *Investigator* (Untersucher), welches einen erfolgreichen Kampf gegen die kirchliche Richtung unterhält. Überhaupt scheint es, dass Boston unter allen amerikanischen Städten das Vorrecht habe, große Reformideen zuerst zum Ausdruck zu bringen. Denn von hier ging zuerst die Revolution und der Befreiungskampf gegen England aus. Von hier wurde auch zuerst die große und später so erfolgreiche Abolitionistenbewegung oder die Bewegung zur Abschaffung der Sklaverei in Szene gesetzt. Die Männer, welche Boston und der Staat Massachusetts überhaupt in den Kongress nach Washington schicken, gehören in der Regel zu den intelligentesten und fortgeschrittensten Mitgliedern jener Körperschaft. So ist z. B. der berühmte Senator *Sumner* ein Bostoner Kind.[29]

Auch die für Amerika so wichtige Frauen- oder Frauenrechtsbewegung hat ihren Hauptsitz in Boston, wo, wie überhaupt in den Neu-England-Staaten, eine große Menge unver-

---

28 Jean Louis Rodolphe Agassiz (1807–1873) war ein schweizerisch-amerikanischer Naturforscher. Er studierte an den Universitäten von Erlangen und München. Nach Forschungsjahren in Europa wurde er Professor für Zoologie und Geologie an der Harvard University in Cambridge (USA). Mit seiner zweiten Ehefrau, Elisabeth Cabot Agassiz (1822–1907) unternahm er mehrere Forschungsreisen nach Südamerika. Elisabeth Agassiz setzte sich neben ihrer wissenschaftlichen Tätigkeit für eine bessere Mädchenerziehung ein und war die erste Präsidentin des Radcliffe Colleges, der an die Harvard University angeschlossenen Lehranstalt für Studentinnen.
29 Charles Sumner (1811–1874), Senator von Massachusetts. Im US-Kogress setzte Sumner die bürgerliche Gleichstellung der Afroamerikaner durch.

Maria Zakrzewska

heirateter Damen leben, welche in allen möglichen Beschäftigungen Ersatz für das ihnen zweifelhaft erscheinende Glück der Ehe suchen und finden.[30] So gibt es z. B. nicht weniger als zwanzig weibliche Ärzte in Boston, welchen es nicht an reichlicher Beschäftigung fehlt. Das von Fräulein Dr. Zakrzewska aus Berlin gegründete Hospital für Frauen und Kinder kann als eine wahre Musteranstalt dieser Art betrachtet werden und ist, abgesehen von seiner vortrefflichen Lage auf einer nach allen Seiten freien Bodenerhöhung, mit allen Einrichtungen modernster Art für Heizung, Lüftung, Abhaltung von Miasmen und dergleichen reichlich versehen.[31] Diesem Hospital, sowie allen Anstalten ähnlicher Art kommt der in Amerika überhaupt, namentlich aber in Boston, in reichstem Maße vorhandene Wohltätigkeitssinn sehr zu statten, und auch hierin

---

30 Hier wird das langlebige Vorurteil wiedergegeben, der Kampf für die rechtliche Gleichstellung von Frauen sei eine Sache von unverheirateten Frauen. Dass Ludwig Büchner dieses Vorurteil hier wiederholt, ist verwunderlich, zumal er selbst die Ziele der Frauenbewegung in seinen Schriften vertrat. Er kannte auch viele Mitstreiterinnen seiner Schwester Luise, wie z. B. Lina Morgenstern oder Emilie Wüstenfeld, die verheiratet und Mütter mehrerer Kinder waren. Auch die meisten Führerinnen der Frauenrechtsbewegung in Amerika, wie z. B. Elisabeth Cady Stanton (1815–1902) oder Lucretia Mott (1793–1880) waren verheiratet und hatten Kinder.
31 Maria Zakrzewska (1829–1902) begann ihre medizinische Laufbahn an der Charité in Berlin, wo sie mit bereits 22 Jahren die Hebammenausbildung leitete. Wegen Anfeindungen männlicher Kollegen emigrierte sie in die USA, wo sie 1856 das Doktorexamen bestand. In New York leitete sie zusammen mit Elisabeth Blackwell und anderen Ärztinnen das Frauen und Kinderkrankenhaus (Women's Medical College). 1862 gründete sie in Boston das New England Hospital for Women and Children für Geburtshilfe und Kinderheilkunde, sowie eine Schule für Krankenschwestern. Vgl. Luise Büchners Aufsatz über *Weibliche Ärzte in Amerika* in diesem Band.

stehen die Frauen überall in erster Linie. Es ist unglaublich, wie vieles hier für öffentliche Zwecke durch Privattätigkeit geleistet wird, und dieses mag nicht wenig dazu beitragen, dass die Bostoner unendlich stolz auf ihre Stadt sind und dieselbe für die erste Stadt der Union erklären, während andere Städte, z. B. New York, diese Rangstufe für sich in Anspruch nehmen.

Bei der Abneigung der New Yorker gegen Boston spielen, neben politischen Gründen, vielleicht die im Staate Massachusetts besonders strengen Temperanz- oder Mäßigkeitsgesetze eine Rolle, obgleich in der Stadt Boston selbst, wie in den meisten größeren Städten, die Temperanzler bis jetzt nicht im Stande gewesen sind, ihre Grundsätze in gleicher Weise durchzusetzen, wie auf dem Lande und in kleineren Städten. Hier ist, wie fast in allen Neu-England-Staaten, jeder Genuss geistiger Getränke streng verboten, und es können sogar solche Getränke, welche nur für das Haus bestimmt sind, auf öffentlicher Straße weggenommen werden. Dies schließt nun freilich eine arge Beschränkung der sonst in Amerika so außerordentlich hochgehaltenen und viel gepriesenen persönlichen Freiheit ein, verliert aber doch vieles von seiner Auffälligkeit, wenn man die Sache in der Nähe betrachtet. So wenig man z. B. Temperenzgesetze in Deutschland nötig hat oder dulden würde, so unentbehrlich scheinen dieselben für Amerika zu sein, da der Amerikaner eben ein ganz anderer Mensch ist, als der Deutsche, und im Genuss geistiger Getränke, wenn er denselben einmal angefangen hat, durchaus kein Maß zu halten versteht. Wie er im Leben und im Geschäft alles mit Hast, Energie und Leidenschaft betreibt, so verfährt er auch im Trinken, und weiß, wenn einmal übermannt, seiner Natur keinen Zügel mehr anzulegen. Jener ruhige, behagliche und zugleich heitere Lebensgenuss, den man in Deutschland so hochschätzt und der nicht mit Unmäßigkeit verbunden zu sein braucht, ist in Amerika, wie es scheint, ein unbekanntes Ding, wenn auch das amerikanische Familienleben selbst sehr gelobt wird. Der amerikanische Charakter hat in seiner stark hervortretenden Eigentümlichkeit ebenso starke

Licht- wie Schattenseiten , könnte aber zur Bewältigung der kolossalen Schwierigkeiten dieses ungeheuren Landes kaum anders gedacht werden, als so, wie er wirklich ist, und als das Gegenteil von deutscher Ängstlichkeit und Engherzigkeit. Dass dieses andererseits auch wieder mancherlei Ausschreitungen im Gefolge hat, kann darnach nicht allzusehr auffallen.[32]

Die Zahl der Deutschen ist in Boston im Verhältnis zu andern Städten eine sehr geringe und wird auf nur acht- bis zwölftausend geschätzt. Dennoch zeigte der starke und, wie mir gesagt wurde, bei gleicher Gelegenheit so noch nicht dagewesene Besuch meiner Vorlesungen für das hier auch unter den Deutschen verhältnismäßig mehr, als an andern Orten, entwickelte geistige Leben. Leider kann sich dieses Leben bis jetzt immer nur auf eine mehr oder weniger gebildete Minderzahl beschränken, da die weitaus größte Mehrzahl der Deutschen in den amerikanischen Städten lediglich aus Arbeitern besteht, für welche Amerika in Wahrheit ein ebensolches Eldorado ist, wie für alle Arten von Dienstboten. Nirgendwo in der ganzen Welt wird die Arbeit so gut bezahlt, wie hier, nirgendwo leben daher die arbeitenden Klassen in gleicher Weise gut und komfortabel; nirgendwo fühlt sich der Arbeiter, eben dieses materiellen Wohllebens wegen, in gleicher Weise behaglich. In geistiger Beziehung macht er freilich in der Regel keine Ansprüche, wenigstens keine höheren, als er sie in der alten Heimat auch gemacht hat, und kann man daher meistens auf ihn nicht als auf eine Stütze für vom alten Vaterlande her eingeführte geistige Bestrebungen gerechnet werden. Dies wird sich jedoch von Jahr zu Jahr bessern, namentlich im s. g. Westen, in welchem das deutsche Element bedeutend stärker durch Zahl, Bildung und Einfluss sein soll, als im

---

32 Gegen Ende des 19. und Anfang des 20. Jahrhundert gehörte die Temperenz- oder Temperanzbewegung zu den wichtigen sozialen Bewegungen in den USA. Diese Bewegung war ein Bestandteil des sich selbst als fortschrittlich bezeichnenden Zeitgeistes und der Frauenbewegung. Für die geselligen und sangesfreudigen Deutschamerikaner war das Verbot des Konsums alkoholischer Getränke ein Dorn im Auge.

Osten. Dort wird es möglicherweise auch in nicht allzu ferner Zeit an einzelnen Plätzen das vorherrschende Element werden, während im Großen und Ganzen an ein Verdrängen des Amerikanertums durch das Deutschthum, wie es einzelne Enthusiasten träumen, vorerst noch nicht zu denken ist. Dagegen haben wiederum die Amerikaner in geselliger Beziehung manches von den Deutschen angenommen, z. B. die früher ganz ungebräuchliche und jetzt fast allgemein eingeführte Feier des Weihnachtsfestes. Man könnte sich fast in Deutschland glauben, wenn man jetzt in der Weihnachtszeit die geschmückten Läden im Glanze der Lichter strahlen oder die Christbäume durch die Straßen tragen sieht. Auch das Bier ist eine deutsche Importation und wird gegenwärtig von den Amerikanern kaum weniger gern als von den Deutschen getrunken, obgleich das, was man hier als „deutsches Lagerbier" zu genießen pflegt, von seinem edlen Vorbilde kaum mehr als den Namen und die Farbe hat. Nur im Westen wird gutes deutsches Bier gebraut.

Von dem materiellen „Stoff", bei dessen Betrachtung es demnach zweifelhaft bleibt, ob die notwendige Verbindung mit dem entsprechenden Quantum von „Kraft" vorhanden ist oder nicht, muss ich noch einmal auf den geistigen Stoff zurückkommen und erwähnen, dass auch Boston, wie New York, sich einer Institution erfreut, welche man in europäischen Städten in ähnlicher Weise wohl vergeblich suchen würde, nämlich einer öffentlichen, unentgeltlichen und jedem jederzeit zugänglichen „*Volks-Bibliothek und Lese-Anstalt*". Ihre Einrichtung bietet viele Ähnlichkeit mit der New Yorker „*Mercantile Library*" oder Kaufmanns-Bibliothek, welche man gewissermaßen als „die größte der Welt" bezeichnen könnte, und welche sich von der Bostoner Anstalt dadurch unterscheidet, dass in der Regel nur Abonnenten dieselbe besuchen und benutzen können. Sie ist aus einem ganz kleinen im Jahre 1821 von einer Gesellschaft junger Kaufleute gemachten Anfang entstanden und besitzt gegenwärtig ungefähr einhundertfünfzigtausend Bände und zehn- bis zwölftausend Mitglieder.

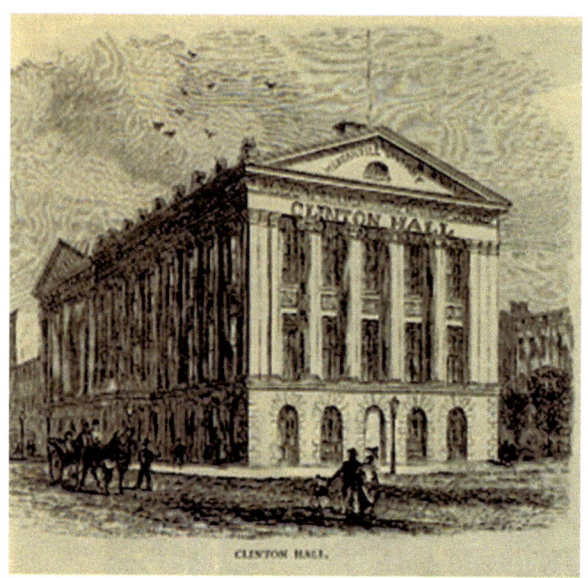

CLINTON HALL.

Sie hat ein prachtvolles Gebäude (die sogenannte Clinton-Hall) zu ihrer Verfügung und erhebt, da sie von reichen Kaufleuten unterstützt wird, nur einen sehr geringen Beitrag von ihren Mitgliedern. Das riesige Lesezimmer enthält mehrere hundert Zeitungen und Zeitschriften, und die jährliche Bücher-Circulation beträgt etwa zweihundertsechzigtausend Bände. Eine besondere deutsche Abteilung mit einem deutschen Bibliothekar besitzt zehntausend Bände. Die Freundlichkeit und Zuvorkommenheit, mit der man den Verfasser dieser Briefe bei seinem Besuche der Anstalt empfing und ihm die ausgedehnteste Benutzung derselben frei stellte, kann derselbe nicht genug rühmen.

Eine erwähnenswerte Merkwürdigkeit von Boston ist die chromolithographische Anstalt von Prang, einem Deutschen, der durch unermüdliche Ausdauer und Geduld nach und nach dahin gekommen ist, eine bewunderungswürdige Fertigkeit in Nachbildung und Vervielfältigung bedeutender Kunstwerke oder sonstiger Malereien (namentlich für häusliche und für

Schulzwecke) auf dem Wege des Öldrucks zu erlangen. Seine wirklich ausgezeichneten Leistungen dürften kaum von irgendwelchen europäischen Anstalten übertroffen werden.[33] Überhaupt darf man als Deutscher stolz darauf sein, wenn man hier so oft Deutsche als Begründer und Leiter von industriellen oder sonstigen Unternehmungen findet, zu denen ein besonderer Grad von Intelligenz, Geschicklichkeit oder Ausdauer erforderlich ist.

Die berühmteste Pianofortefabrik der Welt ist wohl diejenige von Steinway in New York, dessen Name vermutlich die etwas englisierte Lesart für den guten deutschen Namen Steinweg ist. Die Familie Steinweg stammt aus Braunschweig und besteht gegenwärtig noch aus drei in New York wohnenden Brüdern, welche die Geschäfte ihrer nach und nach aus den winzigsten Anfängen emporgewachsenen großartigen Anstalt, welche ein ganzes Häusergeviert bildet, untereinander verteilt haben. Der Ruf der Steinway'schen Instrumente, von denen die Fabrik durchschnittlich in jeder Stunde eins liefert, ist allzu bekannt, als dass ich etwas darüber zu sagen nötig hätte. Allerdings haben die amerikanischen Klavierbauer einen Vorteil vor den europäischen voraus, der jede Konkurrenz der letzteren aus dem hiesigen Markte ausschließt; derselbe liegt zum Ersten in den vortrefflichen amerikanischen Hölzern und zum Zweiten in der großen Trockenheit der Luft, welche das Holz, namentlich bei längerer Aufstapelung im Freien, bis zu einem in Europa unerreichbaren Grade austrocknen lässt. Daher auch europäische Klaviere in Amerika in der Regel durch Springen zu Grunde gehen. Übrigens ist der Pianoforteverbrauch in Amerika ein kolossaler, und es bestehen neben der Steinway'schen noch eine große Menge anderer, kaum weniger berühmter Firmen.

---

33 Der in Breslau geborene Louis Prang (1824–1909) emigrierte 1850 in die Vereinigten Staaten von Amerika. 1856 gründete er in Boston eine Lithographieanstalt, wo u. a. hochwertige Reproduktionen von Kunstwerken hergestellt wurden. 1873 begann Prang mit der Produktion von Grußkarten. Er wurde bekannt als „Vater der amerikanischen Weihnachtskarte".

Der Weg zwischen Boston und New York, ein Weg, der ungefähr so weit ist wie der zwischen Hamburg und Berlin, der aber für nichts gerechnet wird, zieht sich zum Teil an dem Meeresufer hin und entschädigt den Reisenden durch gelegentliche Ausblicke auf die See für die sonstige Öde der Gegend, welche Öde übrigens durch die zahlreichen, lauter Wohlhabenheit atmenden hellen amerikanischen Farmhäuser mit ihren hölzernen Veranden unterbrochen wird. Bisweilen zeigt auch die Gegend landschaftliche Abwechslung und Szenerie, namentlich zwischen New York und New Haven, einer am Long-Island-Sound sehr schön gelegenen Stadt von circa fünfzigtausend Einwohnern, in welcher die deutschen Turner eine für meinen Rückweg von Boston bestimmte Vorlesung arrangiert hatten. Trotz ihrer verhältnismäßig geringen Anzahl waren die Deutschen sehr zahlreich aus New Haven und der Umgegend erschienen und zeigten sich dankbar genug für die empfangene Anregung. Für den 31. Dezember ist hier eine Vorlesung unseres berühmten Landsmannes Schurz in englischer Sprache über „Frankreich und Deutschland" angekündigt. Er wird zu den ersten Rednern des Landes gezählt.

Seit ich Ihnen das letzte Mal schrieb, ist der durchgefallene Präsidentschaftskandidat Greeley gestorben. Sein Misserfolg scheint seinen Verstand verwirrt und sein Herz gebrochen zu haben, wozu noch der rasche Tod seiner Frau mitgewirkt haben mag. Offenbar war Greeley aus einem andern Teige gebacken als die meisten seiner Landsleute und besaß eine mehr innerliche, empfindsame Natur, welche die Aufregung der Wahlkampagne und die daraus gefolgte Enttäuschung nicht zu ertragen vermochte. Auch mag er wohl den größten Teil seines Vermögens der Wahlagitation geopfert haben und sah sich nach dem Fehlschlagen seiner Pläne nicht mehr im Besitze der gewohnten Mittel. Mit bekannter Großmut und Freigebigkeit offerierten die Amerikaner sofort den zurückgebliebenen Töchtern eine Summe von hunderttausend Dollars, welches Anerbieten jedoch von ihnen ausgeschlagen wurde. Auch das großartige

Leichenbegängnis Greeley's, bei welchem sogar Präsident Grant aus Washington erschienen war, zeigte, wie rasch hier der Tod oder irgend eine Entscheidung überhaupt allem politischen Hass ein Ende macht – gewiss eine der wohltuendsten Erfahrungen politischer Freiheit!

Alexander Büchner

Die „Darmstädter Vierziger"[1]

[...] Die Sympathien für die transatlantische Republik waren polizeilich geduldet, umso mehr als man sicher war, dass manche mit zerrissenen Hosen zurückkommen und erklären würden, das wahre Eldorado sei doch eigentlich nur in Arkadien[2] gelegen. Die anderen – nun, die war man eben los. Somit wurde

---

1 Quelle: Aus Alexander Büchners Erinnerungen: *Das ‚tolle' Jahr. Vor, während und nach. Von einem der nicht mehr toll ist*, Gießen 1900, S. 39ff.
2 Das zweite Kapitel von Büchners Autobiografie hat die Überschrift: *Bilder aus Arkadien*. Arkadien steht hier für das Großherzogtum Hessen-Darmstadt.

die Gelegenheit, „hinüberzugehen" wacker genutzt. Eines Tages vernahm man, von der Republik Mexiko habe sich ein Stück Land von großer Ausdehnung und entsprechender Fruchtbarkeit abgebröckelt und als selbständiger Freistaat aufgetan. Dieses Land hieß Texas. Welch schöner, vielsprechender Name! Selbst unser Arkadien war nichts im Vergleich mit diesem Reich der Zukunft. Der komprimierte Unabhängigkeitsdrang der arkadischen Jugend hatte ein Feld für seine Tätigkeit gefunden. Dort brauchte man nur auf die Büffeljagd zu gehen und gelegentlich einige Indianer und Spanier abzumurksen, um in der hellsten Freude zu leben. Es bildete sich ein Verein, um eine Massenauswanderung ins Werk zu setzen, und es waren nicht eben schlechte Männer, die auf den texanischen Leim gingen. Angehende Staatsdiener aus den besten Familien, ehemalige Korpsstudenten, wohlvertraut mit der blanken Waffe, worunter mein Busenfreund „Gummi" und der forsche „Thebel" (Theodor G.), schöne kräftige Leute, lieferten den Hauptstock; Waffen und Munition wurden alsbald angeschafft, Karten studiert, und jeden Abend kam man in einem neuen Hotel zusammen, welches in Voraussicht der demnächst zu eröffnenden Eisenbahn am westlichen Ende der Stadt errichtet worden war.[3]

Westen! Eisenbahn! Das schmeckte alles schon nach amerikanischer Lokalfarbe. Was aber noch mehr darnach schmeckte, das war der Grog, dessen Trinken allabendlich mit Feuereifer geübt wurde. Grog trinken zu können, war ja eines der Haupterfordernisse des Daseins im freien Westen. Die Gelehrigkeit unserer Texaner in diesem Punkt war staunenerregend, aber, trotz aller Fortschritte blieben sie öfters nachts in der Trinkstube des Westhotels liegen. Sie nannten das eine Vorbereitung zum Leben im Camp, und damit war die Sache abgetan.

---

[3] Der erste Darmstädter Bahnhof (Main-Neckar-Bahnhof) wurde 1846 eröffnet. Er befand sich auf dem heutigen Steubenplatz.

Auch hatten sie vor, ein Fässchen Rum und ein großes kochendes Wasser mit auf die Reise zu nehmen. Die Expedition ging in der Tat nicht nur ab, sondern auch schlecht aus. Büffel, Indianer, Freiheit, Gleichheit, Grog – alles wurde zu Wasser, welches nicht einmal kochte. Im jungfräulichen Urwald angekommen, verunenigten sich die Männer der Zukunft, zankten sich, bedrohten sich mit ihren großen Bowiemessern,[4] schossen ihre Rifles[5] aufeinander ab, und dann strebte jeder auf individuellem Wege, wieder in gebildete Gesellschaft zu kommen. Einige yankeesierten sich und sind heute als reiche Leute gestorben. Das kann ihnen aber nichts helfen, weil sie tot sind. Die Übrigen zogen Jahre lang den Teufel am Schwanz herum, ohne letzteren ausreißen zu können. Manche wurden von den Wilden menschgefressen. Der Sohn eines hohen und reichen Justizbeamten schätzte sich als Kellner auf einem Mississippidampfer glücklich, auf dem Vater der Ströme ein freies Volk zu bedienen, ist das nicht ein beneidenswertes Los? Einige kamen wieder nach Arkadien und machten Gesichter wie begossene – mit dem bewussten kochenden Wasser begossene Hunde. Darüber hohneckten dann die daheimgebliebenen Schlaumeier und Biederknüppel und übten sich in der Tonart: Bleib im Land und nähr dich redlich. Warum sollten auch die Wilden bessere Menschen sein, als die Arkadier? Nichtsdestoweniger währte die Auswanderung fort und reinigte alljährlich das Land von den störrischen Gemütern, welchen man nichts recht machen kann.

---

4 Bowie-Messer sind eine Art von zuerst in Amerika verbreiteten, schweren Arbeits- und Kampfmessern. Sie gehören zu den Legenden des Wilden Westens und sind nach James Bowie benannt. Sie wurden von Soldaten im Amerikanischen Bürgerkrieg und später noch von Cowboys und Büffeljägern getragen (mehr dazu in Wikipedia).
5 Rifle=Gewehr

Alexander Büchner

Die Literatur in den Vereinigten Staaten[1]

Wenn in einem Land eine Literatur allein dadurch entstehen kann, dass sich dort geeignete Themen finden, die die Dichter inspirieren und die Philosophen zum Nachdenken anregen, dann hätten die Amerikaner schon lange eine eigene Literatur haben müssen.

Heute nehmen wir von unserer Steilküste den Rauch der mächtigen Personenschiffe aus Le Havre wahr, die in knapp zehn Tagen ihre Passagiere an den Küsten eines Landes absetzen, in dem sie den raffiniertesten Luxus europäischer Hauptstädte wiederfinden werden; aber versetzen Sie sich zwei Jahrhunderte zurück und Sie werden Zeugen der kühnen Leistungen der ersten Seefahrer, die diese Küsten entdeckten sowie der unerhörten Strapazen, die die ersten Siedler dort zu erdulden hatten. Schon die Kraft der Natur stellt ihnen dort fast unüberwindbare Hindernisse entgegen, und hinter gigantischen Bäumen jungfräulicher Wälder, an den Ufern reißender Ströme erwarten sie Indianer, die erbarmungsloser und hinterhältiger als wilde Tiere sind. Ihr Wohlstand wird nur allmählich zunehmen und bald wird ihr Mutterland den besten Teil davon verlangen. Und wie leben sie untereinander, in einem Milieu, wo der emigrierte Puritaner auf den deportierten Straßendieb trifft, wo die Gefahr sowohl den ordinären Abenteurer wie den blutrünstigen Piraten in Helden verwandelt?

Welch poetische Themen bietet schon dies erste Bild!

---

1 Alexander Büchner: *La littérature aux Etats-Unis*. In: *La Revue politique et littéraire - Revue des Cours littéraires*, 2ᵉ série, Jg. 5, Nr. 25, 23. 5. 1868, S. 406–408. *Die Literatur in den Vereinigten Staaten*. Vortrag von Herrn Alexander Büchner [an der] Philosophischen Fakultät in Caen – Ausländische Literatur. Übersetzung: Thomas Lange. – […] Ergänzungen durch den Übersetzer.

Die englischen Autoren sind von diesem Anblick nicht unbeeindruckt geblieben. Erwähnen wir nur einmal den Verfasser des „Robinson", de Foë [=Defoe] der in einigen Kapiteln seines exzellenten Romans *Oberst Jack* [1722] den Leser auf die in Virginia entstehenden Plantagen entführt.

Wie auch immer, die Anfänge der amerikanischen Literatur lassen wenig von diesen überwältigenden poetischen Themen ahnen. Hierin muss man keinen Beweis für das Fehlen literarischer Selbständigkeit sehen, sondern lediglich die Wirkung puritanischer Nüchternheit und der drückenden materiellen Sorgen, die auf jedermann lasteten. Übrigens verlangen die ästhetischen Gesetze, dass der Künstler in einer gewissen Distanz zu dem Gegenstand sich befindet, den er darstellen möchte; die Amerikaner lebten zu nahe an den Ereignissen, die Künstler inspirieren könnten. Zwar kann der lyrische Dichter Zeitgenosse der Vorgänge sein, die er besingt; aber der epische Dichter ist von ihnen fast immer durch die Zeit getrennt; und was das Theater betrifft, so zeigt die Literaturgeschichte, dass es normalerweise aus einer Verbindung von Elementen entsteht, die schon in Lyrik und Epik eingegangen und von ihnen adaptiert worden sind.

Nach einer schwächlichen und zögernden Anfangszeit empfing die amerikanische Literatur aus dem Kampf gegen England nur wenig Impulse. Wir wollen nicht behaupten, dass dieser Kampf nicht auch seinen Tyrtaios gefunden hätte; aber in einem Land, in dem das politische Interesse alle anderen dominiert, gehen der Redner und der Publizist dem Dichter und dem Romancier voran.

Bei einer Bevölkerung, die von Anfang an dazu berufen war, sich selbst zu regieren, steht die Redekunst an erster Stelle. Die Herrschaft der englischen Könige über ihre transatlantischen Untertanen war zu launenhaft und inkonsequent, um sie von demokratischen Formen abzuhalten. Schon früh hatten die verschiedenen Provinzen ihre Versammlungen, die gleichzeitig Wiege liberalen Geistes und zukünftiger Redner wurden.

Nachdem einmal die Unabhängigkeit ausgerufen worden war, hatte das Wort bald so viel Gewicht wie das Schwert und von da ab finden wir eine große Zahl talentierter Männer, die sich der Diskussion öffentlicher Angelegenheiten widmen. Zu jeder Zeit haben sich die Anhänger unterschiedlicher Meinungen in Amerika heftig bekämpft. Schon am Beginn der Krise, die zur Unabhängigkeit führte, zeichneten sich zwei große Parteien ab: die Föderalisten oder Zentralisten, deren Chef Washington war; und die Antiföderalisten oder Anhänger individualstaatlicher Autonomie, an deren Spitze sich Jefferson stellte. Bald verkomplizierte sich dieser Antagonismus durch den Streit zwischen den freien und den sklavenhaltenden Staaten, der in unseren Tagen eine blutige Lösung gefunden hat.

All diese Probleme werden diskutiert von Männern wie [John Quincy] Adams [1767–1848], [Henry] Clay [1777–1852], [Daniel] Webster [1782–1852], [John Caldwell] Calhoun [1782–1850] und durch den eindrucksvollen evangelischen Prediger [William Ellery] Channing [1780–1842].

An die Seite der Redner traten, ebenso früh wie sie, die Essayisten und die Gebrauchsschriftsteller, die wir noch durch die Historiker ergänzen.

Nützliches Wissen auf allen möglichen Wegen zu verbreiten, ist die Parole aller Schriftsteller dieser Genres und es gibt merkwürdigerweise kaum einen einzigen amerikanischen Autor der anderen Gattungen, der nicht auch seinen Beitrag hierzu geleistet hätte. Ihre Zahl ist groß und ihre Reihe wird eingeleitet durch den berühmten Benjamin Franklin, dem das Volk den patriarchalischen Spitznamen „Old Ben" verliehen hat. Gegenwärtig kennen wir unter ihnen Denker und Kritiker erster Ordnung wie [Ralph Waldo] Emerson [1803–1882], [Edward] Everett [1794–1865], [Henry Theodore] Tuckerman [1813–1871], [William Seymour] Tyler [1810–1897], [George] Ticknor [1791–1871] und andere.

Und nun die Historiker! Gibt es dort überhaupt welche, bei diesen selbstbezogenen Leuten, die nur nach der Gunst des

Augenblicks haschen? Und die eines Tages versuchen werden, den Rest der Welt in ihre gigantische Landnahme einzubeziehen? Das kündigt sich schon dadurch an, dass, wie wir sehen werden, die Amerikaner nicht nur ihre eigene Vergangenheit, sondern auch die der europäischen Völker beschreiben.

[George] Bancroft [1800–1891] feiert die Geburt der Vereinigten Staaten;[2] [John] Marshall [1755–1835] das Leben Washingtons;[3] [Washington] Irving [1783–1859], der detailliert den Spuren der Entdeckung Amerikas nachgeht, wird durch seine Studien dazu gebracht, seine Blicke nach Europa, besonders nach Spanien zu lenken;[4] nachdem sich [William Henry] Stiles [1808–1865] längere Zeit in Österreich-Ungarn aufgehalten hatte, berichtet er aus Wien in einem exzellenten Werk über die revolutionären Bewegungen, die 1848/49 in Ungarn, der Lombardei, Böhmen und im deutschen Teil Österreich-Ungarns sich zugetragen haben;[5] [William Hickling] Prescott [1796–1859] schließlich widmet sich dem Studium von Ferdinand und Isabella und krönt sein Werk mit der Geschichte der Eroberungen von Mexiko und Peru.[6]

Die Belletristik hat sich weniger schnell entwickelt als die historische und politische Prosa; der europäische Einfluss macht sich hier noch lange Zeit bemerkbar.

Während der ersten Jahrzehnte unseres Jahrhunderts wusste man in Europa nur von der politischen Existenz Nordamerikas, dieser weiträumigen Staatenansammlung, die sich von England nach einem blutigen Kampf getrennt hatte und vor allem darum besorgt war, ihre Unabhängigkeit zu bewahren. Englische Autoren, die die Vereinigten Staaten durchreist hatten, stellten Anfänge

---

2 *History of the United States, from the Discovery of the American Continent,* 1834–1874.
3 *Life of Washington,* 5 Bde., 1804–1807.
4 *History of New York,* 1809.
5 *Austria in 1848/49. Being a History of the Late Political Movements in Vienna, Milan, Venice and Prague.* 1852.
6 *History of Ferdinand and Isabella,* 3 Bde., 1837; *History of the Conquest of Mexico,* 3 Bde., 1843; *Conquest of Peru,* 2 Bde., 1847.

von Literatur fest, aber nur um sie reichlich zu bekritteln. Der missgelaunte Grundton ihrer Kritik lässt sich damit erklären, dass sie formuliert wurde zu einem Zeitpunkt, als die anglo-amerikanischen Hauptwerke noch gar nicht vorlagen. Die intellektuelle Unabhängigkeit der Anglo-Amerikaner verfestigt sich mehr und mehr und ihr literarischer Ruhm tritt nun ans Licht. Unseren Zweifeln halten sie die Namen von [William Cullen] Bryant [1794–1878] [Edgar Allen] Poe [1809–1849], [Richard Henry] Dana [jr.] [1815–1882], [Henry Wadsworth] Longfellow [1807–1882] als lyrische und epische Dichter entgegen; dazu die Romanciers [Washington] Irving, [James Fenimore] Cooper [1789–1851], [Nathaniel] Hawthorne [1804–1864] und viele andere.

Es ist richtig, dass diese Dichter anfänglich ihre Inspiration aus den Werken der englischen Romantiker der „Lake School" zogen, repräsentiert vor allem von [William] Wordsworth [1770–1850], [Samuel Taylor] Coleridge [1772–1834], [Robert] Southey [1774–1843] und [John] Wilson [1785–1854]; gleichwohl fehlt ihnen auch in der Nachahmung nicht die Originalität. Es trifft auch zu, dass Poe und Longfellow mehr als einmal zeigen, wie gut sie die deutschen Romantiker kennen; aber, um mit [E.T.A] Hoffmann im fantastischen Genre zu rivalisieren, braucht es Mut, und um in *Evangeline*[7] ein Pendant zu *Hermann und Dorothea* zu geben, ein großes Talent. Cooper und Washington Irving hat man mit guten Gründen den Walter Scott und den Dickens Amerikas genannt, und während dieses Land noch auf seinen Balzac und [Laurence] Sterne wartet, so hat doch der Kanadier [Thomas Chandler] Haliburton [1796–1865], ein Beobachter und Humorist erster Güte, gezeigt, dass auch einige dieser Qualitäten vorhanden sind. Man muss seine *Ausflüge des Uhrmachers Sam Slick quer durch die Vereinigten Staaten*[8] lesen, um sich zu überzeugen, dass die Anglo-Ameri-

---

7 *Evangeline, A Tale of Acadie.* Epos von W. Longfellow, 1847.
8 Thomas Chandler Haliburton: *The Clockmaker; or, The Sayings and Doings of Samuel Slick, of Slickville* [First Series], Halifax: Joseph Howe, 1836; Second Series, London, England: Richard Bentley, 1838).

kaner wirklich die nationalen Eigentümlichkeiten haben, die man ihnen so gern abspricht.

Ein besonderes Phänomen ist die Rückwirkung, die Deutschland, dessen Emigration stark auf Amerika wirkt, seinerseits von dort empfangen hat. Zwei deutsche Romanciers von großem Talent, [Charles] Sealsfield [eigentlich Karl Anton Postl, 1793-1864] und [Friedrich] Gerstäcker [1816-1872] haben meisterhaft das amerikanische Leben in ihren in Deutschland mit großem Erfolg veröffentlichten Werken beschrieben.

Aber vor allem sollte man sein Augenmerk auf die interessante Rolle der Frauen in der amerikanischen Literatur lenken. Frauen als Autoren! wird man uns entgegen halten, die gibt es immer und überall! Wir aber fügen hinzu: Nicht in dem außerordentlichen Maß, in dem sie auf der anderen Seite des Atlantik existieren.

Man kann nur hervorheben, dass in allem, was das schöne Geschlecht angeht, Quantität nur selten der Qualität schadet. Hier wäre eine beträchtliche Anzahl guter Lyrikerinnen zu nennen, wie Elisabeth Oakes [-Smith, 1806-1893], Françoise Osgood [1811-1850], Lydia Sigourney [1791-1865] und Hanna Gould [1788-1865]. Unter den epischen Autorinnen nimmt Mary Brooks [1794-1845], besser bekannt als „Maria del Occidente", einen hohen Rang ein. Weiblichen Autoren verdankt das wenn auch noch schwache amerikanische Theater einige der ersten Versuche. Vor allem aber haben sie sich in der Kunst des Romans glanzvoll behauptet.

Harriet Beecher Stowe

Vor kaum sieben Jahren wurde Europa von der Nachricht erschüttert, dass der Bürgerkrieg ein Land verwüstete, dessen künftiger Wohlstand über allem Zweifel zu stehen schien. Mit

der Ausnahme von Politikern hätte niemand diese plötzliche Katastrophe verstanden, wenn nicht einige Jahre vorher ein außergewöhnlich berühmter und populärer Roman die Aufmerksamkeit des europäischen Publikums auf jene große, immer noch klaffende Wunde der Vereinigten Staaten gelenkt hätte: die Sklaverei. Das geschah durch *Onkel Toms Hütte*[9] [1852], den Roman der Madame Harriet Beecher Stowe [1811–1896], einer Autorin, deren Ruf mit dem der Madame de Staël und der George Sand zu vergleichen ist.

Ein anderer seitdem erschienener Roman von großer sozialer Bedeutung und von immensem Erfolg entstammt ebenfalls der Feder einer Frau. Es ist *Der Laternenanzünder*[10] von Maria Susanna Cummins [1827–1866], erschienen 1854.

Wir spielten vorhin auf die relative Zurückgebliebenheit des amerikanischen Theaters an. Wenn wir an den Reichtum dramatischer Gattungen in den europäischen Nationen denken, staunen wir in der Tat darüber und entwickeln eine Art Mitleid, wenn wir unserer langen Reihe ruhmvoller Namen ein einziges dramatische Genie aus den Vereinigten Staaten gegenüberstellen wollen.

---

9 *Uncle Tom's Cabin; or, Life Among the Lowly*. 1852.
10 *The Lamplighter*, 1854.

Die Suche nach den Ursachen, die bis zum heutigen Tage die Anglo-Amerikaner daran gehindert haben, ein nationales Theater zu entwickeln, bleibt unbefriedigend und führt nur zu einigen erklärenden und merkwürdigen Details. Anfangs verteilten sich die entstehenden Kolonien über eine ungeheure Fläche; ein natürliches Zentrum fehlte ebenso wie jegliche Art von Muße; Auseinandersetzungen aller Art erzeugten ständige Unruhe; dazu kommt schließlich noch der dumpfe Fanatismus des puritanischen Geistes, der scharfer Feind jeder weltlichen Zerstreuung ist - das alles verhinderte die Entstehung einer dramatischen Kunst. Im weiteren Verlauf müssen wir Hindernisse ästhetischer Art konstatieren und auch die Tatsache berücksichtigen, dass die Existenz des schon bestehenden und leicht in die Vereinigten Staaten zu transportierenden europäischen Theaters die eigenen dramatischen Autoren dort völlig entmutigen musste. Die industrielle Machart, die die kaufmännische Spekulation der Theateragenten ihren Aufführungen verlieh, war ihnen abträglich und hinderte dramatische Autoren daran, den richtigen Gebrauch von ihren künstlerischen Mitteln zu machen. Jede Kunst bedarf einer materiellen Grundlage zu ihrer Ausübung. Der Bildhauer braucht Marmor oder Bronze. Der Maler hat seine Leinwand und seine Farben. Werkzeug des Dichters und des Schriftstellers ist die Sprache und auch wenn man es nicht glauben mag, das Schicksal einer ganzen Literatur hängt in gewissen Momenten von der Existenz und mehr oder weniger starken Vervollkommnung dieses Instruments ab. Auf den ersten Blick scheint diese Frage hier müßig, denn wie jeder weiß, haben die Vereinigten Staaten ihre Sprache, das Englische, das dort überall gesprochen und von den Autoren je nach Maßgabe ihres Talents geschrieben wird. Doch hier treffen wir auf die Einwände einiger englischer Kritiker, die bestreiten, dass sie [die Amerikaner] diese Sprache korrekt gebrauchen. Wir führen hier nur ihr Hauptargument an, das sich auf die Tatsache stützt, dass sich eine sehr große Zahl von Fremden unter den ursprünglich englischen Siedlern befindet.

Nun gibt es ja in der Tat kein anderes Land der Welt, dessen Bevölkerung sich aus so heterogenen Elementen zusammensetzt wie die Vereinigten Staaten. Die ersten Besiedler New Yorks waren Holländer und in einigen abseits gelegenen Dörfern dieses Staates wurde noch bis vor kurzem Holländisch gesprochen. Holländer und Schweden waren die ersten Kolonisten der Staaten Delaware und New-Jersey; Pennsylvanien wurde von englischen Quäkern besiedelt, denen Deutsche folgten, deren Nachfahren immer noch eine große Zahl in der gegenwärtigen Bevölkerung ausmachen. Eine beträchtliche Anzahl Hugenotten fand Zuflucht in Carolina, das Coligny so benannte, um Charles IX. zu ehren. Als die Vereinigten Staaten Louisiana erwarben, war es hauptsächlich von französischen Familien bewohnt. Texas und Kalifornien sind bis zu einem gewissen Grad immer noch spanisch und der letztere dieser Staaten beherbergt auch 23.000 Chinesen. Die Mormonen von Utah setzen sich aus allen Nationen zusammen. Ende 1858 belief sich die Gesamtzahl der in die Vereinigten Staaten seit 1784 eingewanderten Ausländer auf 5 Millionen, von denen gut die Hälfte Engländer und Iren waren. Der Rest verteilte sich auf folgende Weise: Deutsche, 1.600.000; Franzosen, 200.000; Skandinavier, 50.000; Chinesen, 50.000; Schweizer, 40.000; Einwohner der Antillen, 36.000; Holländer, 18.000; Mexikaner, 16.000; Italiener, 8.000; Belgier, 7.000; Südamerikaner, 5.500; Portugiesen und Spanier, 3.300; Russen, 1.000.

Musste unter diesen Umständen nicht Begriffsverwirrung, nachlässige Aussprache und jede Art unangenehmen Einwirkens fremder Idiome unvermeidlich sein?

Die Sprache der Anglo-Amerikaner hat unter diesen Umständen wirklich leiden müssen. Die daraus entstandenen Nachteile machten sich aber eher in der Sprache der Unter- und Mittelklasse bemerkbar sowie in den volkstümlichen Teilen der Tagespresse als in den Schriften der Autoren, die etwas auf sich hielten. Bei den letzteren ist der Sprachmissbrauch von „Amerikanismen" selten, oder sie werden stilistisch gezielt eingesetzt.

Amerika hat ebenso seine „Puristen" wie England, und dortige Kritiker geben selbst zu, dass niemand besseres Englisch geschrieben hat als der Amerikaner Washington Irving. 1834 erschienen in den Vereinigten Staaten 26 amerikanische Werke gegenüber 200 Nachdrucken englischer Autoren; aber 1852 waren es schon 600 amerikanische Werke gegenüber 250 englischen.

1750 existierten in den englischen Kolonien Nordamerikas ungefähr 20 Periodika; 1855 zählten die Vereinigten Staaten 3.000, heute sind es 4.000. Im Lauf des Jahres 1860 hat man ungefähr 1.000 Millionen Zeitungsexemplare gedruckt, was, umgerechnet auf die weiße Bevölkerung, 34–36 für jedes Individuum bedeutet. Dazu werden viele ausländische Zeitungen gelesen. Man stürzt sich auf die großen europäischen Zeitschriften, die oft in den Vereinigten Staaten nachgedruckt werden. (Hier folgen noch weitere statistische Angaben über den Stand des öffentlichen Schulwesens.)

Kann man sich vorstellen, dass unter diesen Millionen von lernfähigen und -begierigen Menschen nicht auch literarische Talente geboren und aufwachsen werden? Fehlen ihnen denn die guten Themen, die sie behandeln könnten? Die großartige und unendlich variationsreiche Natur Nordamerikas, das abenteuerliche Schicksal seiner ersten Siedler, die Kämpfe gegen die Indianer, die Nachwirkung der religiösen und politischen Krisen des Mutterlandes, das Gemenge der Ankömmlinge und ihre verblassende Erinnerung an europäische Ursprünge. Die Leiden der schwarzen Rasse, die sich in der Geißel der Sklaverei konzentrieren; die Kämpfe der Kolonisten untereinander und ihr Kampf gegen England; die Ausdehnung in die unzivilisierten Regionen des Westens, wo der Jäger und der Goldsucher, der „Squatter" und der „Trapper", diese Pioniere der Zivilisation, unerhörte Gefahren durchleben; und schließlich die Katastrophen der letzten Jahre, reichen all diese Tatsachen nicht aus, um die Einbildungskraft des Dichters und das Nachdenken des Schriftstellers anzuregen?

Alexander Büchner

Es kann sein, dass es den gegenwärtig vorliegenden literarischen Erzeugnissen an Einheitlichkeit und Ausgeglichenheit mangelt; dass die amerikanische Literatur daran krankt, dass ein wichtiges Genre gar nicht vorhanden ist, ebenso wie an ihrer partiellen Abhängigkeit vom Ausland; aber man muss trotz allem zugeben, dass ihr schöner Beginn Gewähr für eine blühende Zukunft ist.

Alexander Büchner

Der Eroberer Kaliforniens[1]

Meine Herren,

Das Gold Kaliforniens hat der Einrichtung der Sklaverei in den Vereinigten Staaten [von Amerika] den Todesstoß versetzt. Sie mögen diese Behauptung für kühn erachten, dennoch werde ich versuchen, sie vor Ihnen zu vertreten, indem ich den Lebensweg eines Mannes nachzeichne, dessen Unternehmungen die Zahl der „freien", will sagen: gegen die Sklaverei eingestellten Staaten dieser großen republikanischen Föderation binnen kurzer Zeit vermehrt haben. Dieser in mehrfacher Hinsicht bemerkenswerte Mann interessiert uns ganz besonders, ist er doch französischer Herkunft. Nur zu schnell wird die wichtige Rolle des französischen Beitrags sowohl zur Vorgeschichte wie bei der Entstehung der Vereinigten Staaten vergessen. Dieser Beitrag besteht nämlich

im Norden, an der Grenze zu Kanada, aus jener früheren französischen Besitzung, deren Einwohner sich jetzt gerne an die Union anschließen wollen; er besteht im Süden aus den Staaten, welche auf dem weiten Gebiet jenes Louisiana entstanden sind, dessen Name genügt, um die Erinnerung an die Herkunft der ersten Plantagebesitzer zu wecken; und er macht sich schließlich bemerkbar in den zahlreichen Einwanderungswellen jünge-

---

[1] *Le conquérant de la Californie par M. Alexandre Büchner, Professeur á la faculté des lettres*, Caen, 1869. Auch in: *Mémoires de l'Académie nationale des Sciences, Arts et Belles-Lettres de Caen*, 1868, S. 240–258. Übersetzung: Pierre Foucher, Thomas Lange.

ren Datums, von denen eine eben zur Folge hatte, dass Frankreich Amerika den künftigen Eroberer Kaliforniens schenkte.

Unser Mann heißt Jean-Charles Frémont, geboren am 21. Januar 1813 in Savannah, Georgia, als Sohn eines Franzosen, der aus uns unbekannten Gründen nach Amerika gekommen war und der sich zuerst als Lehrer seiner Muttersprache in Norfolk, Virginia, niedergelassen hatte. Die Mutter, aus der Familie George Washingtons stammend, hatte, sehr jung, einen reichen älteren Mann, Major Pryor, geheiratet. Diese unglückliche Ehe währte zwölf Jahre und wurde dann durch Scheidung beendet. Jede Partei fand bald Gelegenheit, sich wieder zu verheiraten. Herr Pryor ließ sich von seiner Haushälterin ehelichen, während die beherztere Frau Pryor als Gatten Herrn Frémont, den Lehrer, akzeptierte, welcher, wie ich annehme, nie im Traum daran dachte, dass das kalifornische Gold eines Tages zum Besitz seiner Familie werden würde. Leider konnte er die Erfolge seines Sohnes nicht erleben. Er starb nämlich im Jahre 1818, als das Kind erst fünf Jahre alt war.

Die Witwe zog nach Charleston, South Carolina, und als Jean-Charles das Alter von fünfzehn Jahren erreicht hatte, begann er, den Unterricht am dortigen städtischen Gymnasium zu besuchen. Eine Zeitlang zeigte sich der junge Mann sehr fleißig, stach durch seine Eignung für die Mathematik hervor, bis er eines Tages eine kleine Kreolin aus den Antillen kennenlernte, deren Haare und Augen ihn viel schwärzer dünkten als die Tinte, mit der er sein Papier beschrieb – eine naturwissenschaftliche Beobachtung, die seinen übrigen Studien schlecht bekam. Körperlich oft und im Geiste immer abwesend, wurde der undisziplinierte Schüler eines Tages von der Schule verwiesen: vermutlich ahnte deren hellseherische Leitung, welche Rolle dem jungen Franko-Amerikaner anderswo zu spielen beschieden war. Seiner augenblicklichen Not zu begegnen, wurde Frémont freier Mathematiklehrer. 1833 dann, mit zwanzig Jahren, bekam er eine Anstellung an Bord eines Schiffes der Marine der Vereinigten Staaten.

Nachdem er über zwei Jahre lang in den südamerikanischen Gewässern gekreuzt war, kam Frémont nach Charleston zurück und erwarb am nämlichen Gymnasium, das ihn relegiert hatte, das Reifezeugnis und den ersten akademischen Grad. Bald darauf bestand er eine Prüfung, die ihn zum Mathematikunterricht an einer Marineschule berechtigte, zog aber eine Anstellung als Eisenbahningenieur vor. Hierin kam ihm sein Instinkt zugute: bedenkt man, wie wichtig Eisenbahnen für ein Land mit der Ausdehnung der Vereinigten Staaten werden sollten und wie schnell die Kernabschnitte des heutigen Bahnnetzes seit der Zeit, von der hier die Rede ist, zustande kamen, muss man zugeben, dass Frémont, so jung er auch war, eine glückliche Wahl zu treffen wusste, als er seine Bemühungen nach dieser Seite lenkte. So erwarb er sich große Verdienste, indem er sich am Bau mehrerer Bahnlinien durch die westlichen Bundesstaaten beteiligte, die deren brachliegendes Innere für die Kolonisierung erschließen sollten. Damit begann seine künftige Rolle als Forschungsreisender! Von nun an nahm dieser aktive und energische Mann, der französische Elastizität und amerikanische Beharrlichkeit in sich vereinte, Kälte, Hunger sowie Gefahren und Entbehrungen jeglicher Art auf sich, um der Zivilisation seines Landes neue Wege zu bahnen.

Frémonts erste Expedition in den *Fernen Westen* brachte ihn im Winter 1838-1839 an den Oberlauf des Missouri, wohin er einen von der Regierung der Vereinigten Staaten beauftragten französischen Gelehrten, Herrn Nicollet, begleitete. Die Erfüllung dieser Aufgabe trug ihm den Rang eines Leutnants im Korps der Vermessungs-Ingenieure ein. Zurück in Washington, wo er Landkarten verfertigen musste, lernte Frémont um 1840 herum Miss Jessie Benton kennen, die Tochter Colonel Bentons, eines der beiden Senatoren für den Bundesstaat Missouri. Heftig verliebt, hielt er um ihre Hand an. Da die junge Dame erst fünfzehn Lenze zählte, wies ihr Vater, bei aller Frémont bezeigten Hochachtung, fürs erste jeden Gedanken an eine Heirat zurück. Wohl auf seinen Antrag hin wurde dann der

junge Liebhaber plötzlich erneut in die westlichen Grenzgebiete der Vereinigten Staaten abkommandiert, dorthin, wo mehr Bären als heiratsfreudige Mädchen anzutreffen waren. Frémont erledigte rasch seinen Auftrag und, nach Washington zurückgekehrt, revanchierte er sich auf Amerikanisch, indem er am 19. Oktober 1841 eine geheime Ehe mit Miss Benton einging.

Damals besaßen die Vereinigten Staaten am Ufer des Pazifischen Ozeans nur das Oregon-Gebiet. Diese Gegend, von der nur der Küstenstreifen bekannt war, stieß im Süden an Kalifornien, das Mexiko gehörte, und im Norden an die Besitzungen der Engländer, die diese gerne bis zur mexikanischen Grenze erweitert hätten. Da sah Frémont mit echt genialischer Intuition die Notwendigkeit, direkte und zuverlässige Verbindungswege zwischen dem Missouri- und Mississippi-Becken einerseits und der amerikanischen Kolonie am Pazifik andererseits zu finden, konnte man doch diese damals bereits wichtige und für die Zukunft so verheißungsvolle Kolonie nur über den riesigen Umweg des Seewegs erreichen. Was den Landweg betraf, so bot er alle nur erdenklichen Schwierigkeiten und Gefahren. Diese unwirtliche Gegend, die nur Indianer und abenteuerlustige Biber- und Büffeljäger, die sogenannten *Trappers*, durchstreiften, begann auf halber Strecke zwischen beiden Ozeanen. Westlich des Mississippi waren zwar einige Staaten am Unterlauf der Flüsse Missouri und Arkansas entstanden, aber man konnte nur schwer zu deren Oberlauf vordringen, wo sich seitdem die neuen Staaten Kansas, Nebraska und Colorado gebildet haben.

Der Eroberer Kaliforniens

Noch größere Schwierigkeiten warteten jenseits dieser Landstriche. Westlich der großen Quellen, aus denen die westlichen Nebenflüsse des Mississippi entstehen, erhebt das Rocky Mountains-Gebirge seine alpenhohen Bergspitzen. Nachdem der Forschungsreisende dieses furchtgebietende, den Kontinent von Norden bis Süden durchziehende Gebirgsmassiv durchquert hat, steht er abermals einer Wüste gegenüber, einer unabsehbaren Hochebene, die sich bei einer Durchschnittsbreite von 400 Meilen zum Pazifischen Ozean hin erstreckt, im Westen aber von einer neuen Reihe sehr hoher Berge, der Sierra Nevada, abgegrenzt und somit von der Meeresküste getrennt wird. Auf dieser Hochebene liegt der Große Salzsee, und ihr nördlicher Abschnitt, Utah genannt, hat inzwischen die aus den östlichen Bundesstaaten verbannten Mormonen aufgenommen. Erst im Nordwesten Utahs beginnt das Oregon-Gebiet, das es zu erreichen galt.

Frémont ging das War Department um den Auftrag an, zunächst die Pässe der Rocky Mountains zu erforschen, und erhielt ihn. Er verließ Washington am 2. Mai 1842, erkundete das Becken des Kansas-Flusses und, die Rocky Mountains einmal erreicht, erstieg am 15. August zusammen mit vier seiner Begleiter eine 13.750 Fuß hohe Bergspitze, die seitdem seinen Namen trägt. Sein Bericht über Beschaffenheit und Gestalt der dortigen Erdoberfläche, die er auf dieser Reise untersuchte, rief allgemeine Bewunderung hervor. Der Kongress nahm ihn zur Kenntnis, A[lexander von] Humboldt lobte ihn überschwänglich und das Londoner *Athenaeum* bezeichnete ihn als „so vollkommen wie nur möglich in seiner Art".

Im Jahr darauf unternahm Frémont neue Erkundungen. Diesmal drang er bis zu den Quellen des Oregon-Stromes (oder Columbia River) vor, der seine Wasser in den Pazifischen Ozean schickt; er erkundete als erster mit wissenschaftlicher Präzision Lage und Ausdehnung des Großen Salzsees, von dem man bis dahin nur sehr vage Vorstellungen gehabt hatte; den Windungen des Oregon-Stromes folgend, erreichte er endlich dessen

Mündung am Fort Vancouver: damit war das Problem, einen fast geradlinigen Landweg zwischen beiden Ozeanen zu finden, gelöst. Nach einer Ruhepause von nur sechs Tagen brach der Ingenieur am 10. November wieder auf und versuchte, auf dem Rückweg den Oberlauf des Colorado-Stromes zu erreichen, der wie der Oregon, nur in beinahe entgegengesetzter Richtung, seine Wasser in den Pazifik schickt. Tiefer Schnee hinderte ihn aber daran, die Pässe zu überwinden, und er und sein ganzer Trupp würden in der Wüste umgekommen sein, hätte er nicht den kühnen Entschluss gefasst, die Sierra Nevada zu durchqueren, um die Bucht von San Francisco, auf deren Breite sie sich befanden, zu erreichen. Die indianischen Führer hatten zwar gewarnt, dass eine solche Unternehmung nur scheitern könne, doch sie gelang dank Frémonts Energie und Intelligenz. Nach vierzigtägigem Marsch erreichte er zusammen mit seinen Männern, die inzwischen das Aussehen von Skeletten boten, und nur noch der Hälfte seiner Lasttiere Kalifornien. Am 24. März 1844 trat er den Rückweg an und erblickte im Juli, nach einer Abwesenheit von vierzehn Monaten, während deren er fast immer nur Schnee vor den Augen gehabt hatte, den Ausgangspunkt seiner Reise wieder.

Nachdem er seinen Bericht vorgelegt hatte, wurde Frémont im Januar 1845 zum Hauptmann befördert. Bald darauf unternahm er eine dritte Expedition. Nach neuen Entbehrungen und neuen Gefahren, zu denen auch, wie man nicht vergessen sollte!, Kämpfe mit feindlichen Indianern gehörten, erreichte er Anfang 1846 abermals Kalifornien. Seinen Trupp hinter sich lassend, begab er sich allein nach Monterey, dem Amtssitz des mexikanischen Gouverneurs, um die Erlaubnis zu erwirken, seine Männer, die sich dringend von ihren Anstrengungen erholen mussten, dorthin nachkommen zu lassen. Zu jener Zeit waren Mexiko und die Vereinigten Staaten weit von einem guten Einvernehmen entfernt, und zwar aus folgenden Gründen: seit 1830 waren anglo-amerikanische Kolonisten immer zahlreicher nach Texas, einer der wichtigsten Provinzen Mexikos, gekommen, bis 1836 die Texaner ihre Unabhängigkeit erklärt hatten. Zehn Jahre später hatte sich ihre Republik dann derjenigen der Vereinigten Staaten angeschlossen. Da sich ähnliche Entwicklungen in Neu-Mexiko und Kalifornien anbahnten, traten die mexikanischen Behörden, die dort dasselbe Ergebnis befürchteten, ihren Nachbarn gegenüber feindlich auf, soweit ihre Kräfte reichten. Daher erhielt Frémont in Kalifornien, statt der erhofften gastfreundlichen Aufnahme, den Befehl, das Land unverzüglich zu verlassen. Er weigerte sich, und da der Gouverneur, General Castro, sich anschickte, gegen ihn zu marschieren, bezog er mit seinem kleinen, nur zweiundsechzig Mann zählenden Trupp eine dreißig Meilen von Monterey entfernte starke Stellung. „Wir haben niemandem Unrecht getan", schrieb er am 10. März 1846 dem amerikanischen Konsul in Monterey, „und wenn man uns angreift, wollen wir hier, Mann für Mann, unter der Fahne unseres Landes sterben." General Castro begnügte sich damit, seine Armee gegenüber der amerikanischen Verschanzung aufzustellen. Nach viertägigem vergeblichem Warten auf einen Angriff brach Frémont dieses Lager ab und begab sich nach Norden, zum Oregon hin, ohne von den Mexikanern behelligt zu werden. Unterwegs erhielt er von seiner Regierung unerwartete Anweisungen, die seiner Expedition plötzlich einen politischen und militärischen Charakter verliehen.

Um diese Änderung seiner Rolle verständlich zu machen, sind ein paar Worte zur Geschichte des Landes, in dem er sich gerade befand, angebracht.

Der Ursprung des Namens Kalifornien ist umstritten. Die einen erblicken darin die Entstellung eines indianischen Namens, andere eine Zusammensetzung der lateinischen Vokabeln *calida* und *fornax*, spanisch *caliente fornalla*, d.h. glühender Backofen. Ein Offizier Cortez', Bernal Diaz de Castillo, betrat als erster dieses an Allem so reiche und so wunderbar günstige, weil Asien gegenüber gelegene Land. Nach ihm kam 1579 der englische Seefahrer Sir Francis Drake und nannte es New

Albion, das Neue Albion. Diese übrigens sehr flüchtigen Erforschungen galten nur dem alten Kalifornien, das heute noch Besitz der Mexikaner ist. Die Missionsstationen, die die Jesuiten ab 1683 dort gründeten, erstreckten sich erst 1769 auf das Neue, das sogenannte Ober-Kalifornien. Neunzig Jahre später zählte letzteres Land über eine halbe Million aus aller Herren Ländern stammende Einwohner, darunter 50.000 Chinesen und 65.000 Inder. Kehrt New York seinen weiten Hafen Europa zu, so bietet San Francisco seine wunderbare Bucht der asiatischen Welt, und niemand vermag heute vorauszusagen, welche dieser beiden Städte in hundert Jahren die bedeutendere sein wird.

Solange beide Kalifornien unter spanischer Herrschaft standen, lebten sie so gut wie außerhalb der Geschichte. 1822 wurden sie zu Provinzen der mexikanischen Republik, deren Chefs jedoch ihre Autorität mehr als einmal durch das Unabhängigkeitsverlangen der wenigen Kolonisten dieser fernen Gegend angetastet sahen.

Von 1843 bis 1846 siedelten sich dann Tausende von angloamerikanischen Kolonisten dort an, so dass der Zeitpunkt schon vorauszusehen war, wo sie das Land faktisch beherrschen würden, als 1846 zwischen Mexiko und den Vereinigten Staaten ein Krieg um die schlecht definierten Grenzen Texas' ausbrach. Die Nachricht von diesem Konflikt traf in Kalifornien just in dem Augenblick ein, da Frémont im Begriff war, es zu verlassen. Die weiter oben erwähnten Depeschen enthielten die Anweisung, die Interessen der dortigen amerikanischen Kolonisten zu schützen. Da die ebenfalls vom unmittelbar bevorstehenden Ausbruch eines Krieges informierten mexikanischen Behörden sich anschickten, die amerikanischen Niederlassungen zu zerstören, ergriffen die Kolonisten die Waffen und scharten sich um ihren Landsmann, der gerade so viel Charakterfestigkeit und Mut bewiesen hatte.

Jetzt stand unser Forschungsreisender also einer Armee vor, die zwar sehr klein war, aber aus Männern sich zusammensetzte, die furchtlos wie Zuaven und durch ihre raue Lebensart als Jäger in der Wüste oder ein unbesiedeltes Territorium erschließende Pioniere auf alle Strapazen des Krieges bestens vorbereitet waren. Binnen kurzer Zeit stand fast ganz Ober-Kalifornien in der Macht Frémonts, der außerdem bald Verstärkung bekam. Am 4. Juli wählten ihn die amerikanischen Kolonisten zum Gouverneur des eroberten Gebiets. Am 10. erfuhr er, dass Kommodore Sloat, der mit dem Pazifik-Geschwader eingetroffen war, Monterey erobert habe. Bereits am 19. stieß er mit 160 bewaffneten Kavalleristen zu ihm. Bald darauf traf ein neuer Chef, Kommodore Stockton, mit der Fregatte *Congress* ein: er überbrachte Frémont die Beförderung zum Oberstleutnant und bestätigte ihn in seinem Amt als Gouverneur und Kommandierender des Bataillons der kalifornischen Freiwilligen. Nachdem sie in zwei Gefechten unterlegen waren, verzichteten die Mexikaner bald auf den Besitz Ober-Kaliforniens: schon am 13. Januar 1847 gelang es Frémont, sie eine Kapitulation unterschreiben zu lassen, die die Kampfhandlungen beendete.

Gerade als Frémont, der sich so sehr um sein Land verdient gemacht hatte, mit einer Belohnung rechnen durfte, ereignete sich ein Zwischenfall, der sich für ihn sehr nachteilig auswirkte. Während der soeben geschilderten Kämpfe hatten die Amerikaner neben der Unterstützung durch ihre Flotte auch über den Landweg Verstärkung erhalten. Diese Truppen wurden von General Kearney kommandiert, der gerade Neu-Mexiko erobert hatte. Kearney verlangte das bislang von Kommodore Stockton ausgeübte Oberkommando für sich: dieser lehnte ab, und ohne jegliche Schuld fand sich Frémont in einen Machtkonflikt verstrickt zwischen zwei Männern, die beide im militärischen Rang über ihm standen. Er wusste nicht, welchem der beiden er gehorchen sollte, und so zog er es vor, in solchem Zweifelsfalle die Autorität des zuerst Angekommenen, Kommodore Stocktons, anzuerkennen. Leider entschieden einige Monate später, im Frühling 1847, aus Washington eingetroffene Depeschen zugunsten General Kearneys. Frémont beeilte sich,

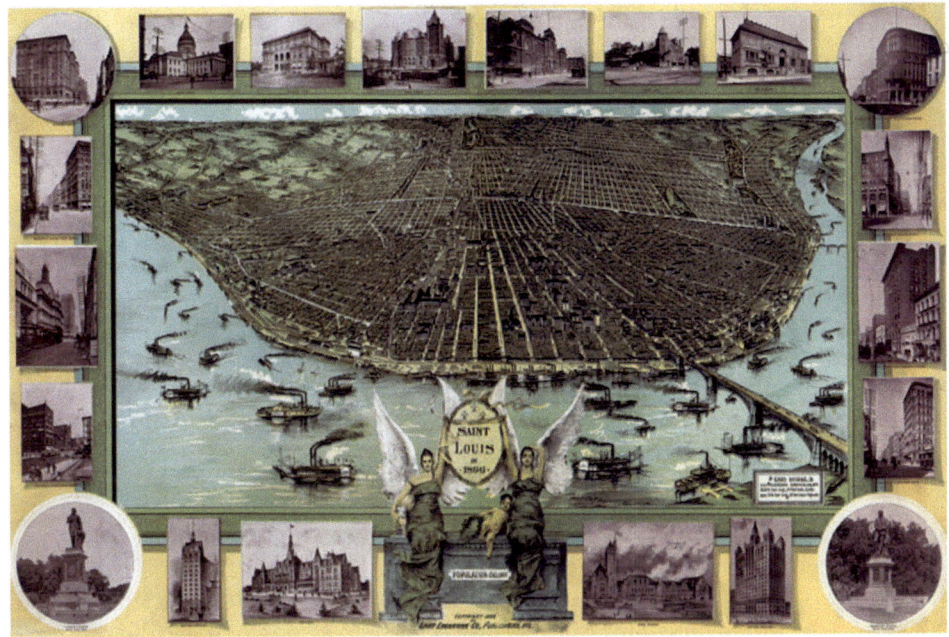

St. Louis 1896

sich unter dessen Befehl zu stellen, aber Kearney verhehlte ihm seinen Missmut nicht. Als der General im Juni nach Osten aufbrach, befahl er Frémont, ihm zu folgen. Einmal in Fort Leavenworth am Missouri-River angekommen, ließ er ihn festnehmen und schickte ihn als Gefangenen nach Washington unter der Anklage, er habe die Gesetze der militärischen Disziplin missachtet.

Frémonts Route führte ihn zuerst an den Mississippi, nach St. Louis, wo seine Ankunft die ganze Stadt außer Rand und Band geraten ließ. Voller Dankbarkeit für die Dienste, die er ihrem Land erwiesen hatte, brachten ihm die Einwohner der *Königin des Westens* eine Riesenovation dar und luden ihn zu einem Bankett ein, – welche Ehrenerweisung Frémont wegen der heiklen Situation, in der er sich befand, ablehnen musste. Als er am 16. September, immer noch als Gefangener, in Washington eintraf, schockierte ihn die Nachricht, dass seine

Mutter in Charleston im Sterben liege. Auf Ehrenwort freigelassen, legte er die beträchtliche Entfernung, die die Bundeshauptstadt von derjenigen South Carolinas trennt, binnen drei Tage zurück – und kam doch einige Stunden zu spät an. Frémont ging nach Washington zurück und beantragte, vor ein Kriegsgericht gestellt zu werden. Dieses Gericht, das ihm pro forma Unrecht geben musste, befand ihn als schuldig gegenüber einem Vorgesetzten und schlug seine Amtsenthebung vor, empfahl ihn aber gleichzeitig durch ein Mehrheitsvotum der Milde Präsident Polks. Dieser bestätigte das Urteil lediglich in den am wenigsten schwerwiegenden Anklagepunkten und bot Frémont hinsichtlich der ausgesprochenen Strafe Begnadigung an. Frémont erklärte, er fühle sich keines Delikts schuldig, und lehnte diesen Pardon aufs entschiedenste ab. Zugleich reichte er seine Entlassung als Oberstleutnant ein.

Wir werden bald sehen, mit welcher außerordentlichen Wiedergutmachung ihn die öffentliche Meinung seines Landes für diese unverdient erlittene Zurücksetzung trösten sollte.

Am 14. Oktober 1848 brach Frémont zu einer vierten Expedition in den Westen auf, diesmal aber nicht in staatlichem Auftrag, sondern auf eigene Faust und Rechnung. Er nahm nur dreiunddreißig Männer und hundertzwanzig Maultiere mit sich. Zweck dieser neuen Reise war, südlich der von ihm bislang erforschten Landstriche eine Route ausfindig zu machen, die Neu-Mexiko mit Kalifornien verbinde. Sein Ausgangspunkt war Santa Fé, die Hauptstadt Neu-Mexikos. Da die Rocky Mountains zwischen diesem Land und dem Colorado-Tal eine doppelte Gebirgskette bilden, bedeutete das, dass man sie zweimal würde überqueren müssen, ebenso wie die Sierra Nevada, die das letztere Tal von demjenigen des Sacramento trennt. Als die Reisenden den schwierigsten Abschnitt dieser Berge, die sogenannte Große Sierra, erreicht hatten, verirrten sie sich im Schnee. Sie erlitten die schrecklichsten Entbehrungen. Ein Drittel von ihnen kam um. Andere konnten sich nur durch Kannibalismus retten.

Solche Handlungen, meine Herren, das muss man mit einem leider wirkungslosen Bedauern sagen, kommen unter den Erforschern unseres Erdballs öfter vor, als man glauben möchte. Wölfe fressen einander nicht, aber die Gelehrten sehen sich gelegentlich genötigt, es zu tun. Auch die Geographie will ihre Opfer, sagt der Engländer Baker, einer der jüngsten Erforscher der Nil-Quellen. Und manchmal sind, schrecklich und sublim zugleich!, diese Opfer Menschen, die ihr Leben freiwillig hergeben, um dasjenige ihrer Kameraden zu verlängern.

Die Überlebenden der Expedition Frémonts mussten wieder nach Santa Fé zurückkehren. Nichtsdestoweniger brach der unerschrockene Ingenieur, nachdem er neue Männer rekrutiert hatte, erneut auf. Im Frühling 1849 gelang es ihm, das Ufer des Sacramento-Flusses zu erreichen.

Ein Jahr zuvor waren die Goldfelder Kaliforniens entdeckt worden. Frémont kam noch rechtzeitig an, um zu günstigen Bedingungen ein ausgedehntes Territorium zu erwerben, das Vorkommen des kostbaren Metalls enthielt. Danach ließ er sich endgültig im Lande nieder, und als Kalifornien im Dezember 1849 seine beiden Senatoren zu wählen hatte, war er der erste, der ernannt wurde. Bereits zuvor hatte General Taylor, der Eroberer Mexikos, der nach Polk Präsident der Vereinigten Staaten geworden war, ihm seine Hochachtung bezeugt, indem er ihn zum Kommissar für die Regulierung der Grenze zwischen beiden Kalifornien ernannt hatte.

Frémont wohnte nur 1850 den Sitzungen des Senats bei. Zu dieser Zeit erhielt er neue Beweise dafür, dass Europa nicht weniger als Amerika sein Werk schätzte.

Goldmedaillen wurden ihm von der Londoner Königlichen Gesellschaft für Geographie sowie von A[lexander von] Humboldt im Namen des preußischen Königs geschickt. Die *Gesellschaft für Erdkunde zu Berlin* ernannte ihn zum Ehrenmitglied. 1852 unternahm er eine Europa-Reise, bei welcher ihm überall freundlichster und hochverdienter Empfang zuteilwurde.

Frémont hielt sich gerade in Paris auf, als er erfuhr, dass der Kongress den Trassenverlauf dreier neuer Fernverbindungen zwischen dem Mississippi und dem Pazifik untersuchen lasse. Er beschloss sofort, eine fünfte Expedition zu unternehmen, und verließ Paris im Juni 1853. Schon im September sehen wir ihn nach Westen unterwegs. Auch diese, ebenfalls auf eigene Rechnung durchgeführte Reise wurde vom Erfolg gekrönt – einem Erfolg allerdings, der mit unsäglichen Mühen erkauft wurde. Die Gebirgspässe der Rocky Mountains wieder einmal durchquerend, sahen sich Frémont und seine Leute nämlich genötigt, aus Mangel an Lebensmitteln ihre Pferde nacheinander zu töten, um deren Fleisch zu essen. Als auch diese letzte Ressource ausblieb, mussten sie achtundvierzig Stunden ohne jede Nahrungsaufnahme überstehen.

Frémont hegte den Wunsch, ein Buch über seine Reisen verlegen zu lassen. Zu diesem Zweck zog er mit seiner Familie 1855 nach New York. Bereits zu dieser Zeit erwogen die Republikaner, welche die Ausbreitung der Sklaverei und vor allem deren Einführung in den neu erworbenen Bundesstaaten bekämpften, ihn zu einem ihrer politischen Anführer zu machen und für die Präsidentenwahl aufzustellen. Er hatte sich nämlich eminent um ihre Sache verdient gemacht, indem er sich mit aller Kraft der Einführung der Sklaverei in Kalifornien widersetzte, als dieses Gebiet sich als Staat konstituiert hatte. Ihm war es zu verdanken, wenn das Prinzip freier Arbeit in diesem für die künftige Entwicklung der Vereinigten Staaten so wichtigen Land schließlich triumphiert hatte. Dennoch staunt man, dass gerade in dem Augenblick, als die Entwicklung auf die gänzliche Abschaffung der Sklaverei hinauslief, deren entschiedenste Gegner auf sie dort Rücksicht nahmen, wo sie noch bestand.

Wenn man bedenkt, dass mitten im Sezessionskrieg Präsident Lincoln und auch General Grant, der jetzige Kandidat der Republikaner für die Präsidentenwahl Ende 1868, förmlich erklärten, sie kämpften nicht für die Emanzipation der Schwarzen, sondern für die Erhaltung der Union in ihrer bisherigen

Form, kann es nicht verwundern, wenn Frémont sieben Jahre früher, 1856, in einer Rede sagte: „ Im Prinzip bin ich ein Gegner der Sklaverei. Dennoch glaube ich, dass wir in den Bundesstaaten, wo sie besteht und durch die individuelle Souveränität dieser Staaten garantiert ist, an sie nicht rühren dürfen. Nur dass ich mich immer ihrer Ausbreitung widersetzen werde."

Wie zurückhaltend uns dieses Programm auch heute vorkommen mag, es genügte der republikanischen Partei vollends. Diese war damals noch nicht zu vergleichen mit den absoluten Gegnern der Sklaverei, die den Kongress heutzutage beherrschen. Deshalb wählten die Republikaner 1856 Frémont zu ihrem Kandidaten. Das geschah auf einer jener großen vorbereitenden Zusammenkünfte, wo die Parteien ihre Kräfte sammeln und sich mit einer straffen Organisation für die abschließende Auseinandersetzung rüsten. Frémont nahm an und trat gegen die Demokraten an, eine alte Partei, die aus der Allianz zwischen moderaten Anhängern der Sklaverei aus dem Süden und einer großen politischen Fraktion aus dem Norden, für die die Union um jeden Preis beizubehalten war, hervorgegangen war. Vier Jahre später, 1860, sollten illegale Handlungen der Südstaatler, die versuchten, mit der Waffe in der Hand das Territorium der Sklaverei auszudehnen, diesen Bund sprengen. Zu der Zeit, von der wir reden, 1856, hielt er noch gut. Die Demokraten aus dem Norden, die ihre Stimmen mit denen der Plantagenbesitzer aus dem Süden vereinten, trugen einen letzten Sieg davon, und ihr Kandidat, Buchanan, dieser langjährige, vor wenigen Monaten verstorbene Staatsmann, schlug seinen jungen Rivalen mit einer knappen Stimmenmehrheit.

Mehr als einmal sind die bedeutendsten, geschicktesten und populärsten Politiker Nordamerikas wie z. B. der berühmte Redner und Diplomat Clay, *der große Friedensstifter*, der jahrelang Vorsitzender entweder des Senats oder des Repräsentantenhauses war, bei den großen Präsidentenwahlen unterlegen, ohne dass sie deshalb an Autorität einbüßten. Für Frémont, der die politische Arena zum ersten Mal betrat, bedeutete eine so imponierende Stimmenminderheit einen Triumph. Solcher Art war die Wiedergutmachung, die ihm sein Land angedeihen ließ für den Affront, den er bei seiner Rückkehr aus dem eroberten Kalifornien vor neun Jahren erlitten hatte.

In den vier Jahren der Buchanan-Präsidentschaft hatte Frémont seinen Wohnsitz in diesem neuen Bundesstaat und widmete sich fast ausschließlich seinen persönlichen Angelegenheiten. Inzwischen brach der Sezessionskrieg aus und er kämpfte in den Reihen der Nordarmeen, aber hier fehlen mir die Dokumente und daher ist es mir unmöglich, die übrigens wenig bedeutende Rolle, die er dabei spielte, genauer zu schildern.

Meine Herren, wenn es erlaubt ist, die Zukunft auf der Grundlage der Vergangenheit erraten zu wollen, so legt alles die Vermutung nahe, dass die Karriere dieses noch jungen Mannes heute weit davon entfernt ist, abgeschlossen zu sein.

Die Bürger der Vereinigten Staaten, denen am Ruhm und an den Interessen ihres Landes so viel gelegen ist, können nicht vergessen, dass Frémont, der Ingenieur, es war, der, indem er die weiten brachliegenden Gebiete des Westens erforschte, mehrere seitdem dort entstandene Bundesstaaten gewissermaßen ins Leben rief. Sein Verdienst reicht aber noch darüber hinaus. Die Ausfindigmachung passierbarer Routen nach Oregon und Kalifornien und die Eroberung eines Teils des letzteren Bundesstaates haben die Aufmerksamkeit und Aktivität der Amerikaner an die Ufer des Pazifik gelenkt. An dieser so wichtigen Stelle der Erde, von der die vereinten Anstrengungen ihrer Nachbarn im Norden und im Süden, der Engländer und der Mexikaner, sie auf lange Zeit, ja vielleicht für immer ausschließen wollten, haben Frémonts Mühen ihnen sichere Besitzungen gewährleistet. Und schließlich haben die daraus indirekt hervorgegangenen Ergebnisse jener Geißel, die die Zukunft der großen republikanischen Föderation immer mehr bedrohte, nämlich der Sklaverei, den letzten Stoß versetzt.

Es sei mir gestattet, der größeren Klarheit wegen hier einige Worte zu letzterem Thema zu sagen.

In den ersten fünfzig Jahren der Vereinigten Staaten waren alle zwischen den politischen Parteien entstandenen Konflikte auf die Frage hinausgelaufen, ob man diese Einrichtung beibehalten, ausweiten oder abschaffen solle. Unfähig, sich vollends einig zu werden, hatten die Parteien letztendlich immer den Status quo aufrechterhalten. Hauptmittel zu diesem Zweck war die Bewahrung des Stimmengleichgewichts im Senat gewesen, wohin jeder Bundesstaat als solcher zwei Delegierte entsandte. Jedes Mal, wenn neue Staaten in den Wüsten des Westens, im Tale des Mississippi oder an den Ufern der großen Seen im Norden entstanden waren, hatte die Union also sorgsam darauf geachtet, alternierend einen Sklaven haltenden und einen [sklaven-]freien Staat in ihren Schoß aufzunehmen. Dieser Vereinbarung war es zu verdanken, dass man immer wieder ein Stillhalteabkommen zwischen den Sklavenhaltern und ihren Gegnern erreichte. Dennoch konnte ein solches Verhältnis nicht länger währen, und zwar aus folgenden Gründen.

Um 1840 war der Augenblick gekommen, wo die zwischen dem Atlantik, Mexiko und den freien Staaten im Norden eingezwängten, Sklaven haltenden Staaten ihre Zahl nicht mehr vergrößern konnten, während sich im Westen, zwischen den Rocky Mountains und der Grenze zu Kanada, den Nordstaaten riesige Gebiete anboten, in denen der Zustrom weißer Kolonisten zur Bildung eines freien Staates nach dem anderen führen würde. Der Süden spürte, dass er sich dieser verhängnisvollen Einkreisung erwehren müsse, wenn er nicht dem Gewicht der sich im Norden anbahnenden Mehrheit langsam aber sicher erliegen wollte. Da er dies nicht auf legalem Wege konnte, griff er zu anderen Mitteln, und so datiert von diesem Zeitpunkt jene Politik der Gewalt und der Aggressionen, die in den Jahren 1840 bis 1860 die Vereinigten Staaten so sehr in Verruf brachte, – eine Politik, die den Menschenrechten zum Trotz Invasionen gegen Mexiko, Nikaragua und die Insel Cuba mit dem alleinigen Zweck befürwortete, um neue Gebiete zu erwerben, wo sich neue, Sklaven haltende Staaten bilden lassen könnten; bis sich eines Tages, und zwar unmittelbar nach der Annexion von Texas, diese niederträchtige Politik völlig unerwartet gegen ihre Initiatoren richtete.

Der Süden hatte es erreicht, dass Texas in die Union als Sklaven haltender Staat aufgenommen wurde. Dies war ein umso schätzenswerterer Erfolg, als dieses Land, das ja so groß wie Frankreich ist, die Möglichkeit bot, später noch einmal geteilt zu werden, – was tatsächlich vor kurzem passiert ist. Als infolge dieser Annexion 1846 der Krieg gegen Mexiko ausbrach, eroberten die Vereinigten Staaten das riesige Gebiet Neu-Mexikos und Kaliforniens. Der Süden schickte sich an, aus diesen Erwerbungen Profit zu schlagen und in den eroberten Gebieten die Sklavenhaltung zu etablieren, als auf einmal etwas Unvorhersehbares geschah, das die Sachlage vollends änderte.

Dieses extrem folgenreiche Ereignis war die Entdeckung der Goldgruben Kaliforniens. Zu Anfang dieses Berichts habe ich erwähnt, wie groß der Zustrom der weißen Bevölkerung und der Aufschwung der freien Arbeit in diesem Land sofort waren. Nachdem letztere erst einmal fest etabliert worden war, konnte an die Einführung der entwürdigenden Sklaverei nicht mehr gedacht werden. Nach einem verbissenen Kampf zwischen den Parteien konstituierte sich Kalifornien also als freier Staat, und die westlichen Territorien sollten seinem Beispiel folgen. Da die magische Anziehungskraft des kalifornischen Goldes einen Strom von Einwanderern aus aller Herren Länder zur Folge hatte, waren diese zwischen den Rocky Mountains, dem Oregon-Fluss und der Pazifik-Küste gelegenen, von Frémont erforschten Gebiete in wenigen Jahren bevölkert und es entstanden in ihnen neue Bundesstaaten wie Colorado, Montana, Nevada, die die Sklaverei auf ihrem Boden ausschlossen und der republikanischen Partei dadurch die endgültige Mehrheit schenkten.

Was seitdem geschehen ist, ist bekannt.

Noch 1860 zeigten sich die Männer im Norden bereit, ihren Zahlvorteil nur mit äußerster Mäßigung auszunutzen. Der

Süden aber sah den Moment herbeikommen, wo die noch schwache, aber regsame Partei der absoluten Sklavereigegner an die Macht gelangen würde. Er sagte sich deshalb vom Bund los und fing den Sezessionskrieg gerade an dem Tag an, als die Wahl Präsident Lincolns bekannt wurde. Nach einem dreijährigen Kampf, in dessen Verlauf er alle möglichen Bemühungen zur Versöhnung ausschöpfte, entschloss sich Lincoln schließlich dazu, die uneingeschränkte sofortige Emanzipation der schwarzen Rasse auszurufen. Heute ist die Abschaffung der Sklaverei in den Vereinigten Staaten eine vollendete Tatsache.

Meine Herren, dies ist die außerordentliche und doch logische Kette von Ereignissen gewesen, wodurch Frémont, als er Kalifornien in die Vereinigten Staaten holte, die Bewegung auslöste, welche Gesicht und Geschick Nordamerikas verändert hat. Das Problem der Emanzipation ist gelöst, die Zukunft dieser großen föderativen Republik ist gesichert: diese unermesslich weit reichenden Errungenschaften verdanken die Vereinigten Staaten wenigstens zum Teil dem Wissen, dem Mut und dem nimmermüden Einsatz Frémonts.

Abbildungsnachweis

Auswanderer: Bilder und Skizzen aus der Geschichte der deutschen Auswanderung. Hrsg. v. Hermann von Freeden und Georg Smolka, Leipzig 1937: S. 24, 26, 208.

Bildarchiv der Herausgeberin: S. 38, 111, 113, 121, 134, 135, 137, 138, 140, 141, 142, 144, 148, 162, 178, 179, 181, 186, 202, 205, 226, 228.

Boston public library: S. 236.

Carl von Ossietzky Universität, Oldenburg. Forschungsstelle Deutsche Auswanderer in den USA: Auswandererkarte 1853: S. 2–3.

Historic Maps: Historische Landkarten, Stiche und Fotografien, Hamburg (www.historic.maps.de): Umschlag, S. 265, 271.

Journal Colonial Williamsburg: S. 139.

Library of congress, Washington D.C.: S. 107, S. 212.

Meyer's Großer Hand-Atlas: 1843–1860: S. 247.

Ohio Historical Center Archives Library: S. 255.

RB-Deskart: S. 244.

Stadtarchiv Darmstadt: S. 22, 204.

Universitäts- und Landesbibliothek Darmstadt: S. 34, 50.

Wikipedia gemeinfrei: S.42, 44, 46, 55, 114, 116, 136, 149, 156, 161, 174, 177, 180, 221, 238, 242, 256, 261, 264.

Anzeige

Büchnerland

Orte von Georg Büchner und seinen Geschwistern in Hessen

Mit einem Geleitwort von Jan-Christoph Hauschild

Herausgegeben von der Luise Büchner-Gesellschaft, Darmstadt 2013

76 Seiten, zahlreiche farbige Abbildungen und Karten
Begleitmaterial: Karte des Großherzogtums Hessen von ca. 1844

Verkaufspreis: 12,00 Euro

Bestellung richten Sie bitte an: info@luise-buechner-gesellschaft.de